地域文化経済論

ミュージアム化
される地域

Teraoka Hiroshi
寺岡　寛［著］

同文舘出版

目　次

目　次

目次

序論　地域文化と経済の間

財政破綻後の地域社会像

普段、企業経営やそれを取り巻く経済の分析を生業として、書き、大学で講じてきたわたしが、この種の本を書くに至った経緯についてふれておく。日本社会にとって、いま真剣に、そしてきわめて近い将来において、より真剣に対峙しなければならない危急かつ長期的な課題には、およそつぎの二つある。一つめは、深刻化する財政問題への取り組みである。二つめは、二〇一一年三月一一日の東北大震災と福島第一原発に象徴される、大震災からの復興と原子力依存から他のエネルギー源への転換の取り組みである。

一つめの課題については、財政問題＝財政再建策をめぐって、実にさまざまな人たちがさまざまな立場と視点から、そのあるべき財政赤字削減あるいは解消のための政策が論じられてきた。また、いまも盛んに論じられている。理想的には担税力のある人たちに増税を行いつつ、経済成長率を高めることで赤字国債の発行を抑え、自然税収増によって国債を償還するに越したことはない。

だが、実際に、一方でブレーキをかけながら、他方でアクセルを吹かすようなやり方で財政赤字の削減は可能なのだろうか。実効税率の引き上げは、消費や投資を落ちこませることが十二分に考えられる。また、そのような政策によってのみ、かつての高度経済成長率並みの成長路線に日本経済を再度引き戻すことも、また容易ではないという面もある。

さらに、こうした経済運営の路線を困難にするのは、地震と津波によって大被害を受けた東北地方の復興への財政負担以上に、福島原発事故によって引き起こされた途方もない人的・物的損失への今後、おそらく何十年以上もかけて最優先しなければならない継続的取り組みの必要性である。いうまでもなく、それには巨額の財政負担を覚悟しなければならない。日本社会の人口構成の変化――少子高齢化――のなかで、歳入・歳出構造もまた当然ながら変わらざるを得ず、この面からも、社会保障費などで財政負担の拡大はつづくとみておくべきである。

こうしてみると、財政破綻というありがたくないシナリオも、またわたしたちの社会の未来像の一つとして想定しておかなければならない。そうだとすれば、財政破綻後のわたしたちの社会とは、一体全体どのようなものであろうか。

そうしたシナリオへの一つの手掛かりは、一九三〇年代の大恐慌下のわたしたちの社会と人びとの暮らしがどうであったかである。人びとはどのようにして生活し、活路を拓いたのであろうか。当時、欧米諸国でも、困窮した人たちは実際の貨幣支出を減らすために、いわゆる地域通貨を活用するようになっていた。大不況で企業倒産が増加し、街には失業者があふれ、日々の暮らしを維持するためにやるべき仕事が多いが、収入を得るための職がないという状況では、貨幣が絶対的に不足していたのである。

そうであるならば、人びとのサービス行為などを時間貨幣――たとえば、タイム円、タイムドルやタイムマルクなどという名称――として一定期間内に消費しあって、お互いを助け合うやりかたが起こったのも当然である。また、実際の通貨を介さない物々交換なども復活したともいう。そこにあるのは、市場――「しじょう」――ではなく、市場――「いちば」――であったのである。

「市場（しじょう）」というとらえ方は、資本主義経済の下での商品経済と貨幣経済の場を想定しているものの、もうひとつの「市場（いちば）」は、元来、人びとの生活物資の日常的な交換の場として太古の昔から存在したシステムである。「市場（いちば）」での物々交換では、そこに腐食性の強いモノや移動が困難なモノをもちこむことは困難である。だが、時間通貨であれば互いに、実際にモノなどをもちこまなくても決済できる。

しかも、さまざまな人びとが提供できるサービスは、それを必要とする人びとと異なる時間帯と異なる場所で交換できるのである。ただし、時間通貨は他の人に貸して利子を得ることもできないし、自らが一定期間内で消費しないと全くの無価値となる。時間通貨――地域（コミュニティ(*)）通貨や補完通貨とも呼ばれる――なるものは、他の多くの商品と同様に、時間とともに減価していくのである。それゆえに、時間通貨はすぐに使われ、人と人との活動は消費される通貨とともに一層活発となる。時間通貨の流通速度は速いのである。

国家信用に担保された貨幣――法定通貨――が不足するなかでは、手持ちの貨幣は、市場で必要最低限のモノやサービスを購入するときにだけ使用することになる。こうした消費のあり方は、それまでの企業の存立状況に大きな影響を与えると同時に、企業という営利組織以外の非営利的組織の登場もまた促すことになる。

そのような組織形態が従来の協同組合や互助会のような非営利組織であるのか、あるいは企業組合のような営利組織であるのか。はたまた、地域での生活圏の住民相互のゆるやかな自治会のような純粋非営利組織になるのか。予想されうるのは、貨幣経済の下で営利目的のために

＊コミュニティ―なかなか日常的な日本語に移しかえられていない概念である。米国の社会学者ロバート・マキヴァー（一八八二～一九七〇）が使った概念で諸個人を全面的に吸収する社会集団を指す。

存立してきた企業とは異なったかたちと存立基盤をもつ互助的な経済主体が、わたしたちの社会に登場することである。そのような組織体があらわれてくるのは十分考えられるのである。

たとえ、完全に脱貨幣の社会を想定することができないとしても、貨幣が自らの価値を変容させざるをえないような社会では、人びとの社会的価値観や社会的規範もまた変容せざるをえないことだけは確かであろう。そうした場合、人びとの経済活動から対極にあるような芸術活動などは、一体どのようになるのであろうか。

そこには、日本の敗戦後の混乱とはまた異なるような混沌のなかで、それまでとは異なった新たな社会秩序が現れるのであろうか。とりわけ、そうしたなかで、わたしたちのセルフ・アイデンティティは、それまでの経済的価値だけではなく、非貨幣的価値としての「文化的価値」であるのかもしれない。だが、「文化的」あるいは「文化」とは一体何であろうか。

とりわけ、疲弊し活力を失った地域社会にとって、貨幣的価値という尺度で停滞あるいは衰退傾向にある経済にとって、その再活性化の鍵はかつてのように企業立地の促進でないとすれば、その他の地元資源の活用となるのだが、その時にその地域が育んだ文化が果して地域社会の活性化に大きな役割を果せるのだろうか。この種の議論は、あたりまえであるが貨幣の流通速度がきわめて速かった経済成長の頃にはさほど真剣に検討されず、低いあるいはゼロ成長に近い昨今において取り上げられるようになった。

もうすこしばかり私事にふれる。このようなことを考えるようになったのは、一〇年ほど前に、山口県三隅町――現・長門市――の香月泰男美術館を訪れた頃からではなかったろうか。山口県北部の日本海に面したこの小さな町に生まれた香月泰男（一九一一～一九七四）は、洋画家をめざして上京し、東京美術学校――東京芸術大学――で学びつつ、在学中から国画会(*)に

*国画会――大正七［一九一八］

出品し、活躍する機会を得た。香月は昭和一四［一九三九］年の文展(**)で「兎」が特選となり、画壇に知られ始める。

香月は二〇歳代後半に有望新人として期待されるようになった矢先、陸軍に召集され満州で終戦を迎え、シベリアに抑留されることになる。戦後、シベリアの捕虜収容所から帰還後、捕虜体験を描いた「シベリア・シリーズ」が注目されるようになる。

ちなみに、わたしが香月泰男の名前を知ったのは、大学生のころに彼の体験と画風を書いたエッセーで、その評論家——いまでもその名前を思い出せない——の文章に強く惹かれたことによる。わたしの記憶にシベリア画家としての香月泰男の名前がその後も忘れることはなかった。ひょんなきっかけで、香月泰男の作品集に出会ったことで、彼の作品を実際に観たいと思いつつ、年月だけが過ぎた。実際に彼の作品を観るために出かけたのは、その五〜六年後であったと記憶する。

山口県立美術館で香月の作品——お目当ての彼の大作は、他の特別企画展のために観られなかったが——を観た翌日に、香月泰男美術館を訪れるために一両編成の電車で向かい、無人駅の長門三隅駅で下車した。バス便か客待ちタクシーが待っていることを予想していたのだが、予想はすぐに裏切られた。しかたなく、駅前の雑貨店の主人に、タクシー会社を紹介してもらった。

タクシー会社の人は、普段なら三台ほどタクシーが待機しているのだが、人口の減少でバス便が廃止され、お年寄りはすこし離れた町の病院へタクシーを利用することが多くなったことを説明してくれた。わたしは過疎化の進んだ地域の深刻な交通事情を知ることになった。鉄道も朝夕の通勤・通学時間を除いて便数も極点に少なくなっていた。その日は、あいにく、タク

年に土田麦僊（一八八七〜一九三六）たち五名の日本画家が図画創作協会を結成、その七年後にはパリ留学組の梅原龍三郎（一八八八〜一九八六）たち洋画家も参加し、また、工芸家や彫刻家も参加し、昭和三［一九二八］年まで公募展を主催した。その後、第一部の日本画部門は解散したものの、第二部の洋画は残り、国画会として独立した。

＊＊文展—文部省美術展覧会の略称。文部省は日本画、洋画、彫刻の三部構成の美術展を主催し、明治四〇［一九〇七］年から大正八［一九一九］年まで毎秋に開催した。その後、帝展に継承された。

シーは病院行きの高齢者の方の利用で全部出はらっていた。そうこう話しているうちに、幸運にも一台のタクシーが戻り、香月泰男の作品を収めた小さな美術館を訪れることができた。

結果的には開館時間後すぐに入館し、半日以上にわたって香月泰男の作品を鑑賞できた。その日は、わたしのほかに数人の来館者だけであった。香月泰男は「シベリア・シリーズ」で名前が知られるようになっても、この小さな町を離れることなく、最後まで故郷にこだわるかのようにそこで制作をつづけた。こうした歩みを記録したようなこの小さな美術館は、町営とはいいながら、運営上も多くの課題を抱えているようにみえた。と同時に、わたしは過疎に苦しむこの小さな町がこの小さな美術館をもつ誇りのようなものを感じてもいた。このころから、地域文化と美術館の関係、そうした文化施設と地域経済との関係を考えるようになったのではないかと思う。この小さな美術館の設立について、香月泰男の海外でのスケッチ旅行などに同行し、香月の制作を陰で支え続けた夫人の婦美子は『夫の右手――画家・香月泰男に寄り添って――』で、その経緯について回顧している。引用しておく。

「主人が亡くなる少し前でしたか、『うちには貯金がいくらあるのか?』と、たびたびわたしに聞きました。なんでそんなことを聞くのかしら、とわたしは思っていました。結婚しましたころ主人が、『わしは生命線が短い。それで手相見に見てもらったら、『六十歳までは保証する』といわれたと話したことがありました。そのことも頭にあったのでしょう。

『家の裏に小さい美術館でもつくって、わしが死んだら入場料をとって、お前たちはそれでぽつぽつ食べていけや』と言っていました。こんな交通の便利の悪いところじゃ、誰も来ないでしょう。

息子たちが建築を勉強していましたから、主人は学校の卒業制作に、自分の美術館みたいなものを設計してくれるよう頼みましたけれど、ふたりともしませんでした。主人は、「誰もわしのいうことを聞いちゃくれん」と、怒っていました。子供たちも、ちゃんとそのときに理由をいえばいいのに、いまになってわたしに言いました。

『そんなお父様のいうような、小さい美術館は卒業制作にはできないから仕方がなかった』」

香月泰男の肉声がつたわってくるような文章である。結局のところ、香月泰男が亡くなってから、町立美術館として香月泰男美術館が建設され、その設計は子息たちが担当した。香月泰男美術館の一角には香月のアトリエがそのまま移されて、そこにふっと香月が現れてくるような雰囲気がある。生前、香月の美術館構想に、婦美子が「こんな交通の便利の悪いところじゃ、誰も来ないでしょう」と応じているのは、ほのぼのとした情景と同時に、多くの地方美術館をとりまくリアリティのある光景でもある。

いうまでもなく、観光地の主要駅の近くに立地して「誰でも来られる」美術館は全体のほんの一部であって、特定の個人作品を集めた地方の多くの美術館は、悪戦苦闘しているのが現実である半面、そのような美術館の存在は地域の文化のシンボル的タワーのようなものでもある。

小さな町の美術館は、過疎化などの下で小さな町の大きな財政問題で揺れているところも見られる。だが、そうした小さな美術館の存在を、地域社会の活性化や地域経済の振興に生かすことなどできないのであろうか。

「文化の国」のあけぼの

ところで、わたしは「文化」ということばに出くわすときに、わたしが卒業した高等学校の校歌の一節を、いまでもときおり思い出すこともある。わたしの場合、小学校や中学校の校歌などはすっかり忘却の彼方に飛んでいってしまって、最期のフレーズで学校の名前が繰り返されていたぐらいの、淡い記憶にとどまっているにもかかわらずなのである。

戦後、新しく創立されたわたしの母校も、他の多くの高等学校と同様に、占領下の日本の「教育民主化」の一環として、戦前のナンバースクールと称された旧制中学校や高等女学校を統合して設立された経緯をもつ。戦前来の数十年以上は歌い継がれてきた校歌はあっさりとどこかへと打ち捨てられ、校歌や校章なども戦後新しく制定されることになった。

その背景には、わたしの母校の場合、戦前来の校歌が軍歌調のメロディーに歌詞――必ずしも軍国的というものではなかったが――を付けたものを、新校歌なるものへとそのまま継承するというわけにもいかず、当時の国語――国漢科――教師たちが相談して作詩したものに、卒業生の一人が曲をつけて完成させたと聞いている。

わたしの高校の新「校歌」は四番まであり、学校行事のときなどに大体は二番までぐらいで済ますのだが、同窓会のお開きではどうしたものか、いつも四番まで歌っている。一番あたりはどこの学校でもそうだろうが、学校の周辺の環境や由来を歌ったものが多い。二番や三番あたりは勉学の必要性、友情の大切さや生活態度などに関する校是のような言葉が多いのである。ただし、四番目の歌詞は、それまでの歌詞と大いに異なる。つぎに、一部を抜粋しておく。

♪ああ再建の意気高く
謳うわれらが青春譜
文化の国のあけぼのは
ここより生まれんほのぼのと
……

敗戦後の荒廃と混乱のなかで生まれたわたしの母校も、前身の旧制中学卒業の先輩たちには戦争で散った人たちも多く、戦前来の「富国強兵の国」とは違う「文化の国」として再建しよう、そしてそれを担う若者たちを育てようではないかという当時の人たちの心意気が、いまでもひしひしと伝わってくるような内容である。

当時の国語教師たちが、「文化の国」というフレーズを校歌に織り込んだ底流には彼らの個人的意識などではなく、むしろ、米国を中心とする占領から、戦後教育の新しいあり方が火急に求められていた文部省などの影響もあったといってよい。戦前の軍国教育が一刀両断の下に批判され、戦後は民主主義的教育なるものの実施を迫られていた文部省は、戦前教育からの脱却の方向性を「文化国家」に寄与する国民の育成あたりに求めようとしたことは、敗戦直後の混乱が残るなか、東久邇内閣でわずか二カ月ほど文部大臣を務め、戦後教育改革に取り組んだ前田多門（一八八四〜一九六二）――内務官僚出身――の言説にも、また、その後を受けて幣原内閣で文部大臣を務めた阿倍能成（一八八三〜一九六六）――第一高等学校校長など――の発言などにも、軍国主義国家に対する「武力を持たざる文化国家」観が見られていた。

前田多門のそうした「文化国家」観は、新渡戸稲造(*)（一八六二～一九三三）の門下生であったこともあり、新渡戸の個人の完成としての人格主義の影響も見て取れる反面、文化「国家」というところに、戦前からの国家主義意識から完全に脱却できていなかったような印象も受ける。戦中においては、国民精神の起源としての国学、あるいは日本文化が強調されたと同様に、敗戦後のアイデンティティ危機に際しても、文化が強調されたことを見落としてはならない。それでは、個人ではなく、国家が主導する文化とは一体何であったのか。

また、文部省など教育行政の関係者が唱えた文化国家と、占領軍から求められた民主主義教育とは、どのような関連性をもっていたのかは必ずしも明確ではなかった。それは敗戦後の混乱が色濃く残るなかで、文化国家の先にある「日本文化」というイメージだけが膨らんだ結果であったのではないだろうか。

ここで、わたしの母校のえこひいきを多少ともすれば、周辺のナンバースクールのなかにあっても、以前から画家や音楽家などを多く輩出してきたようにも思う。卒業してから訪れた美術館の企画展などで、画家の年譜をみて、わたしの大先輩であったことを知り、そういえば、そうした人たちの作品が、図書館などにかかっていたことをずいぶん後になって思い出すこともあった。この芸術志向の伝統は戦後も継承され、音楽家なども出た。正式な校則などあまりなく、地域のいわゆる進学校でありながらも、ピリピリとしたところもまたなく、どことなくのんびりとした雰囲気もあった。

では、一体全体、「文化の国」とは何であろうか。わたしは当時もこの歌詞を歌いながら思ったし、いまも同級生たちと歌うとそのように思う。いまでも、「文化の国のあけぼの」と歌った四番目の歌詞がもっとも好きである。と同時に、文化で敗戦後の混乱した日本社会を再建

＊新渡戸稲造―南部藩に生まれる。札幌農学校を卒業後に米国、ドイツに留学。京都大教授、第一高等学校校長などを経て、国際連盟次長を勤める。著書に『武士道』などがある。

し、それがいまでもわたしたちの社会を支えることができているとすれば、わたしたちの社会はたしかに「ほのぼの」としたものであろう、といまでも感じてもいる。

とはいえ、「文化の国」をめざすことができるかどうかの可否は、まずはもって「文化」をどのようにとらえるかによって、その可能性の範囲は異なるにちがいない。では、「文化」とはそもそも何なのか。座右の辞書の助けを借りておこう。『広辞苑』にはつぎのようにある。

「人間が自然に手を加えて形成してきた物心両面の成果。衣食住をはじめ科学・技術・学問・道徳・宗教・政治など生活形成の様式と内容とを含む。文明とほぼ同義に用いられることが多いが、西洋では人間の精神的生活にかかわるものを文化と呼び、技術的発展のニュアンスが強い文明と区別する。」

人間の営みは「衣食住をはじめ科学・技術・学問・道徳・宗教・政治など」きわめて広範囲に及ぶことはいうまでもない。したがって、人間の営みにかかわるとされる文化とは、一部の芸術家などの営みなどに限定されるわけでもない。要するに、人間の営みはすべて「文化」に還元されることになる。しかしながら、この種の定義による文化とは、形式的かつ抽象的すぎてどこか具体性を欠いている。

他方、スコットランドで一七六八年から発刊され始め、一九四三年以後は米国のシカゴ大学が編纂にあたってきた『ブリタニカ』――現在の経営権はスイスの財団――にはつぎのようにある。文化のブリタニカ的定義は主たる執筆者が欧米系の研究者であり、欧米圏の文化観を知る上で有益である。長くなるが、興味深い定義であるので引用しておく。欧米人からみた文化とはつぎのようなものだ。

「人間の知的洗練や精神的進歩とその成果、特に芸術や文学の産物を意味する場合もあるが、今日ではより広く、ある社会の成員が共有している生活様式をさすことが多い。このように定義される文化は、言語、思想、信仰、慣習、タブー、掟、制度、道具、技術、芸術作品、儀礼、儀式などから構成される。これはE・タイラー(*)の『文化または文明とは、知識、信仰、芸術、道徳、法律、慣習など、人間が社会の成員として獲得したあらゆる能力や習慣の複合的相対」という古典的定義に由来する。この見方によれば、人類文化全体は個性的なまとまりをもった多数の個別の文化単位で構成され、個々の文化単位はある程度の文化単位と重なっている。

それぞれの文化単位の間における違いは、物理的な居住環境や資源、儀礼、習慣、道具の製造と使用などのさまざまな活動分野における固有の発展可能性の範囲、さらに境の発展の度合いに起因する。個人の行動、価値観、理想あるいは信仰は、その人が所属している文化に大幅に影響され、個人が複数の異なる文化のなかで暮らしたり、旅行したりすることもありうる。また、これらの個別文化のなかには地域や階層、少数民族などの下位文化（サブカルチャー）が含まれていたり、また主流の既成文化を否定する対抗文化（カウンターカルチャー）が存在する。さらに今日では文化の主体をより小単位にして、企業文化や学校文化というとらえ方も広くみられる。

タイラーの定義は、このように個別文化の実態を体系的に考察するには広すぎることから、分析的に文化を再定義するさまざまな試みが行われてきた。たとえば、行動様式の規則性の根底にある価値体系（C・クラックホーン）に焦点を当てたり、文化を人間の行為に意味づけする象徴の体系（C・ギアツ）あるいは観念の体系（R・キーシング）ととらえようとしたり、さらに構造言語学や記号論の基本的概念を適用して、コードに基づいて記号の交換を

＊エドワード・タイラー（一八三二～一九一七）—英国の文化人類学者。オックスフォード博物館勤務を経てオックスフォード大学の初代の人類学講座の教授。比較文化調査による「文化」の理論構築を行った。

行うコミュニケーションの体系（E・リーチ）ととらえる見方もある。他方、文化を人間の自然環境に対する適応の体系と考え、技術、経済活動、生産組織を中心にして諸文化を考察する文化的唯物論（M・ハリス）や文化生態学（J・スチュワード）、新進化主義（L・A・ホワイト、E・サービス）の立場もある。

比較文化論において、異文化を自分の文化の枠によって解釈したり、評価することを自民族中心主義（エスノセントリズム）であるとされる。一方、文化相対主義とは自分の文化と異なる文化の理解と正しい認識に由来する比較研究方法であるとされる。いずれにせよ、文化の発達は、人間の学習能力や子孫へ知識を伝達する能力に立脚し、文化の内部や文化の間での変化は、生態学的および環境的な変化に伴って生じる。つまり、それは同じような文化の発達段階にある社会の間における文化的な特徴の伝播、変化・変容、比較的個性的な人々による外国文化の修得、あるいは長い間における文化の進化によっても変容するのである。

文化は、構成要素のパターン（文化の特徴、領域、類型）や組織の構造と機能（社会組織、経済システム、教育、宗教と信仰、慣習と法律）の観点からとらえる場合もある。また、近代的な都市文化と比較した非都市的文化や、近代的な産業社会と異なる農民社会ないし部族社会に、さらに分類する場合もある。」

わたしなりにこの冗長な定義を整理しておこう。まず、文化とは、「芸術」や「文学」に限定されないものであって、それはより広義の概念であることがまず指摘されている。だが、文化とはきわめて多岐・多彩にわたるものであり、結局のところ、社会の成員が共有する「生活様式」であること。したがって、この生活様式には、その社会での意思疎通のために話される言語やそれによって成立している文学作品、絵画や彫刻、考え方、宗教的感情や信仰、人びとの間の慣習、タブー、儀式、儀礼、掟や制度などのような社会的規範、生活のための道具や技術なども含まれること。

それゆえに、文化とは地域――この空間的範囲をどこまでとるか――により異なり、また、個々の文化は交通や通信手段の発達により互いに影響を及ぼすことで、それぞれの文化もまた変容する可能性があること。にもかかわらず、自らの文化を他の文化と比較してより優れたものとする自民族中心主義（エスノセントリズム）にも陥りやすく、そうした自国あるいは自民族を中心とする文化主義は、さまざまな手段によって操作されることで再生産され、容易に政治的にナショナリズムへと転化しやすいこと。

この意味では、文化とはつかみどころがないゆえに、ある種の幻想概念として政治的にも操作されやすいものでもあることになる。そして、そこに言葉があてられ、あるいは、視覚的なものとして芸術作品として表層化されることで、継承されやすくもなる。

もちろん、この傾向は異なる国家間あるいは民族間だけではなく、同一社会においても階級間あるいは階層間で、自分たちの文化を儀礼・儀式、あるいは学校などを通じて、より優れたものとして再生産することで継承され得るのである。それは地域文化や企業文化についても妥当する側面も多いのである。

だが、地域文化や企業文化といった場合、それはわたしたちの記憶に自然と入ってきてなんとなく定着するものであろうか。そこには、そうした文化をわたしたちの心の奥底に記憶させる装置があるのである。より分かりやすい例は企業文化というイメージであろう。それはわたしたちが日々接するテレビやラジオ、新聞や雑誌でのコマーシャルであり、それを流すマスメディアがそのような装置となる。

他方、前述のタイラーが示唆する個別文化の一つであるといってよい「地域」文化の場合、学校教育での教科書のなかにあるのは、わたしたちの社会に関する文字情報や写真である。つまり学校の教室が、そのような教科書を通してわたしたちの社会のイメージを伝える装置となる。そして、学校を卒業してからは、ミュージアムもまたわたしたちの地域の文化とは何であるのかを視覚的、体験的に伝える教育の装置となる。

地域文化とミュージアム

このように、本書でとらえようとする「地域文化」なるものもまたなんとなく再生産されるのではなく、「儀礼」というある種の教育装置を通じて再生産されうるのである。儀礼ということでは、教育機関としての学校以外にも、社会的教育機関としての文化会館や文化センターと称される装置やミュージアムという装置もある。そうした装置としての地域文化会館、地域文化センターやミュージアムは、どういう文化をそこで再生させようとするのか。

すくなくともわたしたちのまわりにある地域文化会館や地域文化センター(*)――名称は地域の伝統的芸術・技能・祭礼のような名称が冠されたものもあるし、また、寄贈者や地域の固有名称が冠されたものまで多様である――の活動は、絵画から華道までの「文化」教室があったり、そうした絵画教室の受講生の作品を展示するスペースがあったりする。と同時に、そうした参加型――絵画教室も開催されることもある――ではなく、もっぱら鑑賞型の展示施設としての美術館や博物館などミュージアムもまた、地域文化を演出し再生させる装置となっている。

では、そうした装置の一つである「ミュージアム」という美術館と博物館は、互いにどのよ

＊この場合、「公民館」という生活文化施設をどのようにとらえるのかという問題がある。公民館は敗戦の翌年からつくられ始め、昭和二四［一九四九］年には、「社会教育法」によってその目的が社会教育や地域の生活文化の振興、社会福祉の増進などに定められ、一〇年間の間に全国に広がり、三・五万以上の公民館が開設されていくことになる。高度成長期には都市部を中心に、多目的ホール、音楽室などをもつ大規模な建物が建設された。しかし、その後の地方自治体の財政赤字などにより、そのような施設への予算額は削減される傾向にある。

うな関係にあるのだろうか。ミュージアムという形式的な集合概念では、一般的には美術館（Museum of Art）とは博物館（Museums）の一つとして分類されてきた。博物館（＝ミュージアム）は「博」く「物」を集め展示する「館」である。そうした博物館を百貨店に例えれば、美術館とは、そのなかでもっぱら「美術」品を展示する「館」としての専門店――ブティック――型という語感となる。元来、このミュージアムということばは、古代ギリシア神話で文芸・学術を司る女神の一人であるミューズからきており、ミュージアムは、ミューズの館＝神殿ということになる。要するに芸術や美術の神殿である。

ここで先に紹介した広義にわたる「文化」の定義に戻れば、そうした文化の展示対象をより狭く限定すればどうであろうか。たとえば、文化の対象を芸術や美術（アート）*といった分野に限定しておくと、芸術や美術とは、通常、絵画、版画、彫刻、工芸のほかに建築物までを含むきわめて可視的なモノである。ただし、工芸などは、芸術を鑑賞する対象から日常的に使用するものを対象とした概念でもある。

工芸（industrial art）については、英国では、詩人でデザイナーでもあったウィリアム・モリス（一八三四～一八九六）あたりが建築装飾――壁紙、敷物、ステンドグラスなど――などを手掛け、やがて「アーツ・アンド・クラフツ（美術工芸）」運動を起こし、一九世紀末のアール・ヌーボーの装飾にも影響を及ぼしていた。この運動は先祖帰りといえないこともない。モリスたちは、中世の手工芸に美術の本質を見出し、それらに積極的な評価を与えたのは、当時、成長著しかった機械生産による均一的な工業製品への反発もあったのである。

日本では柳宗悦（一八八九～一九六一）たちが、庶民が毎日の生活の中で使用してきた日常品の中で、高い芸術性を見出して名付けた民芸品という概念もある。そうした工芸品や民芸品

*アートは、たとえば、西洋諸国においてルネサンス期などにおいては、技術、学芸、芸術など広範囲に含んだ概念であって、現在のように技術などがそこから分離した芸術や美術などに特化したようなものではなかった。

ということばと概念が生み出されてきた背景には、英国のアート・アンド・クラフツ運動と同様に、機械による大量生産主義への反発と手工業品への再評価という流れがあったことはいうまでもない。

芸術性の高い作品を作るのは、機械ではなくあくまでも人間であり、機械が作った製品がわたしたちの生活のまわりに溢れるにしたがって、人間の手になるモノが芸術的要素の高いものへ昇華したのである。

そうした「芸術」を展示する美術館については、その本質的な役割と機能を「儀礼」に見出す米国の美術史家のキャロル・ダンカンは、『美術館という幻想――儀礼と権力――』（川口幸也訳）で、「美術館とは、社会的な特徴を有する『儀礼』であると同時に、文化的にたしかな中味をもつ『構造』である」ととらえたうえで、美術館とは単なる美の展示空間ではなく、そこには「政治的要素」が大きく影を落とした空間という歴史的存在であることを忘れてはならないと強調するのである。

ダンカンがそのような事例として掲げるのは、フランスのルーヴル美術館、英国のロンドン・ナショナル・ギャラリー、そして米国のメトロポリタン美術館などである。そのなかでも世界でもっとも名の知られた美術館は、ルーヴル美術館であるといってよい。どの美術館を訪れても、わたしたちは年間八〇〇万人以上の来館者を誇るこの美術館を、どこかで意識しているのかもしれない。それゆえに、わたしたちはこの美術館が生まれた歴史的な経緯とその政治的な意味を、きちんと知っておいたほうがよい。ダンカンは、持論の「儀礼の場」として美術館論から、美術館をつぎのように位置付ける。

ルーヴル美術館――王侯コレクションから派生。かつてのレセプション・ルーム＝王侯ギャラリー。「美術館はこれらの王侯のレセプション・ホールが有していた機能を永遠のものとし，変容させ，人びとに理想的な国家の姿を提示する……宮殿が誰にでも立ち入ることのできる公共空間に変容したことで，美術館は，国家が『平等の原理』に関心を抱いていることを示すための格好の場となった」。要するにかつての一部エリート階級しか間近に鑑賞できなかった作品が，国民共有の財産として新しく美術館となった空間で広く国民一般に開放されることで，共和制の下での平等な国民という概念が再生産されるのである。これは英国のロンドンのナショナル・ギャラリーの創設にも共通する点であるとされる。

メトロポリタン美術館・シカゴ美術館――フランスなどのように王政や貴族階級の伝統をもたず，「ヨーロッパのように体制変革の空間として出発したのではない」米国の場合，成功した銀行家や実業家――いわゆる「エスタブリッシュメント」――が，自らの資力で蒐集した美術品を公開することは「自分たちの政治的，経済的な目的を達成するために」必要であったと同時に，自分たちの成功の「記念碑」であり，また「文化的に多様な社会にあって，社会を統合する力を持ち，さらには民主化する力まで有していることが明らかになった」ことがあった。後者の点に関しては，「アートを展示することで，それを見る者たちは，アングロサクソンの道徳と社会的価値観を育み，いっそう社会に強く結び付けられる……ナショナル・アイデンティティをはっきりさせなければならなかった」多民族国家としての米国の姿があったのである。

個人的美術館――先のメトロポリタン美術館などのように複数のコレクションではなく，個人のコレクションの一般公開がそのまま美術館となった例が米国に多い。歴史の浅い米国で成功した実業人は、一八世紀のフランス貴族たちが競ったように、著名作品のコレクションをまるで自らの「身分証明書」であるかのように、億万長者となった成功者が互いにライバル視しながら、ヨーロッパから作品を買いあさったのである。

ダンカンはこれらの美術館などの分析を通して、「美術館はより大きな社会的、文化的世界の一部として存在している……美術館は政治や文化によって押しつけられた一定の限界のもとで役割を果たしている。だとすると、美術館の自由というのはひとつの幻想でしかない」とも指摘する。あたりまえのことであるが、画家や彫刻家たちは社会から孤立・独立して存在していないのと同様に、美術館もまた社会的存在である。それゆえに、社会的規範の変化とともに、美術館に展示された作品などの評価も変化し、美術館の蒐集方針も変わりうるのである。ダンカンは現代美術や作家の出身地域にも言及し、かつての「西洋文明と白人男性支配の優位を当然とする前提は、もはや崩れている」と主張するのである。

ここで興味があるのは、米国と同様に多民族社会である隣国カナダの場合である。同じ移民国家であるにもかかわらず、米国は「アングロサクソンの道徳と社会的価値観を育み、いっそう社会に強く結び付けられる」作品の展示を通じて、「ナショナル・アイデンティティをはっきりさせなければならなかった」ことに対して、カナダは少数民族の先住民イヌイット(*)・アートを前面に打ち出したようなナショナル・アイデンティティを重要視してきたのである。この点、米国は先住民であるインディアン・アートを前面に出してきたわけではないのである。興味ある対比がそこにある。

文化政策論の研究者である溝上智恵子は、『ミュージアムの政治学——カナダの多文化主義

*イヌイット—アラスカ、カナダ、グリーンランドのエスキモー語族の先住民。狩猟採集の生活が中心であり、イヌイットとは「人間」を意味する。

と国民文化――』で両国の相違を分析している。溝上は地理的関係からして米国の強い影響を受けざるをえないなかで、米国とは異なるナショナル・アイデンティティの確立を迫られてきたカナダの歴史のなかで、この課題を正面から取り上げた、戦後初のカナダ人総督ヴィセント・マッセイが委員長を務めた、文化政策に関する委員会の『マッセイ報告書』の内容を紹介したうえで、カナダにとって自国文化確立の意味をつぎのように指摘する。

「文化振興の重要性を国防のそれと比較して論じている……国家生き残りの道具として、文化や芸術を位置づけていることである。この視点は、カナダ社会に非常にインパクトを与えた。隣の大国・アメリカの存在を、アメリカの独立戦争以降、つねに意識してきたカナダにとって、国の存亡は、国防のみで達成されるものではなく、文化面においても、カナディアン・アイデンティティの育成・保持が必要だと提言したのだ。」

溝上はカナダのミュージアムのあり方を理解するには、一九九〇年に制定されたカナダの「ミュージアム法」の存在が重要であると指摘する。同法の第三条は「すべてのカナダ人の集合的記憶とアイデンティティの確立に貢献……」というように、ミュージアムの役割を規定している。このような規定は、日本の「博物館法」にはない。多文化的移民社会であるカナダにとって、日本のように依って立つべき伝統的文化は必ずしも明確ではない。カナダ文化とは国民統合のためにむしろ「文化政策」的に、換言すればより人為的につくりあげられたものであったといってよい。では、カナダの文化政策の対象となったのは、人口比でわずか三・三％にすぎなかったカナダ先住民のイヌイットであって、ケベック州を中心としたフランス系でも、あるいはアングロサクソン系でもなかったのである。それはなぜなのか。

溝上は、先進工業国を強く意識していたカナダは、元来、イヌイット・アートなどをむしろ

「『未開の文化』として隠そうとする傾向が強かった」にもかかわらず、「一九六〇年代に入り、イヌイットの彫刻に対し、国際的評価が高まり、需要が増大してくると、輸出規制は現実的ではなくなる。連邦政府は輸出制限政策をやめ、以後、本格的に海外にカナダ文化のシンボルとして、イヌイット彫刻を売り出す政策に転じていった」と指摘する。

一九六〇年代のきっかけというのは、一九六七年にモントリオールで開催された万博で、インディアン・アートの作品がその製作者とともに広く世界に認知され、さらには評価されるようになった。溝上が述べているのはこの点である。イヌイット・アート重視の文化政策の定着までの経緯については、おそらく、さまざまな文化的背景をもつカナダ人たちの間に賛否両論が、それなりにあったことであろう。

ただし、溝上自身はこの点を詳細に分析しているわけではない。だが、カナダ政府がケベック州などのカナダ系国民を意識して仮にフランス文化重視策を打ち出したとしても、本家のフランスに対しては分家扱いされ、また、他のアングロサクソン系の人びとからも大きな反発があったかもしれない。そうしたなかで、カナダ政府が結果論としてイヌイット文化を重視するようになったのであると、浦上は結論を下している。

美術館にイヌイット・アート作品――トーテム・ポールなどは野外展示である――が並び、多くのカナダ国民がそれらを鑑賞することで、その共通体験がカナダ国民に広く共有される文化となっていったのである。もし、先のフランスなどの作品ばかりがもっぱら美術館を占有しておれば、それらの作品がカナダにとって誇り得るナショナル・アイデンティティの確立につながったのだろうか。それは疑問であったろう。

先住民文化に対して必ずしも好意的ではなく、実質上の隔離政策をとってきた米国とは一線を画すうえでも、カナダ政府は先住民文化の存在を意識せざるをえなかったのかもしれない。カナダ政府は、国民のナショナル・アイデンティティとしてイヌイット・アート文化というイメージの国内外での消費を通して、オーストラリア政府のアボリジニ重視の文化政策をも意識して、多文化主義に寛容なカナダというイメージの定着を図ったことはたしかである。

約五万年前に周辺アジア諸地域から渡ったといわれ、狩猟採集の生活を送ってきたオーストラリア先住民の総称とされるアボリジニ(*)は、英国からの植民によってオーストラリア奥地へと移動を迫られ、その人口数も減少し少数先住民となり、一九世紀には「保護政策」がとられることになった。こうしたアボリジニ系オーストラリア人の絵画作品などは、その後の移住民――英国系――たちによって実質的に創り上げられた芸術であるものの、それまでの西洋諸国とは異なる「画風」ゆえに、多民族国家を目指すとされる、オーストラリアのセルフ・アイデンティティとなったのである。

さて、ここで再び、前述のダンカン流の見方に立ち戻れば、そもそも美術館に展示されている作品――それを収蔵する建築物も含め――などが芸術であると評価される場合、それは単にその作者たちの名声だけではなく、それらの作品を展示する側の文化的価値観――文化政策――そのものも、そこに色濃く投影されていることになる。ダンカンは、欧米諸国の美術館は鑑賞する側に「西洋文明と白人男性支配の優位を当然とする前提」として作品を印象づけていると主張する。そうであるなら、「西洋文明と白人男性支配の優位を当然とする前提」である「文化」とは一体全体、何であろうか。

ダンカン自身は、国内での地域の違い――アングロサクソン系住民の多い州もあれば、北欧系やドイツ系、南欧系住民が多い州もある――にはほとんどふれてはいない。だが、わたしが

＊アボリジニ―オーストラリアの先住民であり、約五万年前から東南アジアから移り住んだといわれる。数家族の社会集団で「半遊動的」な狩猟生活を送ってきた。一九六七年になり市民権が認められた。

ここで取り上げた地域文化といった場合、ミュージアムとはダンカンの指摘のように「この作品に表れているのはわたしたちの地域文化であり、それは国の文化と共通する」ということの単なる確認儀礼の場であるのか、あるいは「国によって押しつけられたものではない、より豊かなものである」という抵抗のための確認儀礼の空間――場――ともなりうるのか。もっとも、美術館は当初、そのような役割を担って登場しても、時代の変遷とともに、そうした一面的な役割から独立して独自の機能をもつ側面もある。

いずれにせよ、ダンカンが美術館などミュージアムの事例をもっぱら欧米諸国だけに求めているのは、ダンカン自身が暗黙裡に美術館などミュージアムそのものが徹頭徹尾、西欧的なものであると感じているからにほかならないからだ。ミュージアムの役割と機能が単に個人コレクションの一般公開にあるとするならば、日本など東洋では、伝統的にコレクションとは「秘蔵」されるものであり、元来は一般に公開されるものではない。

ましてや、人間のミイラまで公開するような欧米諸国のミュージアムという、あらゆるものを展示するような文化装置とは、一体全体、何であろうかということになる。事実、明治維新前後に英国の大英博物館などを訪れた日本人たちはそのような感想を漏らしていたのである。ミュージアム史家の松宮秀治も『ミュージアムの思想』でこの点にふれ、つぎのように指摘する。

「ヨーロッパ以外の文化圏は、例えばイスラム教文化圏、仏教文化圏、儒教文化圏はそれぞれにコレクションのもつ危険性を認識していた。だからそれを墳墓、宝物庫、神社仏閣の神聖領域に閉じ込められるか、または中国のように『王侯は玉を蒐め、臣は石を蒐む』というように蒐集の対象をきわめて限定した範囲に制限した。……『玩物喪志』とはまさにコレクションの否定そのものの思想である。」

いわゆる儒教文化圏の「玩物喪志」という伝統的な社会的規範の下では、「蒐集」＝「コレクション」は許さざる蛮行とみなされてきた。非西洋圏では、ミイラの展示――一般公開――などは、墓暴きのようなある種野蛮な行為以外の何ものでもないと感じられたのである。反面、「西欧では人文主義の図書蒐集、古代遺物蒐集の開始以来、蒐集行為は一度としてその価値が疑われたことはなかった」と松宮はとらえる。

そうした蒐集行為――ときに学術的蒐集とされた掠奪行為といってよかったが――は、西欧諸国の対外的膨張主義＝いわゆる帝国主義を単に政治的に支えただけではない。むしろより重要なのは、ミュージアム＝蒐集・展示の場が絶対王政＝絶対主義王政の臣民から国民国家の国民へとなった人びとを、他文化との優位的比較において新しく国民となった人びとへと内面的に統合させる装置でもあったとされる。松宮は、そうした蒐集行為の空間展示である「西欧のミュージアム制度の中で最も突出した力を発揮したものが『美術館』機能である」と主張するのである。

わたし自身は、美術館だけがもっとも突出した自国文化の演出装置であるとは必ずしも思わない。だが、それでも美術館を含むミュージアムは、西欧近代主義を特徴づける「科学」や「技術」、それまでの自分たちの歴史的固有性――しばしば、それは歴史的優越性に容易に転化するが――を象徴するべき「芸術」や「美術」などを「西欧的近代主義」に統合させ、領土的膨張主義を近代的発展というイデオロギーで隠蔽するための装置であったとみる、松宮の見方を支持する。松宮はこの点にふれて、ミュージアムを西欧近代史の流れのなかで、つぎのように位置づける。

つまり、「西欧近代とは……単なる時代概念ではなく、価値概念である……ベーコン流の産業主義と技術主義が啓蒙主義や功利主義の思想と相乗的に作用し、社会進歩という観念を生み出し、政治的には民主主義と国民主権を、経済的には近代資本主義的な産業社会を整備していった」ものの、その進歩主義のスピード調整を行うために、それまでのキリスト教の「聖遺物」に基づいた宗教的価値とは異なる、「新しい価値」を担う何かが必要になったという見方である。この文脈において、ミュージアムが生まれたのであるとする松宮は、ミュージアムの成立の背景について、つぎのように指摘する。

「西欧のミュージアムが近代国民国家の『聖遺物』の保管所として、国家の新しい『神殿』ないしは『教会』の設立であったとするなら、……西欧のミュージアムの成立はヨーロッパの世俗権力が宗教から分離を成し遂げた記念碑といえるが、それは『文化』という概念のもとに自己の『歴史』の価値を発見しただけではなく、同時に『進歩』という概念と密接に結びついた『未来』に価値を置き、その価値の回復に全精力と全情熱をそそぎ込んできた」。この松宮的な解釈に立てば、ダンカンのさきほどのルーヴル美術館への見方は、単に革命による絶対王政後の政治のあり方や権威を「新しい伝統」として再生させる装置であるだけではなく、ミュージアムとは未来に向ってのたゆみない「進歩」という概念――対外的膨張主義――を取り込むためには、「蒐集」を組織的に永続させ、より多くの人びとを呼び寄せる「動力学的」な装置となってきたことを示唆することになる。

さらに、松宮は「未来に向ってのたゆみない『進歩』」を促すには、それまでの宗教――神――的な軛から人びとを解き放つ装置としての「芸術」が必要であり、芸術が神に代わってその崇高性と崇拝性を発揮できる装置が必要でなかったのかという。それゆえに、キリスト教が社会の大きな規範となっていた時期には、教会の信仰画などを描く職人はいても、美術館にその自由な作品を展示できる芸術家はいなかったことになる。

この意味では、芸術家や芸術という概念はきわめて新しい概念でもある。そして、芸術を高みに据えるには教会がそうであったように、そこになにがしらの権威が必要なのである。松宮はこの点について『芸術崇拝の思想――政教分離とヨーロッパの新しい神――』で、つぎのように指摘する。

「職人の作品は市場社会の流通回路に乗ればよいが、芸術作品は社会の栄誉システムや顕彰システムのなかになにがしかの位置を占めなくてはならない。栄誉システムには芸術家が権威ある賞を受賞するとか、ミュージアムという殿堂入りを果たすとか、研究者や批評家たちの研究や論評の対象になるなど、かなりさまざまな方法がある。しかしなんといっても最も効果的で強力な聖性付与の方法は取引価格の高額化である。

西欧諸国のキリスト教世界において最も高額な商品は『聖遺物』であった。これはいかなる宝石や貴金属よりも高額であった。一方、近代社会では最も高額な商品は、近代社会の新しい聖遺物としての『芸術』作品である。この近代の聖遺物の取引に参与できるのは、俗物中の俗物である、マモンの神の使徒たちである。俗のみが芸術の理性を汲み上げることができる。さらに芸術に聖性を与えることができるのは『国家』という一大世俗集団の総本山たる政府であり、それこそが栄誉と顕彰のシステムの中心機構である。」

ここで、わたしたち日本人のミュージアム観を振り返れば、東京など大都市圏にある公立美術館などをみても、当初においてもそのような「国家的大事業」を反映させたような大規模な国家的装置であったかのようには思えない。ましてや、地域のミュージアムなどはどのような存在であったのであろうか。

ここまで「地域」という概念を無規範的に使ってきたが、多少ともその定義をはっきりさせておく必要があろう。世界的な視野に立てば、地域とは国別単位になるし、文化的共通性や宗教的共通性からいえば、一国を越える空間範囲になるし、一国内という視点に立てば、その国の中での個別空間になる。話を最後の一国内に限っても、地域――ここでは、行政単位空間である地方自治体――が独自に美術館をもつ意味がはたしてあるのかどうか、このことについてふれておく必要があろう。

むろん、この種の議論には賛否両論がある。建設費に膨大な資金が必要であり、その後の維持にも多額の支出を強いられるミュージアムは、東京などの首都圏や県庁所在地などの大都市が公立施設として設ければことが済む話で、個人――財団も含め――の負担でミュージアムを開設するならいざしらず、市町村にいたるまで公立美術館などをもつ必要がないという論理も成り立つ。こうした論理の先には、「文化」の中心は、いつも美術館でなければならないという必然性と必要性もないという考え方があり、文化を創造する人たちや組織は、多くの人たちの一部において存在すればよいというエリート型のミュージアム観の論理も成り立つ。

日本における美術館状況

日本でのミュージアムの数を確認しておこう。一般財団法人地域創造『これからの公立美術館のあり方についての調査研究』報告書（二〇〇九年三月）は、文部科学省や欧州連合の統計などから、日本を「ミュージアム大国」であると指摘する。日本のミュージアム数は二〇〇五年一〇月現在で五、六一四館であり、ドイツの五、八二七館、英国の一、八五〇館、フランスの一、一七三館と比べてもかなり多いとされる。ただし、米国は一七、七五〇館と圧倒的に多い。美術館、歴史系・考古系博物館のいわゆる人文系ミュージアムの数では、日本は二、二三五館、ドイツが二、二三五館、フランスが七八〇館となっており、人口一〇万人当たりの数では、日本が四・四館、ドイツが七・一館、フランスが一・九館、英国が三・一館となっている。

美術館に限れば、日本は一、〇八七館（国立――独立行政法人――が九館、都道府県立が七七館、市区町村立が四二八館、私立が五六九館）となっている。そうした美術館は、一九九〇年代以降に増加したことにも着目しておいてよい。たとえば、参考までに、コンサートやイベント情報の提供やチケット販売のぴあ株式会社が発行する『保存版・日本の美術館ベスト二四〇完全案内』（二〇一二年）に紹介された美術館をみてみれば、全体の二五・四%が一九九〇年代、同二五・〇%が二〇〇〇年代以降に開館した美術館であり、一九九〇年代以降のものが全体のおよそ半分を占めている。ちなみに、一九八〇年代に開館した美術館は、全体の一八・八%、一九七〇年代が同一四・六%となっている。

このように、実際には全国各地にかなりの数のミュージアムが存在するのである。地域――とりわけ、市町村――によっては、財政破綻が強く叫ばれるなかで、その地域の産業や歴史を展示した立派な建築物――いわゆるハコ物――の維持・管理が大きな財政負担となってきたことで、廃館あるいは売却をめぐってさまざまな議論も起こってきたのである。とりわけ、美術館についてもそうした動きが起こった。

平成一五［二〇〇三］年には、かつて美術教育プログラムなどで世界的にも高い評価を受けていた、「お金持ちの住む」街というイメージの強かった「文化都市」の芦屋市で、市立美術博物館の廃館をめぐる動きが浮上した。この廃館問題の背景には、平成七［一九九五］年の阪神淡路大震災の影響で、芦屋市も被害を受け、そのための復興予算などのやりくりに苦慮して、行財政改革を打ち出したなかで、平成三［一九九一］年に寄贈コレクションを中心として開館したこの美術博物館の存続問題もすでに出ていたのである。「美術館の売却検討」とマスコミ報道された美術館の存続問題の突然の登場に対して、芦屋市民たちはびっくりしたことはいうまでもない。

芦屋市民――むろん、すべての市民ではないが――、作品などの起草者、芦屋在住のいわゆる文化人たちからも、美術博物館存続を求める署名活動が展開されることになった。マスコミ報道の数ヶ月後には、芦屋在住の映画監督の大森一樹が中心となった「芦屋市立美術博物館について考えるワーキンググループ」が発足した。美術博物館の存続を前提にどのようなミュージアム・マネジメントが可能かという議論から、結局のところ、「NPO法人芦屋ミュージアム・マネジメント」が設立され、平成一八［二〇〇六］年から同NPO法人が運営することになった。

自らもこのワーキンググループにも参加し、民間企業の役員でこのNPO法人となり、芦屋市立美術博物館の運営にあたることになった柿木央久は、「NPO法人芦屋ミュージアム・マネジメント――芦屋市立美術館をめぐる事情とその展望――」で、この公立美術博物館をめぐる市民運動で、当初、もっとも大きな問題となった点をつぎのように指摘する（中川幾郎・松本茂章編『指定管理者は今どうなっているのか』所収）。

「最も大きな問題点は、館の存続を訴える市民の多くが、館をめぐる問題の本質をきちんと把握していなかったことである。確かに芦屋のケースでは『財政難』が直接の理由となって館の存在が俎上に上がったのではあるが、そこから多くの市民が『では、いかに館が利益を上げるか』という議論にばかり熱中したのはむしろ時間と労力の浪費と言わざるを得ず、……本来美術館・博物館という施設は独立採算ができるものではないからだ。理論的にはともかく、世界の名だたる美術館・博物館でも入館料で運営費の三割をまかなえれば良いほうであり、ニューヨークの著名な美術館ですら入館料収入では運営費の一割台をまかなうのがやっとであるとされる。」

国内外から何百万人の来館者が訪れる世界的に著名な美術館などについても、独立採算が困難であれば、人口規模で九万人ほどの市が運営する美術博物館であれば、ましてやなおさらということになる。この美術博物館の廃館問題では、市議会で賛成にまわったほとんどの議員も、普通の市民と同様に市立美術博物館の廃館問題にそれほど大きな関心をもたなかったようである。

だが、柿木によれば、こうした無関心ムードのなかで自治会の関係者などからまず強い反対運動が起きて、議員たちもようやく重い腰を上げて美術博物館の存続問題の解決に向かって動くことになったという。

この点に関して、柿木は「なぜ……芦屋の美術博物館は市民から支持されるだけの活動をしてこなかった。『友の会』のような支持組織を作ろうともしなかったし、開館後十年以上を経て未だに紀要すらない」と問題提起をして、芦屋市民にとって「市立」という自分たちの美術博物館の存在とは、一体何であったのかと自問する。

柿木は、市民たちの美術博物館への積極的な関与云々以前に、芦屋市による美術博物館運営に対する市民たちの根強い不信感が従来からあったのではないかとみる。柿木は「美術館というものがここまで支持を失った最大の理由」とは、単に芦屋市の抱えていた個別問題ではなく、そこにはもっと広く日本における美術と美術館に対する構造的かつ根本的ともいうべき「文化」への人びとの意識問題、より端的には無関心さがあったのではないかとみて、その問題の核心をつぎのように指摘する。

「日本の美術あるいは文化教育の欠陥ゆえではないだろうか。学校で美術といえばヨーロッパの絵画彫刻ばかり、音楽といえばヨーロッパの古典派やロマン派ばかり教えてきたことのツケがまわってきたのだ。日本のものも教わらないわけではないが、いかにも『ついでに』という感じか、歴史のついでに教わる程度。われわれ日本人は『芸術』という言葉を多用するが、これは『美術』とはかなり異なる概念である。……日本にもともと『美術』に相当する文化がないならともかく、実際には独自の美意識が培われ、洗練されてきたのである。そこに狭い範囲でルール化された『美術』を押し付けて『教育』しようとしたこと自体に無理があろう。そのツケが、現在の日本の美術館に対する不信任として噴出してきているのだと思わずにいられない。」

つまり、日本社会においては「芸術」とは、わたしたちの伝統的な美意識によって形作られたものであるのに対して、「美術」とは、学校の教室という場での「美術教育」を通じて西洋絵画や彫刻を意識させられるものなのである。そうした美術を展示する美術館の存続は、わたしたちの日常生活の外にあるだけに、ややもすれば、その存立はまったくの他人ごとになる。たしかに、「美術」とは西洋絵画などであり、やまと絵や文人画などは「芸術」であるという棲み分けがわたしたちの感覚のどこかにある。だが、西洋絵画については美術館、やまと絵などのコレクション中心の美術館は「芸術館」とは呼ばれてはいない。

いずれにせよ、公立美術館の運営――ミュージアム・マネジメント――については、柿木は自らの経営者としての感覚と、市当局と美術館の存続とその後の運営をめぐって交渉を繰り返した経験から、市側関係者の美術館などミュージアムの運営実務能力自体が低いうえに、「決裁権と責任という観念が基本的に欠落しているらしい」中小規模の自治体の行政関係者に「博物館を適切にマネジメントできる人材が必ずいると期待するほうが無理な話」であると気付いたというような、ため息がでるような評価を下すのである。

結局のところ、芦屋市立美術博物館の運営にあたることになった柿木は、「従来のように西洋美術・西洋文化一辺倒では市民に支持されないことは既に明白である」ことに市側関係者がもっと早い時点で気付くべきであったとし、その上で今後、美術館を維持運営するためには何が必要であり、何をなすべきかについて課題を明らかにしてはじめて、そのための解決策が出てくるのではないかと自らの経験を振り返っている。柿木の結論はつぎの二点である。

（一）「市民に支持される美術博物館」を目指すこと――入館者の増加も大事であるが、自分たちの美術館のコレクションの特徴の明確化、根本的には学芸員などのレベルアップをはかり、「紀要」など形に残る実績を積み上げること。

（二）地域の美術館としてのアイデンティティの確立――（一）にも関連するが、「幅広い市民に『芦屋』で培われた蓄積された文化を伝えることこそ」地域の美術館のアイデンティティであることを認識すること。

では、美術館が多くの市民から広汎に支持されること、このことと地域のアイデンティティの再生産装置としての美術館とは、どのようにして具体的に重なり合うのか。つまり、ここでは芦屋市民にとって、芦屋市民であることのアイデンティティが、「自分たち」の美術博物館を通して再生産されうるのかどうかが問われていることになるのである。

より端的にいえば、自分たちの税金で維持運営されている美術博物館にわざわざ行って、そこに展示されている諸作品を鑑賞することで、自分たちが芦屋市民であることの誇りを感じることができるのかどうか。この問いへの答えは、どのような作品がそこに展示されているかどうかといった具体的なものでもある。

それらの作品がもっぱら西洋絵画であれば、西洋絵画の蒐集こそが市民に支持されることはあっても、そうした作品などがその地域に培われ蓄積された文化のアイデンティティである保証などはない。すこしばかり穿った見方をすれば、「お金持ちの住む」芦屋市が購入するのは、他の都市ではなかなか買えないような、さすが高価な西洋絵画であるという、その地域の経済的アイデンティティであるといえないこともない。だからといって、自分たちの税金でもって、市がそのような絵画を蒐集する必要性と必然性が存在しているわけでもない。値上がり益が期待できるような作品を購入して、市の財政赤字を埋めるために売却すればよいという考え方を支持する人たちもいるかもしれないが。

他方、美術館をもつ地方自治体の地域アイデンティティ観において、それが他の自治体が自前の美術館をもっていることへの対抗意識だけで済まされてよいはずもない。柿木自身も公立美術館の存立意義の正統性を模索するなかで、紆余曲折の末に運営者の一人に選ばれ、美術館運営の立て直しに取り組んでいくうちに、芦屋の美術館のアイデンティティ確立のための方向性の一つが、「大坂（阪）の奥座敷」として発展してきた芦屋という土地柄で育まれた「大坂画壇」という、それまであまり研究が進んでいない分野の開拓と作品の蒐集や、芦屋を中心とした近代写真の蒐集であることに気付いたという。

こうした地域の美術館のアイデンティティ問題は、単に芦屋など一つの地方都市の課題だけではなく、日本社会にとって美術館などミュージアムのアイデンティティの問題でもあるのだ。展示したい地域の芸術作品や美術作品があるから、そのために美術館を設けるのか。あるいは、美術館があるから、その立地する土地柄に相応しい画家たちの作品を集めるのか。この方向性のあり方をどのように解釈すべきなのであろうか。

前述の松宮もこの種の問題にふれ、日本には当初、西欧的な文脈でのミュージアム制度がなかなか定着しなかった理由について論じている。松宮は明治政府の下でのミュージアムという考え方では、博物館と博覧会との関係はもっぱら恒久的博覧会の場としての博物館像が重視され、明治期以来の産業主義——殖産興業——の強さゆえに、博物館と博覧会の分離は困難であったことを指摘する。それゆえに、ミュージアムという考え方は、産業主義の強かった日本では、博覧会的博物館の「美術館」化によって、どうにかこうにか定着したとされる。日本でも、またそれなりに西欧諸国のようにミュージアムの誕生には、博覧会→博物館（常設の博覧会）→美術館のような系統発生的な歴史蓄積をある程度必要としたのである。松宮はつぎのように分析する。

「日本における西欧のミュージアム制度の受容も、その出発点においては西欧の近代国民国家のそれと同様、文化財保護と歴史主義の立場から『古器旧物』の保存をめざす文部省の方針が先行していたが、すぐに内務省と農商務省の『産業主義』路線に切り換えられ、国家の象徴価値という創出機能は失われてしまった。……博物館の管轄が宮内省に移行されることで、天皇制国家の象徴的価値の創出という機能を発揮させることにどうにか成功したのである。」

後発国ゆえに、産業振興を強く意識せざるをえなかった博物館的祭事が先行した日本では、「工芸品」という美術品がもっぱら先行的に展示されるのは、明治一〇［一八七七］年に開催された第一回内国勧業博覧会(*)であった。それらは博覧会の会場に設けられた「美術館」に展示され、やがてこれらの展示空間が帝室博物館へと連なっていくことになる。ただし、博物館的祭事である博覧会と並行して、美術品のいわゆる常設展示の場が登場するのは、明治二八［一八九五］年、古都奈良であり、この二年後に京都に博物館が設けられることになった。ようやく、美術品もつねに展示されるようになったのである。

もっとも、博覧会か博物館か、つまり、産業振興か芸術振興かをめぐる議論は、欧州諸国にもあったにちがいない。元々、博覧会の端緒は英国ロンドンで一七五六年に開催された「勧業博覧会」であり、国際博覧会ということでは、フランスのパリに国際博覧会事務局が置かれ、一八五一年にやはりロンドンで二五カ国が参加して、第一回国際博覧会が開催された。いずれにしても、英国のロンドンでこの二つの博覧会が開催されたのは、単なる偶然とも思われないのである。

当時の産業革命で大きな経済成長を遂げ、工業化の途を突き進んでいた英国であったからこそ、「芸術」の国のパリではなく、工芸美術や工業製品などが国勢を示すために展示され、「工業」の国のロンドンで開催されたのである。明治政府の若い指導者たちも、欧州での博覧会に対して強い印象と関心をもつとともに、欧州諸国と異なる日本の文物を意識するようになっていったとしても当然であったろう。

事実、日本も明治維新早々の明治六［一八七三］年のウィーン万国博覧会に参加することになり、文部省内に博物局が設けられ、寺社にある古器物保存への一歩を踏み出していったこと

＊内国勧業博覧会―明治政府（農商務省）の「殖産興業政策」の一環として実施された、物産を中心とする博覧会である。第一回は、明治一〇［一八七七］年に東京上野公園で開催された。出品点数は八万点を超え、来場者数も四五万人と当時にあっては盛会であった。その後、日本の工業化とともに、従来の工芸品だけではなく、機械・金属製品も増えていった。最後は、第五回として大阪天王寺で開催された。

も、そのような歴史的な流れのなかで理解できよう。日本国内では、このウィーン万博参加への前哨戦として、明治五［一八七二］年に湯島聖堂で文部省博覧会が開催された。この五年後に、第一回勧業博覧会が上野公園で開催され、工芸品などもガラスケースの中で展示された。(*)さらにこの四年後の第二回内国勧業博覧会では、屏風や絵巻物なども陳列された。

日本における「美術館」設立については、明治三〇年代になり、明治美術会(**)に属する画家たちが美術館構想を打ち出し始めているが、この時点では具体的な美術館建設までにはいたっていない。その後、院展(***)や二科展(****)などの作品は、明治一〇［一九〇七］年に東京上野で開催された勧業博覧会の際の会場――陳列館――で開催されていたが、それらの場所はあくまでも一時的な展示場であった。それゆえに自分たちの作品の恒久的な展示場としての美術館を求める声が強かったといわれる。さらに、大正一一［一九二二］年に東京府（都）が「平和記念東京博覧会」を開催したことが契機となって、常設の美術品展示を望む声が高まっていくことになる。

そうしたなかで、九州での石炭採掘で財を為した佐藤慶太郎（一八六八〜一九四〇）は、自らの座右の銘であった「公私一如」の考え方に沿って東京府に私財を提供することになり、東京府は当時、東京美術学校の校長で正木直彦（一八六二〜一九四〇）などの助言を受けて、公立美術館の建設計画に着手した。具体的な建設場所については紆余曲折の結果、宮内省から上野公園に建設許可を得ることになる。結果、東京府美術館は、わが国最初の公立美術館として大正一五［一九二六］年三月に落成となった。建物の設計には、東京帝国大学建築学科卒で東京美術学校教授であった岡田信一郎（一八八三〜一九三二）――大阪市中央公会堂の設計者としても知られている――があたっている。

東京府美術館は、そのお披露目となった第一回展では日本画、洋画だけではなく彫刻や工芸

＊板橋区立美術館の学芸員の安村敏信は『美術館商売――美術なんて……と思う前に――』で、日本社会において、従来、実用的な機能をもつ製品として使用されてきたガラスケースに入れられ展示されたことが、美術館という存在が一般人から遠ざかることになったのではないかとみる。興味深い視点である。

安村はいう。「（使うためのものとして作られ、使用されてきた――引用者注）こうしたものが、ガラスケースの中に閉じ込められ、美術品という高貴な名称を付けられたために、本来使われてきたものだということが忘れられてしまった。……作品は一般人の生活感覚から離れ、手の届かない歴史の彼方の宝物として、ガラスケースの中に鎮座する。そんな有難いお宝を、お金（観覧料）を払ってまで見ようとする人は少なく、美術館が一般人から遠くなるのも当然といえば当然である」と。

とはいえ、欧米の油絵など

品などを展示した。昭和三［一九二八］年には、単独企画展として岡山倉敷の実業家の大原孫三郎（一八八〇〜一九四三）が蒐集したヨーロッパ絵画の展覧会を開催している。この二年後、昭和五［一九三〇］年には、大原美術館が開館している。

　国立美術館ということでは、昭和二七［一九五二］年に文部省所管の国立近代美術館（現・東京国立近代美術館）が開館している。また、昭和三四［一九五九］年に東京に川崎造船社長を務めた松方幸次郎のコレクションを元に国立西洋美術館が開館している。地方公立美術館ということでは、県立近代美術館が昭和二六［一九五一］年に神奈川県で誕生している。こうしてみると、日本の場合、美術館には最初からヨーロッパ絵画の展示場としての流れがあったことがわかる。そこには、日本の近代化のあり方が美術館においても色濃く現れていたといってよい。

　もっとも、東京府美術館から国立近代美術館までの開館にいたる経緯と、その後の歴史的経緯については一気呵成というわけでもなく、さまざまな紆余曲折があったのも事実であった。この経緯については、韓国の文化資源学者の朴昭炫は、『『戦場』としての美術館――日本の近代美術館設立運動／論争史――』で詳細な検討を加えている。朴は日本における美術館設立運動のあり方について、美術館の位置づけにおける日本画と西洋画との対立、美術家と批評家の対立、国家的管理主体としての文部省の思惑と美術関係者との対立と妥協など、さらには美術館のもつべき本来の「公共性」という観点からとらえている。

　公立美術館の「公共性」をめぐる議論は、現在ではタックス・ベネフィット論という税金でもって維持する必要性について、もっぱら展開してきていることは本書の随所でとりあげているが、バブル経済以降の国家財政悪化による行政改革の一環として、美術館もその例外ではな

をそのまま壁にかけて展示するやり方は、油絵自体が堅牢な材質で制作されていることに比べ、日本の掛け軸などは木や絹といった湿度や光、温度差などで傷みやすい材質の材料で制作されていることで、ガラスケースに入れられてきたという技術的な制約問題もあった。そうした作品の保存上の制約を考慮したとしても、安村はガラスケースに作品を閉じ込めるだけで「演出に力を入れてこなかった日本の美術館は、一般客から面白みのない場所とみなされてきた」と指摘するのである。

＊＊明治美術会―日本最初の洋画団体である。明治二二［一八八九］年に設立され、毎年、展覧会を開催した。日本の画家だけではなく、外国作品の参考陳列も行われた。のちに分裂した。明治美術会の官僚主義傾向に反発して脱会した黒田清輝（一八六六〜一九二四）などは、白馬会を結成している。

＊＊＊院展―東京美術学校の校

く、平成一一［一九九九］年一二月の「独立行政法人美術館法」の制定によって、二年後から国立美術館が次々と独立行政法人化され、それまでの予算制度が運営交付金制度へと移行することで、自ら稼ぐことのできる美術館が求められてきた。

朴はこの種の財政問題だけではなく、従来から公立美術館（＝東京都美術館）と国立美術館（＝国立近代美術館）の存立意義をめぐって展開していた、「公共性」論議もその底流にあったとみる。それは一九六〇年代の日米安全保障条約改正（安保）反対をめぐる政治の季節――学生運動も含め――の下での、「アンチ・ミュウゼオロジー」という権威主義的な美術界への反発ではなかったかと、指摘しているように思える。朴はこの二つの美術館をめぐる対立構図を、つぎのように紹介している。

「『都美術館解体！』『東京都国立美術館解体！』といったスローガンが叫ばれた一九六〇年代になると、芸術院会員や既成公募団体の代表たる『美術家』たちが主な運営主体となった東京都美術館と、『近代美術館』の『美術館人』となった『批評家』たちが運営する国立美術館といった、まったく異質的な運営構造が常態化するからだ。」

公立美術館は、一体全体誰のためという基本的な問いがこの種の対立の背後にある。たとえば、そうした美術館の蒐集基準は、その資金が税金から出ているにしても、誰がどのように決めるのか。権威主義的で狭いインナーサークルで形成された大御所的（＝権威主義的）な美術家――芸術家――たちが開催する公募展での作品から蒐集するのか。あるいは、大学で美術史を専攻した批評家や研究者たちが決めるのか。ただし、このような対立構図は美術界では戦前から繰り返されてきたともいえる。

朴は美術家と批評家の構図を、東京都美術館と国立近代美術館のある種の縄張り争いの構図

長を辞職した岡倉天心とそれに同調して辞職した人たちが、日本美術院を明治三一［一八九八］年に結成し、日本絵画協会と合同で年に二回、公募による展覧会を開催するようになった。

＊＊＊＊二科展―大正三［一九一四］年に、文展（官展）第二部（洋画）から脱退した石井柏亭（一八八二～一九五八）や梅原龍三郎（一八八八～一九八六）など一一名によって設立された、美術家団体である二科会による展覧会である。

として歴史的にとらえようとする。いまでは、この二軸的な構図に、「観覧者（＝納税者）」が入り、公立美術館の「公共性」をめぐる構図も重ねる必要もあろう。もっとも、そのような議論はしばしば芸術とは何かという抽象的で、その対象が日本の古美術から前衛芸術まで広がり過ぎる傾向もある。ただし、普通の市井の人たちにとって、もっとも身近なものは立派な外観をもつ美術館の展示場で展示されている作品ではなく、日常で使う生活品であり、審美眼などはその水準によって日常的に養われるものでもある。

前述の柳宗悦たちが、日本の近代化のあり方への見直しを意図した民芸運動を、大正期に展開させていくことになるのは、決して単なる偶然ではなかったのである。このことは、当時の評論などを含む文学者などの作品にも表れていたといってよい(*)。そうした一連の動きの背景には、それまでのある種の鹿鳴館運動の延長上にあった性急な近代化＝西洋化への疲労感があったのではないだろうか。つまり、そこには西洋的「美」への盲目的追従への反発と日本的「美」、とりわけ、「日常的な美」への気づきと、再評価への動きがあったのである。

この「日常的な美」への気づきということでは、「非日常的な美」である西洋絵画を、技術のように学習する場としての美術館というミュージアムが、その場を提供していたのである。だが、そうした場とはまた別のミュージアムもまた存在しうるのである。「静」と「動」という対比では、前者のような美術館は、「非日常的な美」の発見の場であり、後者のような美術館は、つねに変化する日常の中に「美」を見出そうとする場ともなる。そうした美術館は、日常的な美」の発見の場を象徴しうるのである。

こうした美術館をめぐる論議に関しては、アフリカ美術の研究者で、タイやインドのミュージアムの実情にも詳しい川口幸也は「ミュージアムという居場所」で、欧州諸国のミュージア

＊詳細はつぎの拙著を参照。寺岡寛『近代日本の自画像――作家たちの社会認識――』信山社、二〇〇九年。

ム観と土着的ミュージアム観の間にもともと温度差があることを紹介している（木下直之編『芸術の生まれる場』所収）。この温度差なるものは、欧州諸国でミュージアム観を学習した専門家たちと、そのような機会をもたず地域のミュージアムに通う普通の人たちの間の感覚的落差でもあるとされる。

この事例として、川口は欧州諸国や欧州諸国流のミュージアムなどにみられる「おしゃべりのできない」雰囲気の下で、「なにがしかを学ぶ」啓蒙の場となった、いわば学校のようなミュージアムの雰囲気に対して、アジア諸国――おそらくアフリカ諸国もそうではないかとわたし自身の経験からも忖度できるが――などで、気楽に地元の人びとなどが展示物の前でおしゃべりしたりできる、日常的な安らぎの場となっているミュージアムの雰囲気を対比させるのである。

そこには、それまでの宗教的権威に代わって権威づけされた西洋的な美と、その殿堂たる役割を担わされることになった美術館――新たな教会――は、宗教的な礼拝堂ではないと頭ではわかっても、感覚的には――気持ち的には――おいそれとはおしゃべりできる雰囲気ではない。ましてや、小林秀雄的な芸術観をどこかで押し付けられた「教養人」がいまだに多い日本社会では、大人しくお行儀良く鑑賞することが、西洋美術を理解できるようになれる、お行儀良い教養人への第一歩と思われているともいえよう。

東京大学で芸術の国とされるフランスの文学を専攻し、戦前において日本的な伝統美を追求し、戦後においては日欧文化論を展開し、日本芸術院賞の受賞者であり、文化功労者、文化勲章の受章者となり、国からの日本文化の正統な語り部たる資格を得た小林秀雄（一九〇二～一九八三）の分かりやすい文章で、分かりにくい美についての評論などを読むと、わたしなどはその感を深くする。

作品の前で、弁当を開いておしゃべりもできる美術館という存在はどうであろうか。川口自身は、欧米諸国のミュージアムといえども、昨今においては、後者――アジア的というかは別として――のようなミュージアムへと変貌しつつあるのではないかと指摘しているようにも思える。川口はいう。

「このような視点に立つならば、欧米における昨今のミュージアムの変貌は、一方で消費資本主義に足元を掬われているという批判的な見方もできるのかもしれないが、他方では本来ミュージアムが担うべきであった社会の結節点としての働きを取り戻しつつあるとみる事ができるのではないだろうか。……二一世紀を迎えた今、これらのミュージアムや遺跡は、啓蒙の装置であると同時に、いやそれよりも以前に、人々にとってのただの居場所としての役目を果たしているのである。それはおそらく、今後、世界じゅうのどこであれ、ミュージアムが真っ先に引き受けるべき、より本質的で根源的な役割になっていくのである。」

前述の松宮も指摘する。「彼らが最も厭うのは『芸術』作品との対話の場に『俗人』が入ってくることである。そのもっともありふれた状況とは展覧会場や寺院に修学旅行生たちの集団が乱入したり、愚にもつかないおしゃべりを大声でかわしあう集団と場を共有する不運といったものである……監視人相手に大声で蘊蓄を傾けてギリシア美術と奈良美術の類似を滔々と論ずる男に出会うこと、つまり、そういった状況に遭遇してしまうことである。この男こそ彼らにとってまさに『俗物中の俗物』である」と。

こうした光景はいまではお行儀が良くなった修学旅行生の代わりに、声高に作品を批評し、ついでに世間話までしている年配者のグループに置き換え、ギリシア美術の代わりにフランス印象派の解説あたりに置き換えれば、わたしたちが美術館を訪れて、そう頻繁でなくとも、それなりの頻度で出会う場面である。

この光景をどのようにみるかである。いまでは、ペット同伴可能と看板が出ているレストランやホテルなどが出てきたように、自由におしゃべり可能という美術館が出てきてもよさそうなものである。だが、わたしの知る限りでは、いまでもそのような美術館には出会ってはいない。松宮がこのように指摘するのは、わたしたちが高尚であるべき芸術に拝礼する神殿であるような美術館像を、そのまま引き継いできた日本の「知識人」たちの美術館像を、わたしたちの多くもまたそのまま継承してきたからに相違ない。松宮もこの点についてつぎのように指摘する。

「『芸術』の享受は選ばれし者のみの特権であるという考え方はいわゆる大正教養主義の伝統であり、遺産であると見なされてきているが、その特権意識に思いあがった、鼻もちならない態度には辟易させられるし、また反撥も感じられる。……西欧近代の『芸術』は市民の新しい宗教であり、新しい神であるがゆえに、その世界に参入する者は、神聖な領域に近づくための敬虔な心情とすすんで儀式に服する素直な態度が必要だからである。アンシャン・レジーム(＊)の絶対主義王政のもとでは、芸術は王権と宮廷が織りなす祭典と権威の視覚化のための演出手段であった。……アンシャン・レジームの世界にあっては芸術は『祭り』と不可分の関係にあり、それは最も贅を尽くした『遊興』と『娯楽』だったのである。……西欧の近代『芸術』は、この世俗の『祭り』を敬神のための『儀式』に換え、『娯楽』と『遊興』を『修養』と『修業』に換えていこうとする。」

もちろん、そうした「美術館」観とは異なる見方や意識もある。たとえば、タイなどの地方

＊アンシャン・レジーム―広義では旧制度の総称である。狭義では、一七八九年のフランス革命以前の絶対君主政を支えた封建的社会体制を指す。

にある「ミュージアム」は、宗教と展示物との分離が不明瞭といってよいような仏像等も存在する空間であり、「地元の人が時々そこにお参りにくる」場となっているのである。それは「地元のお寺」の延長にある場でもあり、週末ともなれば、人びとが家族づれで食事とおしゃべりができる場ともなる生活空間である。

たしかに、そこにあるのは過去の「静」として死んでいるような展示物ではなく、今に生きる人たちの日常の営み――信仰も含め――や生活の場というイキイキとした「動」がある。そのような空間は鑑賞すべき対象となった非日常的な美としての仏像ではなく、また、きわめて日常的な美としての仏像の展示でもなく、祭っている場なのである。川口の指摘をまつまでもなく、そのような空間の姿は、かつての日本のあちこちの寺院や神社に日常的にみられた光景でもあったのである。

先に川口が消費資本主義的といったのは、欧米のみならず日本のミュージアムにおいてさえ、わたしの知る範囲でも美術という展示物の前で弁当をひろげて飲食や談笑という行為が許されておらず、そのような行為は美術館に併設されているしゃれたレストランやおしゃれなカフェを利用することになっていることへの言及である。さらに、鑑賞作品については、ミュージアム・ショップでレプリカなどを購入できるサービスもある。

いうまでもなく、こうした消費行為こそが、地域文化を蒐集、研究、保存、展示する役割を担っているミュージアムのもっぱら運営上の金銭的な日々の糧となっている。こうしたミュージアムが、地域の観光資源の一つのコマとして欠かせない存在となっている地域もある。だが、美術館は近隣にあるショッピングセンターへの人寄せだけの装置――この逆のケースもあるであろうが――で終わってよいものかどうか。

この種の議論の是非はともかくとして、いまや、日本のみならず、多くの国でミュージアムが多くの来館者を外部から集め、その人たちの積極的な消費を通じて町の活性化をはかろうという議論も展開されてきている。ただし、美術館の中では弁当を広げることも、周りを気にせずおやつを食べながらおしゃべりすることは許されないが、それは大いに美術館の外でどうぞ、ということである。

この背景には、先進諸国といわれた地域においても、脱工業化という積極的な掛け声とはうらはらに、それまでの安定的雇用を生み出してきた製造業が空洞化してきた事情もある。いまは衰退した従来型産業に代わる成長性の高い――とりわけ、雇用創出効果の高い――産業が生まれていない現状への打開策――もっぱらその経済的波及効果への期待――として、先にふれた「文化の国」のあけぼのがミュージアムに求められているからにほかならない。

この意味では、単にその地域の既存のミュージアムの活用――外観や内装のリニューアルや新たなコレクションの蒐集も含め――や話題作りには、なるべく著名な世界的な建築家を起用して、新たにミュージアムを建設するだけではなく、地域そのものを鑑賞に堪えるように、「ミュージアム化」していこうという発想も浮上して当然であろう。

そのようにして「ミュージアム化」される地域像の背後に見え隠れしているのは、地域再活性化への地域の人びとの思いもあるのだろう。では、そのように、地域がミュージアム化――展示対象化され、そのイメージが消費される――されることなど果たして容易なことなのであろうか、仮にそれが可能だとすれば、そうした地域像とは一体全体何であるのだろうか。

ミュージアム化の地域像

ここですこし外国の事例も見ておく必要がある。南米アルゼンチンを取り上げておく。一九九九年のブラジルの通貨レアル切り下げの影響により、自国通貨ペソが高騰して輸出が落ち込み、国際収支の急激な悪化に見舞われたアルゼンチンの場合、二〇〇一年に国債の償還などを含め、対外債務の返済不履行――デフォルト――を宣言した。かつてラテンアメリカ諸国の優等生といわれたアルゼンチンは、厳しい経済危機のなかで、その成長と安定を支えてきた中間所得層は没落した。

アルゼンチンは、その後も通貨危機に見舞われることになる。一時、国家として深刻な財政破綻を経験したアルゼンチンの場合、ミュージアムはその存立をめぐってどのような変遷を辿ったのであろうか。いまや国債依存度の高い財政運営に腐心し、苦しんでいるわたしたち日本人も、決してアルゼンチンの財政破綻に無関心ではいられない。

東京の世田谷美術館学芸員の塚田美紀は、アルゼンチンのミュージアムを財政破綻後の二〇〇六年に訪れ、その印象を「ミュージアムはいかに創造的に生き残れるか?――南米アルゼンチンの事例から――」で記している。塚田は「サッカーとワインで知られるアルゼンチンは、中南米諸国のなかでは豊かだが、経済が周期的に破綻する。だが、この国はいつもしたたかに立ち直り、特に二〇〇一年の経済危機以後は、文化や芸術という資源によって巻き直しをはかる動きが強い」と指摘する。

では、アルゼンチンにおいて、文化や芸術を人々に供する公共財としてのミュージアムが、どのようにして財政破綻の厳しい危機を乗り越え活動を続けてきたのか。塚田は関係者へのインタビューなども踏まえてつぎのように述べている（前掲『芸術の生まれる場』所収）。

「南米のパリと呼ばれる首都、ブエノスアイレスでは、老舗のアルゼンチン国立美術館が常設展示のリニューアルを完成させていた。……筆者はリニューアル前の展示を見たことがあるが、グローバルな視野のもとに再構成された新展示は、見違えるほど魅力的であった。学芸員によるコレクションとの地道な対話の成果である。……学芸員によるコレクションとの地道な対話の成果である。……コレクションを解釈し直す。芸術による社会全体のコミュニケーションをめざす、街の歴史と交信し人々の誇りを回復する……。地球の裏側のミュージアムが掲げるヴィジョンは、新奇なものではない。だが、その誇りに満ちた直球の実践は、鮮烈であった。それがミュージアムの創造性をなし、生き残る道を開く。」

塚田のいうように、アルゼンチンのミュージアムは、国家財政の破綻によってきわめて厳しい予算制限の下で存立の是非を問われ、改めてそれまでのコレクションの意味を考え直すことを強いられたのである。ミュージアムのもつ過去蓄積の「静」のストックを、財政破綻という「いま」という時代の「動」へと転換させることで、地域経済の活性化、さらには国民経済の活性化につながればそれに越したことはない。ただし、それは容易なことではない。

しかしながら、ミュージアム化され、ステレオタイプ化された地域像が過去の「栄光ある」歴史を時間の彼方に塩漬けしたようなコレクションの集合体としてのイメージであるならば、そのようなコレクションはまずは塚田のいう「誇りに満ちた直球」のようにはなりえないであろう。だが、そうした「文化」振興を通じて国民の「誇り」を呼び起こすことができれば、それに越したことはない。ただし、その誇りは二面性をもつ。過去において、その種の誇りを求めた国家的文化運動は、ややもすれば各国における全体主義(*)的運動のある種のイメージを結実させたこともあったのである。そのような歴史があったことを、わたしたちは思い起こしておいてよい。

まずは、それまでのコレクションと「学芸員によるコレクションとの地道で継続的な対話」が必要であり、さらに自らの「コレクションを解釈し直した」美術館とそのような美術館を訪れる人たちとの対話が必要である。そのことによってのみ、塚田はアルゼンチンにおいて自分たちの美術館が「生き残る道を開く」ことになったのだと指摘する。

対話ということでは、むかしといまの美術館などミュージアムをめぐる人びとの考え方の内容なども大きく変遷してきている。日本においても、昭和初期の時代のように、日本文化の独自性を強くイメージさせた国威発揚のための文化政策――特定芸術への助成など――がとられ、また日本文化のイメージをデザイン面へととりこんだ商品開発を通じての産業振興策が図られた時期には、そのような対話自体が十分であったとは思われない。というよりも国からの一方的対話――対話というよりも当初は上からの押し付け――といってよかった。

ましてや、あらゆる商品が、海外生産を通じてその生産地のイメージとは直接つながらなくなったいまという時代において、「日本らしさ」のイメージを、かつての国威発揚のための文化政策のコピー用語などで済まされるはずもない。かといって、江戸期の大衆風俗画＝日本を代表する芸術品へと転化した浮世絵などのイメージばかりに頼るわけにもいかないだろう。必然、漫画作品やアニメ作品、日本人監督による映画作品、さらには音楽にいたるまで、世界に紹介する文化政策によって、日本商品の差別化を図るような試みも活発になってきている。こうした動きは、産業の空洞化がすすんだ欧米諸国で先行したのは当然でもあるが、その後を追

＊全体主義―個人に対して、国家や民族など全体組織の絶対的優位性を主唱する考え方およびその体制。政治学においては、一つの組織や団体が、絶対的な権力を国家や人民の名において独占的に掌握する。ドイツのナチズムやイタリアのファシズム、旧ソ連のスターリニズムなどがその事例として挙げられることが多い。

った日本でもそのような動きが生じてきたのである。

こうした動きは国内でも同じである。日本国内の地域間競争——工業団地やハイテク団地への企業誘致、公共施設の誘致にいたるまで——の激化の下で、都道府県、あるいは市町村などのイメージの定着を図るために、お世辞にもその地方の文化を必ずしも代表しているとは思えない漫画家などの作品などを展示するミュージアムというハコ物が、ときには必要とされたのである。競うように地方自治体は著名な建築家などに施設設計を依頼して、美術館や記念館など公共施設の建築を競ったことなどに、そのような事例を容易に見出すことができよう。

だが、そのような美術館では、単に「作品」を「蒐集」・「保存」・「研究」・「展示」するという、「静」的な空間＝過去の地域イメージの消費の場であることだけにとどまり、人びとの新たな日常生活の美を生み出す「動」的な空間へと変化したとはいえない。だが、地域の美術館がそのような動きを生み出さないかぎり、その機能と役割はきわめて限られたものにとどまらざるをえない。では、今後、地域のミュージアムなどが、地域再生において大きな役割を果たしうるのであろうか。

「創造都市」論を講ずる人たちは、スペインの重厚長大産業の鉄鋼業や造船業が衰退したビルバオ市[*]に開館した、米国グッゲンハイム美術館の「分館」開館による地域再生——地域おこし——、英国ではスコットランドのグラスゴー市、米国ではニューヨーク州のビーコン市[**]、日本では金沢市をその先行事例として紹介することで、ミュージアムの潜在的影響力を強調する。

このうち、英国の産業革命のかつての中心地の一つであり、重工業都市を象徴してきたグラスゴー市[***]の場合、かつての英国工業を象徴化した都市イメージは、産業の空洞化とともに大きな変容を迫られたのである。かつての栄光のイメージをもつ都市像は一転して、英国病や英国

＊ビルバオ—スペイン北東部バスク自治州に位置する都市である。良質の鉄鉱石を産出した鉱山と鉄鉱石や鉄製品などの輸出港で栄えてきた。このほかにも、造船業、製紙業、窯業も発展した。旧市街には、一四世紀に建てられたサンチィアゴ大聖堂、一九世紀初めのバロック様式の歴史建造物にも恵まれている。

＊＊ビーコン—米国ニューヨーク州の小都市である。独立戦争期には、軍需品が製造され工業が発達した。一九六〇年代以降、工場閉鎖なども続き、

産業衰退を象徴する都市へと人びとの印象も変化していった。

しかしながら、その後、一九八〇年代になり、中世期の芸術作品からフランス印象派のドガ（一八三四～一九一七）にいたるまでのコレクション、さらにはオランダの後期印象派のゴッホ（一八五三～一八九〇）の作品などを集めたコレクションの公開、電車の操車場などを改築した文化施設の建設などによって、多くの文化イベントがグラスゴー市でも開催されたことで、内外からの訪問客を集めはじめた。それにより、芸術の町としてのグラスゴー市のイメージが定着しはじめたのである。

その後、グラスゴー市は、一九九〇年に欧州連合（ＥＵ）から「文化首都」に指名されたことで、一躍、「文化都市」や「創造都市」としてのイメージを普及させていった。グラスゴー市の関係者は、一九世紀末からグラスゴー市でデザインなどを学んだ女性たちの存在にも注目し、国内各地に散逸していた彼女たちの作品を根気よく集めた「グラスゴー・ガール」企画に乗り出した。結果として、この企画展はグラスゴー市民だけではなく、英国内や世界からも訪問客を集めることに成功する。このようなグラスゴー市の取り組みについて、前述の『これからの公立美術館のあり方についての調査・研究』報告書は、つぎのようにきわめて積極的な評価を下している。

「グラスゴー市の成功事例は、文化政策と都市計画は統合されることでより一層高い効果を生むこと、文化と経済の関係は矛盾しないこと、なによりも都市のステータスを上げることに文化は大きな役割を果たしうることを立証した。……現在は国際的にも評価の高い一三のミュージアムを擁し、グラスゴー市といえば文化都市、というイメージがすっかり定着している。……イギリスのシンクタンク『コメディア（Comedia）』代表のチャールズ・ラン

一九九〇年代後半に美術館の完成を契機に、会議場やホテルなども整備され、観光客を集めることになる。

＊＊＊グラスゴー——英国スコットランド南西部の中心都市である。先史時代にも集落が形成されていた。六世紀半ばには、初期キリスト教の聖人マンゴーが集落と礼拝堂を建設した。クライド川など交通の結節点でもあり、港からは石炭、毛織物やニシンなどが積み出された。米国との交易では、とりわけ、タバコの取引で経済発展がみられた。だが、米国独立戦争でたばこ貿易が打撃を受けた。

その後、産業革命の進展とともに、近代工業の製鉄業、化学や造船業で栄えたものの、重厚長大産業の衰退とともに産業構造の転換を迫られることになる。歴史的建造物は、一九世紀の工業発展によって取り壊されたりしたものの、その後、そうした建造物の保護の重要性が認識されはじめたといってよい。

ドリー（Charles Landry）は、こういった都市を『創造都市』と命名し、都市の再生に文化が大きな役割を果たすことを指摘し、世界各国の都市政策に大きな影響を及ぼしてきている。」

このようないわゆる「アート」による「コミュニティ」再活性化の成功事例といえば、グラスゴーといった中規模都市だけに関心が向かいがちであるが、同様の試みは大都市でも見られてきたのである。たとえば、米国ではニューヨークやフィラデルフィア(*)で、欧州ではイタリアのボローニャ(**)、英国では前述のグラスゴーだけではなくバーミンガム、韓国ではソウル、日本では東京や金沢といった大都市での取り組みが、一定の成果を挙げたことも成功事例とした紹介されてきた。

フィラデルフィアと韓国のソウルについて、都市政策研究者の金淳植は「コミュニティ・アートの支援政策と資金調達」で、フィラデルフィアの場合、かつての倉庫をレンタルスタジオや展示スペースとして再活用することで、新たな雇用が生み出され、衰退地区に活気がもどってきたこと、ソウルの場合も、南西部の衰退した工業地帯をリサイクル楽器などの製作の場として再活性化をはかったことなどを紹介している（矢作弘・明石芳彦編著『アメリカのコミュニティ開発――都市再生ファイナンス新局面――』所収）。

金はそうした成功事例に共通する要因について、資金面におけるある程度の「安定的な支援」――公的であろうと、民間主体であろうと――の必要性、運営面においては「決してトップダウンの支援形態を取らず、支援を受ける団体及び個人と水平的な関係を形成して同等な位置で接し、時にはパートナー的な関係を構築」できる組織の存在が決定的に重要であること、「経営組織の高揚などをサポートできる専門家、専門集団の存在、プロボノ(***)などの役目」の重

*フィラデルフィア―米国ペンシルベニア州にある都市。米国の一七七六年の独立宣言はこの町で行われ、自由の鐘が鳴らされた。合衆国憲法も一七八七年にこの町で制定されている。歴史の新しい米国にあって、独立記念館、国会議事堂、旧市庁舎など、米国独立運動にかかわる歴史的遺産が多く残っている。一七五五年にはペンシルベニア大学が設立された。古代から現代までの作品を集めたフィラデルフィア美術館もある。

**ボローニャ―イタリア北部レノ川に沿った地域に位置する都市である。一一世紀には大学も設立されている。

***プロボノ―さまざまな分

要性を挙げている。

これはアートの振興だけに限った話ではなく、中小企業の振興からハイテク企業の振興にいたるまで、とりわけ、地方自治体に専門家がいないことから生じる共通した課題である。そうであるなら、外部の専門家に依頼すれば良いではないかという考え方もあるが、そうした専門家の提案内容を精査するにも専門能力が必要であることを考えれば、地方自治体の従来からの人材教育のあり方が厳しく問われなければならない(****)。

日本でもバブル経済が盛んな頃、東京都なども、従来のような交通網などインフラ整備中心の土木事業ではなく、東京国際フォーラムのような芸術活動の拠点を設けたことで、劇場、ミュージアムなどへの観客動員とその前後の消費といった経済波及効果、映像などの制作の経済波及効果なども大きかったことも事実であった。しかしながら、そうした文化政策はバブル経済の崩壊とともに不要不急事業の烙印を押され、金が指摘する安定的な支援の継続も困難となったことで、アートによるコミュニティ再生の持続性に問題が生じてきたことも否定できないのである。

東京など世界的に名前が知られてきた大都市だけではなく、地方都市においても、それまで地域に深く根を下ろしてきたとされた製造業の海外移転などが進むなかで、その再活性化の鍵をにぎるのはかつてのような工場誘致であるとは考えにくく、必然、製造業面のハード面を担う人たちの減少によって、工業振興のポテンシャルは低下を余儀なくされている。

この意味では、米国の経済地理学者リチャード・フロリダが『創造的階級の勃興』（邦訳『クリエィティブ資本論――新たな経済階級の台頭――』）で指摘したように、製造業にあってもより重要になった研究者、科学者、デザイナー、さらには芸術家など「創造的階級」の人た

野の専門家が、職業上の専門性や経験を生かして社会貢献できるボランティア活動やそのような活動家のことを指す。

****日本におけるこの種の政策課題については、つぎの拙著を参照。寺岡寛『日本の政策構想――制度選択の政治経済論――』信山社、二〇〇二年。

ちのより一層の集積を促すことが、都市などの経済再生につながるとする議論はきわめて魅力的なものに映る。要するに、創造的階級のより一層の集積こそが創造経済、さらには「創造都市」への転換につながるというわけである。

それまでの経済活動とはむしろ対極にあると思われてきた芸術家などの創造的活動が、経済活動の閉塞状況を切り開くものとして強調されるようになったりしてきた。なぜなのか。都市政策研究者の佐々木雅幸は『創造都市への挑戦――産業と文化の息づく街へ――』で、この点について、「欧米でも日本でも困難な現状を打開するためのキーワードとして『創造性』が話題になっている。すでに、一九七〇年代末から福祉国家の見直しに直面していた欧米では芸術文化のもつ『創造性』に関心が集中している……一方、一九九〇年代の長びく不況に悩む日本では、新たな産業や企業の創造に社会の関心が集まり、……中央政府の新規事業に……『創造』というキーワードが多用されるようになってきた」と前置きしたうえで、日本にもこの課題を引きつけ「創造」的都市のあり方については、つぎのように指摘する。

「日本における『創造性』に関する議論は時代の閉塞感を打ち破り、新世紀にふさわしい社会や企業の新しいあり方を模索する動きと重なり合ってくる。焦点は個々人の創造性を奪っている社会や企業のあり方をどのように変革するのかという点に絞られてくる。……創造の『場』という点から見れば、企業の中だけでは狭すぎる。まず、企業が存在し、労働者が生活する『都市や地域そのものが創造的でなければならない』と考えられる。それでは、都市が創造的であるとはどういうことなのか？　いったい創造性の源泉とは何なのか？　都市の創造性を阻むもの――それは都市にはびこる過度の営利主義や官僚主義ではないだろうか？」

創造性の源泉に関して、多くの人たちも佐々木と同様に、企業の営利主義やそれに似たりよったりの栄達思考に属された官僚主義からは、魅力ある都市が創造されないことに気づいている。そうであるならば、営利主義と官僚主義にどっぷりと浸ってはいなかった、とっくの昔にわたしたちの生活の場である都市は、もっと創造的であったはずである。また、わたしたち自身が創造的でないと思っている現状こそが、そうした営利主義と官僚主義によってもたらされてきたのではないかという思いもあるだろう。

では、創造性の源泉は、反営利主義としての芸術至上主義、反官僚主義としての芸術家主義なのだろうか。だが、同時に多くの人たちはそうしたものではないと感じつつ、どこかに芸術や美術などになにがしかの創造的刺激と期待を求めているのではないだろうか。その象徴としてのミュージアムあるいはこれに近い施設がバブル後の日本社会に多く生まれたのは、そうした考え方や思いがわたしたちの心の動きの底流にあったのではなかったろうか。皮肉な逆説ではあるが、バブル経済という時期があったからこそ、そうした施設が生まれたともいえる側面もある。

疲弊した地域がミュージアムの誘致や建設で活性化する可能性は、ビルバオ市の例もあってなきにしもあらずである。だが、その保証などはない。ましてや、「芸術家」などの創造的階級が団体旅行のように地域に移り住めば、イノベーションに躍起の企業なども再立地してきて、経済的に停滞してきた都市が創造的都市へと、すぐに変貌ということも容易に起こるとは思えない。留意しておくべきは、ミュージアムのもつ地域活性化の潜在力の有無だけではなく、問題があるとされる地域そのものが、ミュージアム化されるだけの潜在力をもっているのかどうかである。そこにこそ、より本質的な問題がある。

当たり前の話ながら、美術館などは「美術」という分野の確立、もっと正確には美術作品という商品分野が確立され、そうした商品市場が実際に成立し、その市場で美術品が活発に交換されることにあってはじめて、場として成立するのではあるまいか。「優れた」作品にきわめて高額の値段が付けられ、一般の人たちの手が届くことが困難な状況があるからこそ、美術館が成立する。わたしたちが日常の生活圏のなかで目にして、手にして、さらには購入することのできる作品群を、一般の人たちは美術館などにわざわざ出かけて鑑賞するだろうか。

絵画などの市場は、「生産――描く――」をする画家たちと、その制作を依頼する人たちの、きわめて限定的な範囲においてようやく成立していたのである。まさに、それは画家と依頼者の相対取引の世界である。それがそのような狭い市場からその範囲を超えより大きな市場で交換されるには、供給側以上に需要――消費――側の拡大が必要なのであって、決して逆ではなかったのである。

市場で交換――流通――されるには、絵画などの作品を評価する美術家や批評家たち、それに価格を設定する画商――ギャラリー――などの存在が必要であり、さらに投機や投資という行為によって、作品の価格が変動することが作品の流通速度を速めるのである。そこには一般の人たちはなかなか関与することなどできない。したがって、人びとは高価な作品については印刷された画集を眺めるか、あるいは美術館などに出かけて同じ作家の他の作品を鑑賞するほかはないのである。

こうした構図は、経済面や社会面などで解決すべき多くの問題を抱える地域についても妥当するといえよう。地域の諸問題を評価する地域振興コンサルタント、批評家、地域経済の研究者や学者など加え、そうした地域の諸問題に「価格」という予算を設定する官僚たちによって、地域はミュージアム化されるのである。ミュージアム化された地域振興計画は、あたかも美術館に掲げられた絵画を眺めるようなものかもしれない。もしそこに地域住民と地方自治体関係者の間に対話がなければ、そこにあるのは先に紹介した財政破綻前のアルゼンチンの美術館の姿ではないだろうか。美術評論家で自らの作品を手掛ける白川昌生は、『美術、市場、地域通貨をめぐって』で美術の成立について、つぎのように指摘する。

「美術の場合には、音楽、演劇、文学に比べて、資金面を支えるパトロンの層として一般大衆を直接あてにすることができない。美術に関係する市場が、ある限られた少数者によって独占されやすく、左右されやすいというのは、このような構造的問題によるのである。……ここでは、生産者である作家と最終消費者としての観客のあいだの直接的接触はほとんどなく、その中間に市場関係者がさまざまに入り込み、価格、企画等々が、いわば『秘密裏』に決まってゆくのである。この、新しい欲望を作り出す方向、決定と合わない作家は、切り捨てられてゆくのである。このシステムは、生活の場にいるもっとも数多い、一般の民衆とはほとんど結びついていない。」

白川はさほど意識していないかもしれないが、この指摘は日本の各地域で繰り返されてきた地域振興計画そのものの形成過程である。日本のあちこちでいまも作成されている地域再生プランや地域産業振興計画なども、白川のいうように「生産者である作家と最終消費者としての観客のあいだの直接的接触はほとんどなく、その中間に市場関係者がさまざまに入り込み、価格、企画等々が、いわば『秘密裏』に決まってゆくのである。この、新しい欲望を作り出す方向、決定と合わない作家は、切り捨てられてゆくのである。このシステムは、生活の場にいるもっとも数多い、一般の民衆とはほとんど結びついていない」ものであるかぎり、そこにあるのはミュージアム化された「静」としての地域ではないだろうか。

その地域の人たちがミュージアムに出かけて、美術評論家や画商たちが評価した高価な作品を眺めるように、いわゆる専門家――最近はコンサルタントという名称が多いが――によってつくられた自分たちの地域の再活性化計画を鑑賞しているあいだは、そこには何も生まれないかもしれない。そのことは、衰退産業についてのいわゆる「産業活性化ビジョン」のその後の実効性をみてもわかる。前述の「芸術」と「美術」との対概念でいえば、専門家たちが他の都市でつくりあげた「お手本」に忠実なビジョンが評価されているとすれば、そこにあるのは日本社会の構造的問題そのものであるのかもしれない。

みずから日本美術界の異端であることで、世界の美術界で高い評価を受けたとする「アーティスト」の村上隆は、『芸術起業論』で「日本の美術関係者は欧米の流行の解釈に集中してきました。公募展も現代芸術も、いつも、西洋のお手本に表層的に忠実でした」と前置きしたうえで、これからの日本の「アート」の課題をつぎのように指摘する。

「欧米の芸術の世界の課題は、日本で行われている真似とは正反対の『独創性』でした。手本の模倣は芸術と認定されることはありません。戦後の日本には信頼するに足るアートの市場も存在しませんでした。日本国内の美術の評価基準は常に西洋の流行の踏襲と言えるものでした。価格設定にしても閉じた業界派閥内でのみ通用するものだったために、たとえば百年という歳月に持ちこたえられない市場を作りあげてしまいました。」

先に見た創造都市論もまた、西洋のお手本のお手軽で抽象的な模倣ですまされるはずもなく、また、国内においても地域社会や地域経済の活性化なるものが、大都市の文化経済ビジョンという、お手本のコンサルタント頼みのお手軽な模倣ですまされるはずもない。

必要なのはミュージアム化された「静」の地域像ではなく、むしろなかなかミュージアム化されない「動」の地域像をつくることができる、地域文化のもつ本来的なしぶとさではないだろうか。

第一章　地域文化の構成原理

地域文化という幻想概念

芸術や美術などの分野において、とりわけ、そのような作品を展示する美術館の運営にも、経営学やマネジメントの知識が必要であるといわれるようになってきた。文化政策研究者の伊藤裕夫は、『アーツ・マネジメント概論』で「アーツ・マネジメント」とは、芸術（アーツ）と「組織運営ないし事業の継続的・計画的な遂行を進めていくための考え方と実践の基本である」マネジメントが結びついたものであると定義する。

そうした「アーツ・マネジメント」が一九七〇年代以降の欧米諸国において進展してきた経緯について、伊藤はこの背景にある一九六〇〜七〇年代の欧米社会、とりわけ都市における社会構造上の変化に対応した「文化政策の転換」という大きな流れがあったことを強調している。伊藤は、アーツ・マネジメント流行の底流にあった欧州諸国における社会構造変化を見出している。伊藤はつぎのように指摘する。

「非ヨーロッパ圏からの移民の増加や、メディアやデザイン、ファッションといった文化産業の拡大などにより、西洋的文化のヒエラルキー（階層性）に疑問が投げられて、その結果、文化概念の多元化、文化相対主義の波が起こる中で、従来からの優れた技術活動へのパトロネージ(*)の継承という政策から、広く社会的環境（都市や産業、余暇、教育、ケア等）や環境デザインのプラニングの中に位置づけようとする動きである。」

要するに、欧州諸国の政治・経済の統合を目指した欧州連合の加盟国が増加するにつれ、資本の動き以上に人びとの移動が促進されてきた。その結果、それまでのキリスト教に基盤をおく西洋文化を中心とする社会階層構造もまた大きな変化に晒されるようになったのである。イスラム文化などの浸透のなかで、自分たちの文化もますます相対化せざるを得ず、そうしたなかで、あらためて自分たちの文化的アイデンティティの確立が、大きな政治課題となってきているというのである。

各国政府も、そうしたアイデンティティ確立のための文化政策を遂行する必要を感じてきた。しかしながら、「先立つもの」論＝財政的制約論がそこにあった。つまり、そのような文化政策を実施するうえで必要な資金を十分に確保することが、国家財政の悪化のため困難であるため、まずは既存のミュージアムなどの効率的運営を進めようというのである。

一見、芸術（アーツ）や芸術家（アーティスト）とは、まるで対極にあるような企業という営利組織の効率的運営方法としてのマネジメントの考え方が必要とされるようになったのはそのためであった。国家財政の悪化が、民間企業のマネジメント手法を芸術面へも引き寄せたともいえるのである。日本でも社会構造そのものが異なるとはいえ、アーツ・マネジメントが必要とされてきた日本的な事情もある。とりわけ、都市圏と比べて地方都市の停滞あるいは衰微が顕著になるにつれ、地域文化が語られ、その振興の必要性が叫ばれるなかで、地方財政の悪化が地方の文化政策にもマネジメント視点の導入が必要であると叫ばれてきたのである。日本でもここ十数年来、「アーツ・マネジメント」が強調されてきたのである。

＊パトロネージ—芸術家の活動などを財政的などの側面で支援すること。

ただし、日本の場合は、欧米諸国のように移民の増加とそれに促された文化産業の拡大ということではなく、産業そのものの停滞と衰微、人口の減少、高齢化による地域社会のそれまでの生活基盤維持の地域内循環構造の変容と縮小のなかで、自分たちの地域とは何か、自分たちの地域の誇れる文化とは何かというように、地域のセルフアイデンティティ――自画像――を求める動きがあったといえまいか。

それはわたしたちのまわりにある自然が破壊されて、はじめてその大切がわかるように、普段において強く意識することのなかった地域の生活様式の総合としての文化が、あらためて問われるようになったのである。

地域経済あるいは地域産業の衰退によって、地域そのものの経済構造が変容していくなかで、「自分たちとは何か」という文化への思いとそれを積極的に問おうという精神が高揚してきたのである。では、地域文化とは一体何であるのだろうか。それは果たして実態として存在するのであろうか。地域文化についてみれば、地域の人びとの多くが、普段から共有し、保持、発展させてきた地域文化なる実態があったのであろうか。それは単なる幻想としての地域文化ではなかったろうか。

ミュージアムを、国民文化や地域文化を可視的に伝搬させる空間――場――としてとらえると、人びとにそれを視角的に認識させる実質的機能とは「展示」であるといってよい。この場合、そのいわば前工程である「蒐集」、「保存」、「調査」、「研究」というミュージアムの機能は、人びとにとってよほどのことがないかぎり、目にふれ、感じられることはまことに少ないのである。「蒐集」、「調査」、「研究」という「前工程」と、「後工程」である「展示」との関係は、前者の先に後者があるのか、あるいは後者のために前者があるのか。どちらを優先させるかで、ミュージアムのあり方も異なってくる。

「展示」のための「蒐集」、「保存」、「調査」、「研究」という流れでは、そこに明らかに人びとに伝え、訴えるための「文化」なるものが先に設定されうるのである。そのなかで、そのような「文化」に合致しない周辺的なものははじめから除外される。これに対して、「蒐集」、「保存」、「調査」、「研究」の結果として発見された文化などは、その周辺領域をたっぷり含んだものとなりがちであり、「文化」の指し示す領域が必ずしも明確なものではないこともある。

この意味で、「展示」のための「地方文化」は、幻想として文字通りのイメージをたっぷり含んだ政治的なものになりうるのである。要するに、「文化」とは最初から政治的など意図的に規定し、選別し、展示しうることで文化となるのである。学芸員経験をもつアフリカ美術研究者の川口幸也は「展示のポリティックス――狂気と暴力の黙示録――」で、この「展示」という行為の本質的部分について、つぎのようにとらえる（川口幸也編『展示の政治学』所収）。

「展示を通した語りは、メッセージの伝達という点では言葉による語りよりも正確さを欠いて効果が乏しいかというと、必ずしもそうともいえない。というのは、言葉で語ってメッセージを伝えるのとは違って、そもそもが語り／騙りであると思われていないことが多く、その分だけ、受け手の側は警戒心を持たず、無防備な状態でみずからを語りにさらしてしまうからである。しかも、往々にして、展示はある場所に一定期間にわたって固定されるので、見る側は好むと好まざるとにかかわらず、何度も何度も繰り返してそれを目にすることになる。反復による刷り込みの効果が展示にはあるのだ。だとすると、言葉による直接的な語りかけとは別に、展示には展示なりの使いかたがあるということになる。」

こうした展示行為こそが博物館や美術館のもっとも重要な機能であるとすれば、ミュージア

＊ブーレーはそれまでのギリシア建築やゴシック建築などに反発して、彼なりに独創的な建築を追求したといわれるが、それでもその建築設計案は、石積形式の伝統的な西洋建築に見える。この意味では、日本の建築家たちも当初、そして現在もそのような美術館イメージ――むろん、すべての美術館というわけではない――を意識して、あるいは無意識に西洋近代化のシンボルとしての美術館像を引きずってはいまいか。そこに見られる建築「様式」は、日本の伝統的なそれとは異なる。

この相違は、あらためて日本人に美術館とは何かと視覚的に訴えてくるものの内実を問うことになる。そうした建築様式と文化との関係について、建築家の若山滋は、『風土から文学への空間――若山滋・建築作品と文化論――』で「積み上げる文化」＝「石や煉瓦を積み上げてつくる組積系の構法」と、「組み立てる文化」＝「木の軸材を組み

ムのもつ「蒐集」、「保存」、「調査」、「研究」、「展示」という機能のうち、「展示」機能がより効果的に自らを演出する装置として優れていることになる。とはいえ、ただの展示だけの機能であれば、倉庫や普通の建物で十分なはずである。にもかかわらず、通常は立派な建物がそれに充てられてきた。現在でこそ、さまざまな外観や内観をもつ美術館が建てられるようになったが、かつての美術館などは、いずれも荘厳な宮殿のようなモニュメント性をもつ建物ばかりである。

たとえば、フランス革命期の著名な建築家であったエティエンヌ・ルイ・ブーレー（一七二八～一七九九）には、実作——実際に彼の設計案が技術的にかつ費用的に建築可能であったとはそう思えないが——は少ないものの、モニュメント性の高い巨大で荘厳な建築物といってよい設計案を残すことで、彼は後世の建築家にも影響を与えた。ブーレーの残した霊廟、記念堂、図書館、劇場——オペラ座——、美術館などにほぼ共通して見られるのは、球体や立方体を取り込んだデザイン性である。

彼の残した美術館設計案の場合、左右対象の立方体と円柱に支えられた構造をもつ荘厳な外観をもつデザインであり、内観も広大な階段を上ってはじめて作品を鑑賞できるような構造となっている。それはまるで霊廟のようでもある。そこには、日常空間からわたしたちを引き離し、荘厳な雰囲気をもつ展示空間が演出されているのである。このようなデザインは欧州諸国だけではなく、新興国の米国や、そして日本の美術館の設計にも受け継がれてきたといってよい。(*)

ここで留意しておくべきはミュージアムとは、前述の松宮のいうように、西欧諸国という場で一八世紀という時間のなかで生まれた空間装置であるという事実であり、ブーレーのデザイ

立てつくる軸組系の構法」という視点から論じている。

若山は、「日本は、寝殿造、書院造、数寄屋造と、特別に木造軸組の建築が発達した国である。柱や梁という軸材と軸材のあいだを開放し、そこに規格化した、襖や障子などの建具を、また床には畳を、いわば『部品』をはめ込んでいく建築は、世界に類のない精巧な分業システムであり、住生活全体に関連する文化となっている。日本文化とはイコール木造軸組建築の文化である……西洋の歴史は、ピラミッドやゴシック寺院や現代のスカイクレイパーのように、上へ上へと伸びようとするのだ。今日の石は昨日の石よりも確実に一つ高い。……それが創造であり、進歩である。文明の段階的発展という歴史観も、弁証法という方法論も、考えてみれば『積み上げの論理』ではないか」と指摘する。

この対比で、若山は「日本の歴史は組み立て換えの歴史である。組み替えることによ

ンなどに象徴されるように、神を礼拝するそれまでの教会に代わる芸術を礼拝する教会をイメージさせるのである。

川口もまた「ミュージアムが持っている外見上の穏やかさとか知的、美的な洗練は、額面どおりに受け取るわけにはいかないことに思い至る。展示を自己と世界の関係を自由自在に操作することのできるミュージアムは、西欧近代にとってまことに使い勝手のよい魔法の杖だったのではないだろうか」とその本質を見据えたうえで、その仕掛けをつかうことのできるミュージアムのもつ可能性をつぎのようにも見出すのである。

「逆の見方をすれば、ミュージアムとは、そうした暴力と狂気をうまい具合に飼い馴らして、展示の持つ長所を活かすことに成功した仕掛けである、ということもできる。ただ、……暴力と狂気を内側に秘めているミュージアムという展示の装置は、おそらく西欧近代の本質を映し出しているに違いない。ということは、展示という言葉でミュージアムを思い出すのだとしたら、私たちはじつはその背後に潜んでいる西欧の影になす術もなくみずから差し出しているということなのである。」

ここで一旦、地方文化とは何かという視点から離れて、ミュージアムという「展示」の空間装置という機能の重要性を考えてみれば、川口のいうように、ミュージアムとは、西欧社会において西欧文化を映し出す「幻灯機」のようなものでもある。幻灯機は、灯の前に置かれた像を実際よりも大きく映すこともできれば、それを小さく映すこともできる装置といってよい。

幻灯機の仕組みそのものは、古くは中国に起源するとされる。実際に、多くの人たちの前で上映されはじめるのは、一九世紀のころの英国からともいわれている。この時期は、帝国主義国家となった英国などにミュージアムが誕生したころとも一致をみせる。このことは、単なる

って過去が消え、現在だけが残る。西洋人の眼には、これがひどく現実主義的なものにうつり、ご都合主義あるいは没論理的という批判が受ける場合がある。その代わり、限られた空間内での組み換えは徹底している」ととらえる。この視点から日本の美術館建築をとらえることはきわめて興味深い。

偶然なのだろうか。

ミュージアムと幻灯機の時代的一致性は、単なる偶然などではないと思われる。多くの人たちに見せるという「展示」装置としては前者が「静」で、後者が「動」というかたちで誕生したともいえる。幻灯機は英語でマジック・ランタン——magic lantern——という。文字通り、それは幻想を映し出すものであった。幻灯機はやがて劇場に固定化され、映像とそれを上映する映画館という場を生み出していく。

幻灯機はその映像対象が西欧的なものであれ、あるいは東洋的なものであれ、映写という行為には変わりがないように、ミュージアムもまた西欧的なものも東洋的なものも、展示という行為からすればその機能に変わりがない。だが、東洋的なものをミュージアムという空間で展示する意味は大きく変わる。この点に留意しておく必要がある。その意味は寺院におかれた仏像——なかには何十年に一度だけの一般公開というところもあり、常に人びとが観ることが可能というわけでもない——とミュージアムに置かれた仏像の違いを考えてみればよい。

前者は信仰や信心の対象であり、後者は仏教美術という鑑賞の対象なのである。欧米諸国においては、仏像などを自国文化との比較対象のための美術対象として、仏像をあくまでもミュージアムという場に置いたのである。その設置（展示）の場所は、あくまでも寺院などではなかったのである。ミュージアムで仏像を展示したことにおいて、欧米諸国におけるミュージアムの機能と役割の出自の背景が何であったかを、そこから再確認できよう。

では、そのような展示装置としてのミュージアムは、地方文化の何をそこに幻灯機のように大きく映し出すことができるのであろうか。幻想の拡大装置としてのミュージアムという存在があるとすれば、その地域で生まれ育った画家や彫刻家の作品を美術館などで展示することは、その地域の自然環境や人びとのもつ雰囲気も含めた風土を必要以上に大きく映し出すことにつながる。

換言すれば、画家たちの作風や画風に影響を与えたものとして、その地域には他の地域によって代替され難いある種の何かとしての文化なるものがあるというイメージの投射が可能となる。このイメージはそうした作品を観る人たちの記憶というスクリーンに映しだされるのである。こうした展示作品を多くの人たちが観ることによって、その価値――ここでいえば、たとえば、その作風を生んだ地域文化など――がより支配的なイメージとして人びとの心と頭に定着することになる。もっとも、それは肯定的にもなれば、否定的になりうるといった諸刃の刃という危うい均衡の上に立った展示的価値でもある。

それゆえに、肯定＝プラスの立場から地域文化イメージを定着させるために、展示技術――細々とした展示方法なども含め――もまた工夫されていくことになる。その地域の風景を写し取った作品は別として、とりわけ、抽象的あるいは前衛的な現代アートの世界ではなおさらである。そのような作品展示では、この傾向は一層強くならざるをえない。だが、美術館が展示する地域文化なるものを体現させた作品などが、その地域に生活する人たちに郷土の誇りを植えつけることに成功を収めても、画家たちとその周辺にいる人たちの創作意欲を刺激し、新しい産業を生み出す経済効果をもつのかどうか。

また、そうして演出された地域文化の対象として、お世辞にもその地域と全くの無関係といえないまでも、我田引水的に地域の歴史的文化資源が必要以上に誇張されたりすることは、比喩的にいえば、地域文化なるものの幻想性を幻灯機で拡大させたことでかえって、人びとの関心に冷水をかけることもあるのである。

岡山県倉敷市の歴史文化資源の活用に取り組んでいる吉原睦は、「岡山県倉敷市児島地域の歴史的文化資源とその活用（課題）について」でこの点にふれている。吉原によると、地域の歴史的文化資源は、「〈人を呼ぶカネを生む〉ためのツールとして期待されがちである。国宝や王家の秘宝といった極々一部の高貴な歴史・文化的所産であればその期待に応えることも可能であろうが、各地にある歴史民俗博物館・資料館の常設展示で入館者が殺到し溢れている光景を見ることが皆無であるように、地域の個性として評価・重宝されるものの場合は苦戦が強いられることの方が多かろう」と指摘したうえで、首をかしげたくなるような「歴史的地域資源」の地元的「認定」の事例についても紹介している（公益財団法人中国地方総合研究センター『季刊中国総研』二〇一二年一二月、第六一号所収）。

要するに、不便なところにある歴史的地域資源への交通アクセスを整備して、人びとのアクセスを容易にした「直後は〝現世〟の人々がその〝恩恵〟に浴するものの、一定の役割を終えた頃には〝お荷物〟になり、最終的には〝売り物〟であるはずの優れた景観やその構成要素の一部を失った事実だけで未来に残ることになる」事例もある、とされるのである。

また、一時期ブームのようにして、全国各地に建てられた天守閣なども、果たしてきちんとした資料的根拠に基づいて元通りに再建されたのかどうか。こうした事例については、わたし自身も何回か首をかしげたくなるようなことに遭遇したことがある。想像上の建物の再建であれば、それはまるでディズニーランドなどのお城とさほど変わらないともいえよう。

歴史的地域資源への名称や街並み保存についても、専門家の吉原も「修景に基づく新築事例であればまだしも伝統的な建造物の再生」とされているわりには、首をかしげたくなるような事例もあるという。また、その作家などが誕生した地でも、家筋でもない家屋があたかも「生家」とされ、「保存・活用の美名が先行しすぎて史実がなおざりにされる例も見られる」地域も紹介される。吉原は、地域文化の根元にはきちんとした事実性が必要であることを強調しつつ、復元にかかわる課題を、つぎのように提示している。

「まず、専門的な見地から明らかにされた歴史・伝承の事実性や意義が地域の歴史文化資産における素材としての価値そのものであり、このことが専門家・関係者間だけにとどまらず広く一般に認識・理解される必要がある。……これらの価値は歴史の蓄積や文化の解釈、つまり長年の研究成果から導き出されるものであり、主観や直観だけですぐさま理解できるものではない。図書館や、展示機能に特化した博物館・資料館のように、研究に資する素材が目の前にあっても、それを味到するには利用者側にそれなりのノウハウを持っていることが要求される。従って最後に、専門教育を受けた担当者と一緒になって歴史文化遺産の客観的価値を学べる『学習の場』や体制が必要と考える。」

そのためには、吉原は「地域の歴史的文化資産は、ひとつの地域を取り上げても多種多様で、しかもその価値はそれぞれの地で超世代的に時間をかけて積み重ねられてきたものである。主観的な尺度や好みで十分理解できるという人は非常に稀にしかいないであろうから、見せる側も見る側も共に学びながら、代替えのきかない地域資産を枯渇させずに有効活用」することを提案する。

実際のところ、地域でそのような有効活用のシステムがうまく構築された事例が少ないのは、地域文化云々の議論が十二分に行われないままに、きわめて直接的かつ即効的な経済成長へのミュージアム効果ともいうべき過剰ともいえる期待がある。こうした見方と期待は、美術館などをもつ地方自治体の関係者の脳裏のどこかに巣食っていることを否定はできまい。

＊世界遺産―一九七二年に国際連合教育科学文化機関（UNESCO）で採択された「世界の文化遺産及び自然遺産の保護に関する条約」に基づいて世界遺産リストに登録された地域や物件を指す。具体的には「文化遺産」、「自然

にもかかわらず、きわめてスポット的にその地域名が冠されて開催される「博覧会」のように、地域文化振興の恒常的な経済効果は必ずしも明らかではないのは、すでに指摘してきたように、ビジネスの対象となることのできる「地域文化」といった概念そのものの曖昧性にある。それは鳴り物入りでユネスコ（国連教育科学機関）の世界遺産登録(*)によって地域資源（＝観光資源化）のお墨付きをもらい、地域文化のアイデンティティを図ることがある種のブームとなっていることからも理解できよう。自分たちが自分たちによって自分たちの地域文化を規定できなければ、第三者の権威による認証によって規定しようという動きがいまも強いのである。それは一時のまるでＩＳＯ認証(**)ブームのようであった。

世界遺産登録への熱心な取り組みは、地域文化なるものはその土地に生活する人たちだけにたとえ理解されても、必ずしも外部に対してはアイデンティティ化されず、なおかつイメージ化されないためである。それはその地域以外の人たちに理解されて、はじめて地域文化として認識されることへの期待でもある。

そうした地域文化なるものは自然発生的ではなく、むしろ人為的につくられたものであることが実に多いのである。その典型はもっぱら東京で作られた各地のご当地ソングから、県民のほとんどが知らない「県歌」までの音楽作品にもその事例を見いだせよう。こうした歌は自然発生的ではなく、きわめて強い政治的あるいは経済的意図の下に作られてきた。

後者の県歌では、長野県の「信濃の国」あたりは例外中の例外といってよい。多くの県歌が第二次大戦後に作られたなかにあって、「信濃の国」は明治三二［一八九八］年に制定されている。文化資源学者の渡辺裕は『音楽は社会を映す』で、東京音楽学校出身で長野県師範学校にわずか一年間ほど在任しただけで「長野県に深く根ざした人物とは言い難い」北村季春の作

遺産」、「複合遺産」の分類がある。文化遺産には歴史的建造物や都市、考古遺跡、記念碑的な彫刻や絵画などの芸術・美術作品が含まれる。

いまのところ、文化遺産が多く登録されている。世界遺産に登録されると観光客の増加などによって地域経済が活性化することから、世界遺産登録を地域経済活性化の鍵とみる動きも強い。なお、ユネスコは途上国の遺産保護や修復のために資金を提供している。

＊＊国際標準機構（ＩＳＯ）——国家間の財・サービスの円滑な流通と相互互換性のために制定された品質管理のための指針である。第三者の審査登録機関が審査することで、適切な品質管理が行われていることの国際的な保証となる。ＩＳＯ九〇〇〇シリーズは、商品の設計、部品調達、製造、検査、出荷までの規格であり、ＩＳＯ一四〇〇〇は、地球環境問題に対処するための環境管理・監査の規格である。

曲によるこの長野県歌について、新潟県に接する北信から名古屋に接する南信までの広大な複数の文化圏が長野県という地域に統合されるなかで、県民に「歌うことによって帰属意識を養ってゆく仕掛けとして機能したと言った方が実態に即している」と述べたうえで、昭和二三［一九四八］年の分県案をめぐって県議会で激しい対立が起きた時に、どこからともなく謳われ始めた「信濃の国」の歌声で、この騒ぎが収まったという誇張気味のエピソードも紹介している。渡辺は、地域文化とはその形成においてしばしば人為的な力が作用してきたことを指摘しているのである。

こうした文化なるものの人為的創出性は、なにも一国内の地域だけに限ったものではなく、国と国との関係における文化についても妥当する。ドイツといえば、重厚なクラシック音楽というドイツ国民のアイデンティティなるものも、また自然に成立したわけでもないのである。渡辺は「最近では、『クラシック』に価値を認める考え方自体が歴史的に形成されたもので、西洋中心主義的なイデオロギー、中でも後進国であったドイツが十九世紀になって『音楽の国』としてのアイデンティティを確立する過程との関わりで作られたということが明らかにされてきた」と述べ、日本でのアニメやコミックを西洋絵画と比較して見下すような風潮も時を経れば、当時の流行歌がクラシックとあがめられるようになるかもしれないことを示唆する。

日本のアニメやコミックも、江戸時代の歌舞伎役者などを描いた大衆向けの浮世絵――いまでいえばアニメやコミック――が、その後、欧州諸国などで「芸術」作品として評価を受けたように、日本での評判はともかく、世界で評価を受けてきているのである。そもそも、「文化」なるものと同様に「芸術」なるものもまた、近代になって生まれたものである。渡辺もつぎのように指摘する。

「『芸術』という概念自体、近代になって西洋で生まれたものである。芸術の『起源』としてよく言及されるアルタミラやラスコーの洞窟壁画も、……『芸術』としての価値が付与されたのは、それが発見された近代の話であり、それを自文化としてのルーツとして位置づけようとする国家の意図や西洋文化中心主義的なイデオロギーとの関わり合いの中でのことなのである。」

要するに、芸術もまたある種のイデオロギー的装置であり、それを人びとにことばだけではなく、視覚的あるいは聴覚的に訴える手段として伝えることで文化となっていくのである。そして、ドイツ民族あるいは日本民族という国民の文化を象徴する「芸術」とは、そうした国民を束ねる近代国家＝国民国家によって認証――表彰による権威づけ――されることによって成立した側面を見逃すべきではない。

そうした「芸術」文化をさらに推進するためのエネルギーには、「中心」と「周辺」という関係が働くことになる。ドイツが欧州周辺から自らのアイデンティティを確立することで中心となろうとしたように、文化は周辺にある関係から起こってくる側面がある。日本においても、地域文化が強調されるのは、東京など中心地との格差が大きくなり、より周辺化された関係から起こるものである。それゆえに、何度も強調したように、地域文化はあいまいで幻想的な概念に堕していく可能性が高い。それゆえにより、視覚的なかたちで示せるような芸術や美術を必要とするようになるのである。

ここで論じてきた曖昧さはそうした地域文化だけではなく、実は国民文化という概念もまたきわめてあいまいなものである。米国の政治学者のベネディクト・アンダーソン(*)が、邦訳『増補・想像の共同体――ナショナリズムの起源と流行――』で、多様な民族や文化から構成され

＊ベネディクト・アンダーソン（一九三六～）―中国生まれの米国人政治学者。アジア諸国の政治にも詳しく、ナショナリズム研究に多くの業積を残している。

る国家において、国民意識や国民文化などは「想像」上の架空なものであって、共通言語によってようやくなんとか束ねることができた、きわめて新しい考え方であると指摘するように、国民文化なるものには、つねに曖昧性と幻想性が付きまとっているのである。

重要なのは共通言語の普及であり、同一言語で教育を受け、出版物を読むことで共通意識が形成され、やがて他の言語を使用する「国民」とは異なる自分たちの「国民意識」が定着してきたことである。このことを考えると、もともと同一言語を全体とした国民意識のなかに、もうひとつの自分たちの文化を意識させるのは方言であるといっても、それは自国語と外国語のような関係を構築することにはならない。それゆえに地域文化という幻想概念の再生には、さまざまな要素と装置が必要となっているのである。

わが国でこうした地域文化の振興が主張されはじめた端緒は、高度成長時代に顕在化した地域の乱開発、公害問題や過密・過疎問題への反省であり、行き過ぎた経済活動への反動としての文化振興が叫ばれたころではないかと思われる。昭和四三［一九六八］年には文化庁が発足している。文化庁の役割の一つが地方文化の振興にあったのである。具体的には、それまでの地方の文化財保護のほかに、ソフト面では東京など主要都市中心の舞台芸術の地方巡回公演、ハード面では文化会館など施設建設への支援であった。

バブル経済期においては、後者の文化施設、とりわけ、それまでの多目的ではなく、専門的な目的と機能をもった文化施設などの建設が進む一方で、企業のいわゆるメセナ活動による芸術家などの活動への支援なども盛んになり、地方自治体も文化による「まちづくり」や「むらおこし」を積極的に打ち出した。文化庁もそうした動きを支援することとなった。

文化庁などで文化行政に携わった根木昭は『日本の文化行政――「文化政策学」の構築に向

けて――』で、当時の動きについて振り返っている。根木は「文化庁は、一九九六年度から、『文化のまちづくり』を開始した。それまで、文化庁は、「地域文化振興特別推進事業」（一九九〇年）、「新文化拠点推進事業」（一九九二年）、「地方拠点都市文化推進事業」（一九九三年）など、年限を限ってソフト面の支援に関わる事業を逐次導入してきたと述べたうえで、「文化のまちづくり事業」の内容についてつぎのように指摘する。

「文化のまちづくり事業は、文化的遺産、風土等を活かしながら、地域に根差した特色ある芸術文化を創造するとともに、優れた芸術文化を身近に鑑賞できるようにすることを通じたまちづくりを支援し、もって、地域からの文化の発信基地を創造し、地域文化の振興に資すること」。

具体的には、①「新たな芸術文化の創造活動」、②「地域の文化施設を活動拠点とする優れた企画展」、③「芸術文化の地域間交流」、④「地域の美術館等における企画展、公募展等の充実」、⑤「その他継続的で特色ある芸術活動」が紹介されている。

文化庁の「新文化拠点推進事業」や「地方拠点都市文化推進事業」などにみられる地域指定の手法は、一九六〇年代の人口と産業の大都市圏への集中防止と地方都市への分散をめざした「新産業都市建設促進法」（昭和三七［一九六二］年成立）の整備地域指定、あるいは一九八〇年代の「高度技術工業集積地開発促進法」(*)（昭和五八［一九八三］年成立）による先端技術開発企業や大学などの誘致による高度技術集積都市（テクノポリス）の整備地域指定と同様であり、それまでの工業立地手法がそのまま文化へと横滑りをしたような印象を受ける。テクノポリスについては全国で二六地域が指定を受けたが、先の文化まちづくりは全国で五〇ヵ所近い地域が指定を受けている。

＊テクノポリス―日本各地でテクノポリスの育成を目ざした同法は平成一〇［一九九八］年に廃止され、翌年、これに代わって、「新事業創出促進法」が制定されている。

地域文化と観光業との間

地域文化を振興する、そうした文化政策の先には、地域産業の活性化の実現が強く期待されたわけだが、すでに論じたように、地域文化そのものがあいまいである以上、もっとも具体的な取り組みは観光業への注目であり、そのための身近な地域資源は、どこの地域であっても伝統芸能などの掘り起こしであった。地域における「文化のまちづくり」が強調されたと同時に、「地域伝統芸能等を活用した行事の実施による観光及び特定地域商工業の振興に関する法律」が平成四［一九九二］年に制定されたことは、このことを物語っている。そうした動きの背景には、この法律による国の支援もあったのである。

同法の第一条には、その目的が記されている。すなわち、「この法律は、地域伝統芸能等を活用した行事の実施が、地域の特色を生かした観光の多様化による国民及び外国人観光旅客の観光の魅力の増進に資するとともに、消費生活等の変化に対応するための地域の特性に即した特定地域商工業の活性化に資することにかんがみ、当該行事の確実かつ効果的な実施を支援するための措置を講ずることにより、観光及び特定地域商工業の振興を図り、もってゆとりのある国民生活及び地域の固有の文化等を生かした個性豊かな地域社会の実現、国民経済の健全な発展並びに国際相互理解の増進に寄与することを目的とする」とある。

ここでいう「地域伝統芸能等」とは、「地域の民衆の生活の中で受け継がれ、当該地域の固有の歴史、文化等を色濃く反映した伝統的な芸能及び風俗慣習をいう」とされる。要するに、従来のような観光業の目玉であった温泉や急拵えのような遊興施設や、「……」館のようなある種の付け焼刃的な文化施設で、地域文化なるものを演出できなくなった厳しい現状の下では、歴史的建造物のほかに、さらに本物の文化であるはずの「地域伝統芸能」を打ち出そうというのである。

もっとも、地域と文化の掘り起こし、文化によるまちづくりと産業振興という動きは、一九九〇年代の「地域文化振興特別推進事業」、「新文化拠点推進事業」、「地方拠点都市文化推進事業」などによって加速化された感があるが、実際には東京都や熊本県などで先駆的に取り組まれていた動きを吸い上げ、そうした取り組みを成功モデルとして地域に普及させるという、いつもながらの政府のやり方でもあった。

東京都での動きである。昭和五八［一九八三］年に制定された「東京都文化振興条例」をみておくと、その目的は「都民が東京の自然及び歴史的風土に培われた、国際都市にふさわしい個性豊かな文化を創造することに寄与し、もつて都民生活の向上に資すること」とされ、具体的には①「芸術文化活動を行う個人又は団体に対する援助」、②「東京に伝わる文化財その他の伝統的文化が、将来にわたり適切に保存、継承され、文化創造のために活用されるように、援助、助成その他の必要な措置」、③「都民の自主的な文化活動を促進するため、これに取り組む個人又は団体に対して、活動の場及び情報の提供その他の必要な措置」、④「生涯学習が文化を支える重要な活動であることにかんがみ、都民がその生涯の各時期を通じて自主的に学習するための機会及び場の提供その他の必要な措置」のほかに、都民のための文化行事や顕彰制度の創設などを掲げた。

また、「文化の視点に立ったまちづくり」もすでに謳われていた。同条例の第一四条には、「都は、都市空間そのものが文化の表現であり、文化創造の場であるという視点にたって、まちづくりに関する施策を推進するよう努めるものとする」としたうえで、「都は、自然景観及び歴史的景観の保存と創出並びに調和のとれた都市景観の形成に努めるものとする」、「都は、その設置する公共施設が文化性を備えるよう設計、意匠等に配慮するものとする」と定めている。

他方、昭和五三［一九七八］年に同種の条例を制定した熊本県の場合には、「わがふるさと熊本は、豊かな自然の恵みを先人たちのたゆまない営みによって、古くから個性ある文化がはぐくまれてきた。この使命を達成し、熊本が潤いのある文化の地となることを願い、その道しるべとして、ここにこの条例を制定する」という前文が置かれている。

具体的な文化振興の内容は、東京都とほぼ共通するといってよい。東京都や熊本県のあとにも、同様の条例を制定した地方自治体はあるが、内容も近似するといってよい。ここでも問題は何をもって振興すべき文化とするかである。東京都の場合には東京芸術文化評議会、熊本県の場合には熊本県文化振興審議会の文化に関し識見を有する者たちへ知事が諮問をすることで、その対象範囲がある程度決定されたとみてよいだろう。そのような審議会が設けられていない地方自治体の場合には、文化懇談会などの名称で同種の役割を担う委員会が組織されたりしている。

通常、そうした審議会や委員会には、大学教授や研究者などのいわゆる学識経験者、芸術家、文化団体などの代表者などの人たちが構成メンバーとなっているのがほとんどであって、市井のごく普通の人たちが委員として多数参加することなどはほとんどない。なぜ、地域文化の何たるかを決め、それに関係する組織や個人に助成するのに、このような構成メンバーがなぜ組み込まれるのであろうか。それはすでに指摘したように、地域文化そのものが幻想的であり、時代によってきわめて相対的である以上、そこには文化あるいは地域文化なるものに詳しいとされる人たちによる権威付けが必要であるからである。

そして、このような権威づけを必要としていること自体が、地域文化の幻想性を象徴している。ゆえに、地方自治体などが支援することがもうひとつのお墨付きという権威づけを通じて、地域文化のミュージアム化が可能となるのである。地域の人たちは、そうした地域文化を博物館や美術館というミュージアムで確認するのである。

地域と消費文化の関係性

「美術」や「アート」という概念や見方が、わたしたちの経済的活動から完全に独立して独自の存在領域をもっているわけではない。それは作品というかたちで具体化されることで市場において価格が付けられ、市場で交換されることではじめて流通し、わたしたちの日常意識にのぼるのである。

この意味では、美術やアートなどに象徴される文化は、それを生み出す画家などの芸術家たち、そうした作品などを視覚的に鑑賞するだけでなく、言葉の活動によってその価値を位置づける美術評論家、研究者の人たちや作家たちの存在、そうした作品を扱い流通させる画商たち、そうした作品のうち代表的なものを蒐集・保存・展示する美術館とそこに連ねる学芸員たちを必要としてきたのである。こうしたアクターたちが一定数存在してこそ、芸術の価値は狭い愛好家の間の相対取引ではなく、より広域の市場で具体的に価格が付けられ、ビジネス上の商品としての芸術作品が売買されることになる。この意味と範囲において、芸術作品やアート作品といえども他の商品と同じである。

米国などへ活躍の場を広げ、日本の「フィギュア」作品を二〇〇六年にサザビーズ(*)・ニューヨークで、一億円で落札させ話題となった「アーティスト」の村上隆は、『芸術起業論』で「芸術はビジネスである」と堂々と主張する。にもかかわらず、村上は「日本の芸術家は、商売意識が薄く、芸術を純粋無垢に信じる姿勢をとりがちですが、だったら趣味人で終わっていればいいんです」と、日本の「芸術業界」の体質に対して苛立ちを隠さない。

こうした日本の趣味人的芸術文化の発生源（ルーツ）のひとつは、日本の美術教育であるとして、東京芸術大学出身の村上は日本の美術大学のあり方をきわめて手厳しくつぎのように批判する。

「日本の美術大学は生計を立てる方法を教えてくれません。美術雑誌にも生き残る方法は掲載されていません。なぜか?……大学や専門学校や予備校という『学校』が、美術雑誌を支えているわけです。金銭を調達する作品を純粋に販売して生業とする芸術家は、ここでは尊敬されるはずがありません。これは日本の美術の主流の構造でもあるのです。

『務め人の美術大学教授』が『生活の心配のない学生』にものを教え続ける構造からは、モラトリアム期間を過し続けるタイプの自由しか生まれてこないのも当然でしょう。……生徒が教師になり続ける閉じた循環を奨励する雑誌の中で、『芸術家の目的は作品の換金だ』と主張できるはずはありません。その現場に教師たちが直面していないからです。つまり日本の美術雑誌とは、美術学校での活動をくりかえすための燃料に過ぎなかったのです。

芸術家も作家も評論家も、どんどん、学校教師になっていきますね。日本で芸術や知識をつかさどる人間が社会の歯車の機能を果せる舞台は、皮肉にも『学校』しかないのです。

＊サザビーズ（Sotheby's Holdings, Inc.）—英国の美術品・骨董品などの競売会社。一七四四年にロンドンで創業。創業者のサミュエル・ベーカーが蔵書を競売したことからビジネスが始まる。当初はもっぱら蔵書売買であったが、その後、共同経営者としてジョージ・リーが加わった。ベーカーの死後、甥のジョン・サザビーとリーが事業を継承した。社名はこのサザビーに由来する。ただし、その後はこの創業者の家系は途絶え、経営者が何度も代わり、事業対象も蔵書だけではなく、遺産競売の範囲も拡大した。特に、フランス印象派などの絵画の競売などでサザビーズの名前が知られるようになった。

第二次大戦後は、サザビーズはロンドンに本社を置きつつ、ニューヨークにも支店を設け、一九六〇年代には米国のパーク・バーネット社を買収し、世界各地に事業所を展文化人の最終地点が大学教授でしかないなら、若者に夢を語ってもしかたがありません。」

現在、日本には芸術・美術系コース――通信課程コースを含む――をもつ四年制大学は四二校ある。また、芸術論や工業デザインなどのコースをもつ大学は二五校ほどある。短期大学――服飾学科を含む――は三五校となっている。このほかに、美術系の専門学校などを加えると、日本には芸術・美術系の専門機関の数は決して少ないとはいえまい。

といっても、「芸術家も作家も評論家も、どんどん、学校教師になっていきますね。日本で芸術や知識をつかさどる人間が社会の歯車の機能を果せる舞台は、皮肉にも『学校』しかないのです」という大学の成長期はとっくのむかしに終わり、大学も厳冬の時代を迎えているいま、美術で「飯が食える」大学教員の席も多くはないのである。ちなみに、それはどのような分野でも、少子化社会となった日本では妥当する議論であるが、とりわけ、芸術や美術の分野はなおさらである。それゆえに、アート・ビジネスの成立が新たな雇用吸収の場となることが求められている。そのようなアート・ビジネスの成立はアート市場の成長・拡大に大きく依存せざるを得ないのである。

そこで、芸術史あるいは美術史を作品市場の成立という市場史からアートをとらえ直してみれば、相撲界でいうところの「タニマチ」という資力をもった後援者という作品の依頼者や後援者の存在を抜きにして語ることはできない。欧州では貴族層の存在なくして、芸術や美術の発達はきわめて限られていたはずである。

アート作品の市場からみれば、現在において、芸術作品などの市場の中心は米国に移っている。それは、村上の指摘のように、パーティなどで「自分の所有するアートピースを見せびからす」タニマチとしての富裕層が厚い米国ならではである。と同時に、経済成長著しい中国で

開し、美術品の競売だけではなく、鑑定、修復、不動産の分野でも事業を展開させてきた。なお、一九八〇年代からは米国資本の会社となっている。

芸術や美術ブームが起こってきたのは、この国における富裕層の拡大がアート・ビジネスを成立させてきたからである。

ここで、再び「地域」と「文化」との関係に立ち戻っておけば、そこに一部のタニマチ的存在である富裕層さえいれば、地域文化をハイブランド的イメージとして再生させる芸術運動が成立するというわけではない。なぜならば、必要なのは、あくまでもアート市場の成立なのである。美術作家であり美術評論家でもある白川昌生は『美術、市場、地域通貨をめぐって』で美術、地域、地域との関係をアート市場という視点からつぎのように的確にとらえている。

「歴史的にみて、今日、『美術』と呼ばれている文化現象が社会的に定着したのは、十八世紀以降の近代資本主義の成立と軌を一にしている……つまり美術も、資本主義の生み出した市場の成立後に、その市場制度を受け入れる形で自らの制度を作りだし、近代美術として成立した。また、美術家も、ひとつの職業として社会内に受肉した。……ピエール・ブルデュールが述べているように、……美術館、博物館、ギャラリー、美術学校、画材屋、材料製造会社、運送屋、ジャーナリズム、出版社、メディア等々の美術をとりまく社会および生活の構造および生活の構造が含まれるのであり、これらの各部分がさまざまに関係しあい、作用しあっていく場が、『美術』を社会内で再生産してゆく『市場』なのである。」

同時に、白川自身は、歴史的にみて美術市場が欧州社会と同じような系統発生をとげてこなかった日本では、美術市場そのものが「未成熟」で「自立性の低い」ものになっているとみる。白川は美術についても日本では「上からの近代化」による影響を見出し、欧州社会とは異なった構造を見出す。それでも、白川は「明治以来、国家指導で上から作られた日本の近代美術とその制度を実質的に運用するための構造上の回路が成熟してきたのである。八〇年代には、公的美術館の建設が次々と進み、制度の回路は社会的により公開されたものになってゆき、物理的な制度上の用意は整った」と指摘する。だが、その後のバブル経済崩壊でその展開も不十分なものとなったと分析する。

要するに、公的資金の投入によって市場のかたちが整備されたとしても、その自律的運用が不十分であれば、市場制度そのものの発達もまた不十分なものになるとされるのである。芸術というのは、それ自体は自律的なものではなく、それが広く交換される場としての自由な市場の発達を前提とするのである。そうした自律的な市場が未整備の芸術作品の集合体としての文化は、それを求める人たちから構成される市場ではなく、輸入作品を含め、それらは国家の権威によってしか価値が決定されないことになる。要するに、官公需だけでは自律的な市場などの発達は見込めないし、また、そこに持続性はないのである。

それゆえに、白川は国家による文化政策ではなく、芸術作品に代表される文化とは「市場原理の専制体制の中で、いかにして自らの自由や権利を主張し、守り、生き抜いていけるか……『市場』を美術の外部ではなく、まさに内部の問題として取り組んでいかない限り、解けない」と主張するのである。必然、芸術とは、作品など——作家の名前も含め——が時に幻想化され、過度に虚構化されない限り、市場で流通することなど困難とされるのである。

ここに地域文化のもつ問題と課題も集約されているのではあるまいか。だが、文化と地域を取りもつのは、先に論じたように地方自治体の「権威」だけなのであろうか。そもそも、地方自治体が独自に文化と地域をつなぎ、審議会や同種の委員会などの提案などによって地域文化なるものを生み出すことができるのだろうか。

もっとも、身近の地域文化といえば、古くは祭りと地酒、現在では「ゆるキャラ」(*)や「ご当

*ゆるキャラ——「ゆるい」マスコットキャラクターの略である。地方自治体などが、さまざまなイベントやキャンペーンで、その地域を印象づけるようなマスコットキャラクターを登場させ、特産品や名産品の販売促進に役立てることに利用されている。

地B級グルメ」などという、イメージを先行させてきた日本の多くの自治体にとって、自分たちの地域イメージをわかりやすく、他地域にましては世界に「輸出」することには、まったくもって慣れていない。前述の村上が、どこにでもないような地域文化の「何か」をビジネスとして先鋭化――イメージ化――させなければ、地域文化ビジネスの成功などおぼつかないことを繰り返し主張しているのも理解できよう。

もちろん、地域文化といえば、日本人の多くは「関西(*)」と「関東(**)」という二分法で、何かをイメージすることはできる。しかしながら、日本人以外、あるいは日本に長く住んだ経験のない人たちにとって、この違いはわかりづらいかもしれない。とはいえ、前述のように関西と関東という二つの地域概念は多くの人たちにとって異なる文化圏をすぐにイメージさせる。

関西の場合、しばしば、過剰と思えるぐらい、関東、とりわけ、東京に対抗する「抵抗」としての上方文化――「上方」という物言いにも表れているが――が強調されたりしてきた。しかしながら、そうした文化やその周辺関連イメージも大阪などの経済力に支えられて定着した側面も強かったのである。東京への経済力や情報発信の集中と、関西経済圏の比重低下によって、東京発のお笑い文化の発信はあっても、大阪などの文化は地方文化イメージの一つになっていったのである。文化を「消費」という経済活動面からとらえても、東京に集中した人口が作りだす巨大な市場は、東京というイメージにかかわるあらゆる財やサービスの消費形態などを主導する場ともなってきた。市場において数は力なのである。

社会学者の難波功士は「関西発文化について」で、関西発文化のピークは大阪万博(***)に向けての時期ではなかったかとしたうえで、その後、関西経済を代表した繊維産業の衰退、さらにその後の家電産業の停滞などによって、日本での巨大広告主としての地位低下も加速化され、

＊関西―どこまでの地理的範囲を示すかは時代とともに変遷してきた。鎌倉時代以降は、鈴鹿・不破・愛発（あらち）三関以西の諸国（畿内五国と近江・伊賀、さらには山陰・山陽・南海・西海の諸道）を指した。また、場合により箱根関以西の地も指した。現在、京阪神地域の総称である。

＊＊関東―室町幕府の職名で「関東」管領という名称が使用されたことを考えると、それ以前の武家政権であった鎌倉幕府の管轄範囲――関東御領――が原型であろう。源頼朝が朝廷から与えられた地行国は、伊豆、相模、上総、信濃、越後、駿河、下総、豊後の関東御領九カ国であった。現在は、茨城県、栃木県、群馬県、埼玉県、千葉県、東京

「富と情報の集積が、豊かな文化の土壌である以上、関西を含めた地方の文化的な劣勢に歯止めがかかりそうもない」と関西人にはがっかりするような結論を下している（小谷敏等編『若者の現在〈文化〉』所収）。

たしかに、さまざまなマスメディア——新聞社、出版社、放送会社、映画会社、広告宣伝会社など——の東京一極集中、とりわけ、テレビのキー局がほぼ東京だけであり、毎日といってよいほどにそこから大量に流される映像や情報などは、たとえば、お笑いの里としてだけの関西のイメージを日常化させ、やがて東京などとの比較における特異性などを、あっという間に希釈化させてしまったといってよい。

そうした東京優位の文化創出と地方文化の不毛のなかで、難波自身は「全国どこからでも何がしかのコンテンツを発信しうる情報インフラの出現と、その一方で依然関西には一定の数の若者たちの集住があり、若者同士の対面的な交流の場が存続している点」に、今後の地方文化創出の可能性をなんとか細々としても見出そうとしているように思える。難波はインターネットによるつねにつながっているような感覚になれる、いわゆる「社会的ネットワーク」よりは、頻繁でなくとも、必要であれば膝を突き合わして——あるいは、顔と顔を突き合わせて——の対話こそが真に自分たちの文化を創り出す可能性に期待を寄せているのである。

東京優位の文化発信のなかでかすんでしまったような地方文化の不毛のなかで、フリーランス編集者の速水健朗は、元気のなさそうな地方文化の今後のあり方に「ギャル文化」浸透の可能性を重ねている。速水は「ギャル文化とケータイ小説」で「ギャル」とは、単に表面的イメージのファッションではなく、経済的パイが以前のようには大きくならず、むしろ停滞感が強い経済社会の下で定着し始めた「ライフスタイル」でもあると分析する。

都、神奈川県の地域の総称となっている。

＊＊＊大阪万博—昭和四五［一九七〇］年三月一五日（開会式は前日）から九月一三日まで、約半年間にわたって大阪の千里丘陵で開催された国際博覧会である。アジアでは最初の国際博覧会であり、テーマは「人類の進歩と調和」で、参加国数は七七カ国、入場者総数は述べ六、〇〇〇万人を超えた。日本企業も競って大規模な映像展示をもったパビリオンを建設した。

速水のそうした指摘がわたしの興味を引くのは、ガール（girl）が訛って若くて活発な子を示すようになった「ギャル」ということばが、ただ単に「若い女の子たち」のファッション・イメージではないとするところである。速水は、「ギャル」あるいは「ギャル化」を「階級文化」を象徴するイメージと重ね合わせて解釈を加えているのである。

彼女――ギャル――たちの消費文化（ギャル化）というスタイルは、TSUTAYA(*)で購入するケータイ小説(**)であり、ファッションセンターしまむら(***)など東京の華やかなショッピング街ではなく、ロードサイド店の消費文化でもある。

疲弊する地域経済のなかに生きる彼女――ギャル――たちは、見た目こそド派手であるが、実際の消費生活においてはきわめて堅実な生活を送っているというのが速水の観察結果である。速水は「ギャル文化」なるものについて、つぎのように説明する（前掲書所収）。

「現代日本の地方経済という避けて通れない下部構造について触れる必要もあるだろう。ギャル文化にみられる男性への依存度の高さ……とは何か。女性に稼ぐ手段がなく、経済的地位において男性との格差が厳しいコミュニティでは、女性の男性への依存度が高まる傾向がある。……ギャル文化における男性依存度の背景とは、公共事業が減らされ、産業や雇用もない二〇〇〇年代の地方経済そのものである。特に崩壊の危機状態にあるのが、若い女性の雇用であることは間違いない。……二〇〇〇年代以降の地方の経済に適応して生きるギャルたちは、必ずしもそれを悲観したり、不満を鬱屈させたりしているわけではない。だが、彼女たちの環境を、そこから抜け出せる可能性の低い、固定された存在として捉えることもできる。……つまり〝階級〟である。ギャル文化とは、こうした階級と結びついたものである可能性がある。日本に新たな貧困が生まれ、階層化が進んでいる。」

＊TSUTAYA―昭和五八［一九八三］年に、大阪府枚方市で創業した。名称は江戸期の版元「蔦谷重三郎」からとられたとされる。事業内容は、音楽・映像（映画など）ソフトの全国展開のレンタルサービスである。TSUTAYAを保有するのは、カルチュア・コンビニエンス・クラブ株式会社で、TSUTAYAの会員データベースを利用して、さまざまな関連事業を展開している。

＊＊ケータイ小説―携帯電話の普及とともに、携帯電話を利用して執筆し、携帯電話で読まれるようになった小説である。携帯上での執筆であることから、字数制限があることにより、それなりのスタイルが形成されてきた。

携帯電話のもつ双方向性で

「階層」とは収入などにおいて固定的な社会層ではなく、きわめて流動的な社会層であり、所得増によってそこから抜け出し上層へと移動できる概念とすれば、「階級」は明らかに固定化された社会層にかかわる概念である。ギャルが一〇歳代後半から二〇歳代後半までのきわめて過渡的な階層ではなく、その後もそこにとどまるとすれば、ギャルはいわゆる年齢的な階層ではなく、速水のいうように年齢にかかわりない階級ということになる。要するに、ギャルとは収入において下層の消費的スタイルそのものである。そこには、中年ギャルもいれば、老年ギャルもいることになる。

東京など大都市圏と地方圏では、後者がギャル化していることになる。また、同じ東京といえでも、ギャル化している地域も存在することにもなる。格差社会とはそのなかにさらに格差が存在する社会なのである。かつて、「一億総中流化」と呼ばれた時代があった。いまでは、同じ地域社会といってもそこには異なる階層的な消費文化が存在するのである。

開かれて閉じられた文化

先にふれたが、かつての高度成長期に「一億総中流化(****)」ということがいわれた。それは、収入面からみた社会階層の流動性の高い時代の「開かれた社会」を象徴するもの言いであった。そうだとすれば、前述の「ギャル化」は、明らかに所得階層間の上向移動などが固定化された「閉じられた社会」を象徴するもの言いである。それでは、閉じられた社会でも、そこに「開かれた文化」などが起きてくるのだろうか。

元来、「文化」とは他の文化との比較で成り立つ限り、それは最初のころこそ、外部に開か

読者からもすぐに感想が作者に寄せられることで、物語の方向性もそうしたなかで変化していく。ブームになったのは個人サイトで連載されていた作品が出版され、その後シリーズ化されたことで、ケータイ小説が知られるようになった。現在、携帯電話上で有料配信されている。

**ファッションセンターしまむら—昭和二八［一九五三］年、埼玉県で創業された島村呉服店から発展してきた。その後、日本各地の郊外にチェーン展開を行い、現在、海外は台湾にも店舗をもっている。日本では現在、一、二〇〇店舗ほどがある。品ぞろえは実用衣料中心である。

***評論家の大宅壮一（一九〇〇～一九七〇）が一九五〇年代後半、テレビ番組の影響を「一億総白痴化」と評したことから「一億総……化」という造語が定着した。

れていてもどこかの時点からは、内部へと閉じられることで成立するものでもある。振り返ってみれば、文化というのはつねに古く、旧来の昔から長く存在してきたような風習などの堆積物のような語感をもつ。しかし、それは人びとの移動が少なく、あるいは、当初、移動が活発であっても、どこかの時点がそのような移動が少なくなり、人びとがそこに長くとどまることで、何代にもわたって継承されるものである。

たとえば、東京の文化といっても、人びとは何を具体的にイメージできるだろうか。ましてや、都心から離れた山林などを新たに造成してつくられた、ニュータウンと名付けられた団地などに、一斉に移り住んできた同世代のサラリーマン家族たちが共有する文化なるものは何であったのか。

開発という名の下に、古い建物などはすぐに新しい建物によって置き換えられ、最先端といわれるものだけが残り、そうした建物などもやがてさらに新しい建物によって置き換わる運命にある。東京のなかで、江戸文化を強く残す町並みや建物群などは東京という場にはなく、江戸文化のイメージは、ようやく江戸博物館の展示に、ようやくその姿をとどめているにすぎないのかもしれない。

歴史的建造物などのいわゆる地域資産などはむしろ、経済発展から取り残された地域において、いままで継承されてきているように思える。大都市圏の場合、経済成長によって工場立地の活発化、住宅需要の拡大による都市圏の拡大によって地域の古い建物、景観、有名文化人に関連した住居、神社仏閣などが失われてきたケースはあまりにも多いのである。

むしろ皮肉にも、大都市圏の経済発展のために、かえって修復困難な文化資産が喪失するような結果になっている。他方、地方圏は工場立地や人口急増による住宅地開発などのペースがむしろ遅かったことによって、多くの重要な文化資産が残されてきた。こうした点からすると、大都市圏の文化施設は地域を代表する歴史的資産や自然史的資産ではなく、むしろ世界的芸術家の作品などを中心とした美術館やある種のイベント型の文化施設が多い反面、地方圏の文化施設は地域文化に依拠したものが多い結果となっている。

この点、結果として経済発展から取り残されたことで、街並みが残り、町全体がオープン・ミュージアムとして価値をもつようになってきている。今後はそうした古い建物には、江戸期からの建物だけではなく、明治初期に偽西洋建築物――西洋の建築技術や設計を学校などで習ったわけではなく、見よう見まねで地元の棟梁や大工などが自分たちの工夫でつくりあげた建物――も含まれている。そうした歴史的な建物群などは大都市ではすでに取り壊され、新しい建物しか存在しないなかにあって、わたしたちの社会の歴史が、地方においてはそこで時間が止まったような感覚で存在している。

そうした建物群とその街並みを防災上の配慮を加えたうえで、整備し、そうしたオープン・ミュージアムの中心に地域文化を象徴できるようなデザインの美術館や博物館をつくり、そうした建物がそのような地域文化の価値の再考を促すような装置となれば、それは閉じられた文化が開かれることを象徴しうるポテンシャルをもっているのではあるまいか。

「文化によるまちづくり」とは、本来は、そうした歴史的な建造物や既存市街地など過去の資産と新たに建設される文化施設などを調和させた組み合わせによって、街並みや景観といったハードを演出するということでもある。ただし、そのよう試みから浮かび上がってくる景観を、地方文化のイメージとして演出するにはそれなりのソフトが必要となるのである。前述の根木昭は『日本の文化政策――「文化政策学」の構築に向けて――』で都市景観と文化施設との関係を、わが国についてつぎのように整理している。
（一）美術館や文化会館が単一施設として設置される場合――「文化施設が盛に成り始めた頃（一九七〇年代後半）に多く、建設すること自体が先行し、設置が決定された後に（あるいはこれと並行して）敷地の選定がなされている。したがって、立地について妥協がなされ、都心から離れた場所に建設される例が多い。また、施設が孤立して建設されるため、都市計画全体の中での位置付けや、都市景観形成の一環としての認識は希薄であった。」
（二）都心の再開発に伴う文化施設の併設――「旧国鉄操車場跡地の再開発等が典型事例であるが、この場合は立地の良さはいうまでもなく、その中にいかに各種の施設――特に商業施設と文化施設を複合させ、それによって集客効果を挙げるかに比重が置かれている。従って、最初から都市計画の中に位置づけられ、都市景観形成を志向した施設として設計がなされていること」。
（三）文化施設を文化公園など同一地区に集中させる場合――「美術館、ホール等の各種施設が集合し、当初から都市内に文化ゾーンを設定し、その地区が、都市景観上の核心的なエリアの一つになることが志向されている」。
（四）遺跡等を中心として博物館・資料館等の設置――「博物館の野外への展開（＝史跡の付置）として捉えられるが、極めて属地性が強く、事柄の性質上、都市内ないしその周辺に点在した施設となっている。特殊条件（史跡等）を生かした都市計画上の配慮が加えられ、都市経験の形成が志向されている」。
（五）特有の歴史や地域的特性をもつ一定の地域全体をミュージアム化する場合――「まち

全体の博物館化（＝エコミュージアム）といえるが、この場合は、地区内全体に施設を配置し、固有の景観形成に意が用いられている」。

二番目の事例としては、静岡県の浜松市の浜松アクトシティが挙げられている。これは世界的楽器メーカーとして知られているヤマハや河合楽器製作所などのイメージを中心に打ち出した、音楽文化都市という地域文化イメージを押し出したものである。三番目の事例としては、置県百周年事業として、宮崎大学農学部跡地に、美術館、図書館、芸術劇場などの文化施設を集中的に立地させた宮崎県総合文化公園が挙げられている。四番目の事例は、規模の大小を問わなければ全国各地に展開している。

第五番目の事例としては、富山県の立山信仰のイメージを押し出した立山博物館がある。かつての北国街道が通り、また、琵琶湖の水運上の要衝であり、畿内防衛の要となる長浜も事例とされる。長浜は豊臣秀吉が城というハード面を整備し、またソフト面として楽市楽座制度を許し、多くの商人たちを引き付け商業都市となった長浜市は、多くの歴史的建造物とともに、日本近代化を象徴した繊維工業などで蓄財した明治期の洋風建築なども混在する、ユニークな街並みをもつ。とはいえ、長浜は他の多くの地方小都市と同様に、経済活力を失っていったものの、オープン・ミュージアムとしての潜在力があったのである。

他の地域と同様に、長浜でも一九八〇年代には、全国チェーンの大手量販店の郊外立地などにより、市内中心地の商店街はいまでいうシャッター通り化の様相を強めていった。明治期に建てられた黒漆喰の黒壁をもつ歴史的建造物も取り壊されることになったことで、その活用方法が地元の商店主などによって模索されることになる。明治の洋館や洋風建築がつぎつぎと姿を消していくなかで、黒漆喰の黒壁をもつ土蔵造りの和洋折衷のこの洋館風建築――第百三十銀行――は、貴重な地域資源であることに着目されていった。

長浜市も地域活性化の事業支援を目的とする会社に出資し、地元の人たちとともに黒壁洋館の再利用に取り組んだ結果、黒壁ガラス館として、長浜市の地域文化イメージを打ち出し、商店街周辺に関連施設の整備支援を行っていくことになる。街並みの統一のために、江戸期や明治期に建造された建物の統一的な景観を保持しつつ再活用にも取り組んでいる。

関西において古都イメージを確立させてきた京都や奈良という「老舗」に対抗して、滋賀県の長浜へと観光客を引きつけるには、豊臣秀吉の居城があった長浜というイメージだけでは制約があり、長浜市のケースでは黒壁というイメージを長浜に重ね合わせることで、その地域文化をイメージさせることにおいて成功した事例である。と同時に、そのイメージの維持にはそれなりの歴史的地域資産の再発見や、さらなる街並み保存の不断の努力が必要ともなってきているのである。

また、街並みが一つの地域のオープン・ミュージアムという公共財としての性格をもつことの意識が、そこに実際に生活する地域の住民たちによって共有化される必要がある。場合により、街並み保存による土地や建物の利用が制限されたりすることは、他方で当事者たちに不便な日常生活を強いる可能性もあるのである。国の「文化財保護法」や「都市計画法」などで、画一的に個人の私有財産権に大きな制限を行うことは必ずしも容易ではない。

昭和二五［一九五〇］年に「文化財を保存し、且つ、その活用を図り、もつて国民の文化的向上に資するとともに、世界文化の進歩に貢献することを目的」として制定された「文化財保護法」は、第四条「国民、所有者等の心構え」で、「一般国民は、政府及び地方公共団体がこの法律の目的を達成するために行う措置に誠実に協力しなければならない」こと、また「文化財の所有者その他の関係者は、文化財が貴重な国民的財産であることを自覚し、これを公共のために大切に保存するとともに、できるだけこれを公開する等その文化的活用に努めなければならないと定めている。他方、「政府及び地方公共団体は、この法律の執行に当って関係者の所有権その他の財産権を尊重しなければならない」ことも併記されている。

同法は、「重要文化的景観」や「伝統的建造物群保存地区」についても規定を設けているが、個人が所有建物を処分あるいは取り壊しする場合、文化庁といえども、強い規制を加えることは必ずしも可能ではない。また、後者の伝統的保存地区は「都市計画法」の関係で、一定の制限を加えることができても、そこには個人の財産権という大きな壁がある。

こうしてみると、地域文化を象徴する街並みという景観も個々人の日常的生活空間から構成されており、そうした総合的なものが一つの全体的イメージを形成しているものであって、たったひとつの歴史的な建造物を保存・維持するだけでは、街並みが容易にはオープン・ミュージアム化されないのである。そこには、閉じられた地域文化を開かれた存在として外部の人たちに示すことで、自分たちの地域文化が再生され続けるという意識の共有化と、次世代への継承性がなければならないことになる。

また、そうした意識を再生・継続させる装置としての美術館や博物館の役割に、わたしたちは注目しておいてよいのである。

第二章　地域文化と地域資源

ふるさとと文化の創生

「ふるさと（故郷）」ということばは、どこかに地方文化や地域文化という語感をもっている。それは、大正三［一九一四］年に小学校唱歌（文部省唱歌）に採用された、「兎追ひし彼の山、小鮒釣りし彼の川、夢は今も巡りて、忘れ難き故郷」ではじまる「故郷」が、多くの日本人によって歌われて続けたことで、広く共有化されたためである。

もっとも、こうしたイメージは一定年代層以上の人たちに記憶されていても、若い世代には必ずしもそうとは限らないのである。だが、再び、この「故郷」が人びとの記憶に上ったのは、一九八〇年代後半の竹内首相の提唱した「ふるさと」創生事業が、メディアによって取り上げられたころからだろうか。

島根県に生まれ、中学校の教員から県会議員を経て、三十歳半ばで衆議院議員となり、一九八七年一一月に「ふるさと創生」構想を打ち出し、第七四代内閣総理大臣となった竹下登（一九二四～二〇〇〇）は、翌年の一九八八年に「ふるさと創生事業」計画を実行に移し、地方交付税から各市町村に対して、地域振興資金として一億円——自らの税源に余裕ある不交付団体は交付されず——を気前よく配った。

竹下のいう「ふるさと創生」論とは、東京への一極集中という国土利用の現状を是正し、生活と仕事の本拠となる多極分散型の国土づくりを担う「ふるさと」を創生させるという試みであった。このためには、住宅の充実、適切な土地政策、交通網の整備、一省一機関の地方分散、東京の遷都、自然環境の保全などが提唱された。

そのために、前述の一億円が交付されたのである。その使途については、各自治体の創意・工夫に委ねるものとし、全国の約半数の自治体は「ふるさと事業」を実施した。この「ふるさと事業」については、地域の産業や文化資源を積極的に活用することで、地域経済の活性化につながることが期待された。だが、その場かぎりのような思いつきで余りにも安易なような資金使用が批判を受け、その後、廃止されたのである。

結果として、いまから考えてもその使途にいかなる意義と真剣さも見いだせないような散財もあったことはいうまでもない。ただ一つの傾向として指摘しうるのは、その時期から各地に美術館や博物館などが増加したことである。さらに、バブル経済による宴たけなわの余興のような後押しもあり、新たな美術館などの「建設」が促された側面もあったといってよい。

きわめて皮肉なことかもしれないが、非経済的な価値をもつ美術館などは、経済成長優先の経済活動によって支えられていたのである。宴が終わって、酔いがさめてみれば、財政負担の悪化という二日酔いのような頭痛が残った感がある。独立採算という企業会計的な面からすれば、建設コストは補助金などでなんとか済ませたものの、入館者収入だけでその維持費をねん出するには程遠い状況が宴会後も続いているのが現状であろう。

美術館などミュージアムはたしかに地域の文化振興のシンボル的存在にはなりうるが、前章で取り上げたように、ここでは振興するべき地域文化とは何かという点に、議論はつねに後戻りするのである。序章でふれた「文化の国」ではないが、「文化の地域は美術館などより生まれんほのぼのと」ということに何が期待されたのだろうか。

では、現在、日本に美術館や博物館などの文化施設の数はどのようになっているのだろうか。統計的に確かめておこう。文部科学省『社会教育調査』（二〇〇八年）と総務省『国勢調査』（二〇一〇年）から、美術館・博物館数の上で上位にある五都道府県を取り上げておこう。具体的な数字については、つぎのようになっている。

第一表〈上位五都道府県〉の概況（人口・千人）

都道県名	美術館・博物館（A）	人口数（B）	文化度	図書館	文化会館	公民館
長野県	三六八	二、一五二	一七・一	一一三	四九	一、三七八
北海道	三三一	五、五〇六	五・八	一四四	七二	五一一
東京都	三一八	一三、一五九	二・四	三八四	一二八	一三八
愛知県	二二九	七、四一一	三・〇	九一	七四	四〇三
兵庫県	二一三	五、五八八	三・八	九九	七四	三七三

三〇〇以上の施設をもつのは全国で三つの地域で、トップにくるのは長野県、二番目が北海道、三番目が東京都となっている。ついで、四番目は愛知県、五番目は兵庫県となっている。これはあくまでも数の上であって、県民数——人口数——でみた場合、その美術館・博物館の「密度」をみておく必要もある。この密度を仮に「文化度」指標としておく。文化度＝美術館・博物館数（A）／人口数（B）×一〇〇である。つまり、県民一人当たりの美術館・博物館などミュージアムの数の多寡である。

一番目の長野県は、そうした文化度指標においても、日本のなかで断トツに県民一人当たりの美術館・博物館数の多い「文化」県となっているのである。逆にいえば、東京都は従来からそうした文化施設の建設が早かったこともあるが、人口数が圧倒的に多いことを割り引くと、文化度において北海道、兵庫県、愛知県よりは下位にくることがわかる。また、図書館、文化会館や公民館の数もその地域の文化施設の代理変数としてとっているが、先にみた上位三地域は、このような施設の数においても四七都道府県の中でも上位にきている。とりわけ、長野県は公民館の数もきわめて多いのである。

ちなみに、公民館とは美術館や博物館、あるいは図書館のような専門的施設に対して、地域で文化振興の総合的な役割をもつ施設として、日本の敗戦の翌年に文部省が次官通達を出し、町村民が集まり、読書し、談話しあうことで教養を高め、また生活改善や産業振興上の指導を受けることのできる施設として設けられたことがその始まりである。

その後、公民館の普及にともない、昭和二四［一九四九］年六月に制定された「社会教育法」は、公民館を「市町村その他一定区域内の住民のために、実際生活に則する教育、学術及び文化に関する各種の事業を行い、もって住民の教養の向上、健康の増進、情操の純化を図り、生活文化の振興、社会福祉の増進に寄与する」ための施設と位置付けた。

具体的には、いろいろな学習プログラムの提供――定期講座や講習会の開催など――、図書などの整備、体育やレクリエーションなどの開催などに公民館が利用されるようになった。こうした公民館数がきわめて多い地域においては、長野県のように戦前来の教育県というイメージが戦後も継承された印象が強い。

文化会館は、その設置が地方自治体であったことから公会堂とも呼ばれてきたが、一般に各種の講演会、学校などの行事、音楽や舞台芸術の鑑賞の場となってきた。こうした文化会館は「社会教育法」で設けられてきた公民館のような法的根拠をもってはいない。いまでは、文化ホールや芸術館などともよばれるようになった文化会館は、実質的には地域の音楽ホールや劇場——ただ鑑賞するだけではなく、地元劇団の養成の場でもある——としての役割を果たしている。

さて、美術館や博物館の数がもっとも少ない下位五県は、どのようになっているのだろうか。第二表には下位五県の数字をまとめている。

第二表〈下位五県〉の概況（人口・千人）

県名	美術館・博物館（A）	人口数（B）	文化度	図書館	文化会館	公民館
高知県	三九	七六四	五・一	三四	一五	二〇五
和歌山県	四一	一、〇〇二	四・一	二八	二一	三三一
香川県	四五	九九六	四・五	二八	一六	一八二
徳島県	四八	七八五	六・一	二九	一四	三三七
鳥取県	四九	五九九	八・二	二八	一五	一九七

ここで注目すべきは四国である。文化施設がもっとも少ないのは四国地域に目立っている。下位五県のうち、四国の三県がリストアップされている。もっとも少ないのは高知県である。香川県と徳島県が第三番目と第四番目となっている。こうした県では、図書館数もまた少なくなっている。

人口数当たりの美術館・博物館数を表わす文化度では、下位の三つの県はいずれも同じような数字となっているが、鳥取県が他県との比較で約二倍の隔たりがみてとれる。もっとも、県民人口数当たりの美術館・博物館数にこだわれば、鳥取県は第一表にある東京都や愛知県と比べても必ずしも劣っているわけでもない。

四国地域の三県――高知県、香川県、徳島県――と和歌山県は、いずれも県民人口数で八〇万人から一〇〇万人前後である。そこで、同じような県民数をもつ地域を取ったのが第三表である。東北地域でいえば、秋田県（約一〇九万人）、山形県（約一一七万人）、関東地域では山梨県（約八六万人）、北陸地域では福井県（約八一万人）、富山県（約一〇九万人）、石川県（約一一七万人）などである。

前述のように県民人口数当たりの美術館・博物館数の多寡を文化度の代理変数とすると、石川県や山梨県の文化度は、第一表で掲げた巨大人口が集中する大都市圏をもつ東京都や愛知県と比べて高くなっている。

第三表〈同一人口規模県〉の美術館・博物館数（人口・千人）

県名	美術館・博物館（A）	人口数（B）	文化度	図書館	文化会館	公民館
石川県	一三四	一、一七〇	一一・五	四七	二九	三三一
富山県	一〇七	一、〇九三	九・八	五八	三二	三三七
山梨県	九七	八六三	一一・二	五二	二一	五二五
秋田県	九三	一、〇八六	八・六	四八	二三	四〇八
山形県	八二	一、一六九	七・〇	三六	二二	六四〇

第四表には、こうした石川県などと同水準と思われる諸県などをとっている。新潟県や岐阜

県には、二〇〇以上の美術館・博物館などの文化施設があることに注目しておいてよい。必然、両県の文化度も比較的高くなっている。他方、東京都に隣接し県民九〇〇万人以上の巨大人口を抱える神奈川県、九州地域の中心県となっている福岡県をみると、美術館・博物館数は新潟県や岐阜県と比べても多くはなく、したがって、文化度もまた必ずしも高くなっているとはいえない。

第四表〈その他の府県〉の美術館・博物館数（人口・千人）

府県名	美術館・博物館（A）	人口数（B）	文化度	図書館	文化会館	公民館
新潟県	二三六	二、三七四	九・九	七八	四四	七四〇
岐阜県	二〇七	二、〇八一	一〇・〇	七三	四五	三四六
静岡県	一九四	三、七六五	五・二	九二	五二	一七四
神奈川県	一七八	九、〇四八	二・〇	八三	七二	一七八
栃木県	一六五	二、〇〇八	八・二	四七	三二	一九三
福岡県	一三七	五、〇七二	二・七	一〇六	八四	三八五
広島県	一三四	二、八六一	四・七	八四	四八	三八七
岡山県	一三三	一、九四五	六・八	六一	三九	四三一
京都府	一二七	二、六三六	四・八	六九	三七	二三二
宮城県	一二五	二、三四八	五・三	四〇	四〇	五一一

他方、「雅」というイメージが強く、世界中からも観光客を集める知名度では日本でも断トツである文化都市・京都府は、美術館・博物館数で必ずしも多くはないのはやや意外ではある。しかしながら、神社仏閣や町屋などのいわば「オープン・ミュージアム」や、寺社が設けている資料館、宝物館、記念館などの施設に加え、書画や陶器などの骨とう品やさまざまな美術品

などのギャラリーを営む店舗が、日本の都市のなかでも多いことを考えると、実際の文化度はきわめて高いと考えておくべきである。

第五表には、同様の指標を二つの地域グループについて掲げている。最初のAグループには県民人口数比で美術館・博物館数でトップクラスに位置する長野県、石川県、山梨県、新潟県、岐阜県をとっている。

他方、つぎのBグループには、県民人口数で上位に位置してきた都府県をとっている。具体的には、東京都、神奈川県、静岡県、京都府、愛知県をとっている。人口比でいえば、長野県と東京都との間には六倍以上の差がある。

第五表〈都府県別の人口比〉からみた美術館・博物館数
（人口・千人、金額・万円）

都府県名	美術館等の人口比（文化度）	一人当たり県民所得	従業員一人当たり製造品出荷額等	同小売販売額	第三次産業割合（％）
Aグループ					
長野県	一七・一	二七一・七	二、四七五	一、七四九	六一・二
石川県	一一・五	二八一・八	二、〇一〇	一、八二二	六九・三
山梨県	一一・二	二七二・九	二、四五二	一、六九六	六五・一
新潟県	九・九	二六一・八	二、一一二	一、七三三	六五・〇
岐阜県	一〇・〇	二六五・八	二、二三五	一、六四五	六五・四
Bグループ					
東京都	二・四	四一五・五	二、二〇〇	二、二二一	八二・八
神奈川県	二・〇	三一九・八	三、七〇一	一、八四二	七七・二

静岡県	五・二	三二一・五	三、五二六	一、七七〇	六二・〇
京都府	四・八	二三二一・四	二、九一一	一、七〇四	七五・四
愛知県	三・〇	三二三・四	四、一三四	一、九〇一	六五・五

AグループとBグループに属する都府県の経済指標を参考までにとっておくと、一人当たりの都府県民所得には大きな隔たりがみられる。東京都をトップにして、愛知県、静岡県、神奈川県が続くなかで、京都府はAグループの県よりは高くはなっているものの、Bグループ内では必ずしも上位には位置していない。この差はそれぞれの地域の産業構造の違いを反映しているとみてよい。たとえば、都府県所得で上位グループにくる神奈川県、静岡県、愛知県はいずれもわが国有数の自動車・同関連産業が集積している地域であり、このことは工業指標である従業員一人当たりの製造出荷額等もきわめて高くなっていることからも理解できよう。

この点からみれば、京都府はAグループの諸県と比べても優位にはない。これは京都府の商業都市としての性格が反映された数値となっているためである。また、東京都については、他府県への工場移転が続いてきたことから、工業指標ではAグループの長野県、山梨県、岐阜県よりも低くなっていることが注目される。

東京都の場合、その経済都市としての性格はむしろ商業指標である従業員一人当たり小売業販売額や第三次産業就業者割合に反映されている。東京都は一千万人を超える巨大な消費人口を抱えているがゆえに、消費都市としての性格が強く、それが小売業など第三次産業の比重の高さに表れているのである。

同様に、古い文化遺産を豊富——第二次大戦中の空襲から逃れたこともあり——にもつ京都府は、観光文化都市としての性格から第三次産業の比重が高くなっている。この点、長野県や石川県は、神奈川県や愛知県などのような工業県ではないものの、従業員一人当たりの小売業販売額は、むろん東京都ほどではないにせよ、京都府よりは高くなっているのは興味深い。

このような小売販売額には、県民による消費以外に他府県や外国からの人たちの消費も含まれ、とりわけ、観光客が多くなればなるほど、販売額は大きくなる傾向にある。人口減少社会(*)となった日本において――地域別で増減があるが――、消費人口と少子化・高齢化による消費形態が変容しつつ、消費額も減少せざるを得ない。そのような経済環境の下では、今後の小売業販売額は他地域――外国を含め――からの一時的な人口移入によって変動することになる。

この一時的な人口移入の鍵を握るのは、県内事業所へのビジネスマンなどの出張者だけではなく、すでにふれたが、観光を目的とする人たちの来県者の動向である。こうしたなかで、従来の文化遺産に加え、その地域の文化を特徴づけることのできる美術館や博物館のあり方が、地域文化の消費の対象として大きな関心ごとになってきているのである。しかしながら、そうした美術館などによるふるさと＝地域文化イメージの「創成」はけっして容易なことではなく、そこには数多くの課題が横たわっているのである。

近代都市史の研究者でもある中川理は、『美術館の可能性』でそうした課題をつぎのように指摘する。

「近年、美術館は、人を集める施設として注目されるようになった。二〇〇〇年以降、その傾向は顕著である。公立の美術館でも、二〇〇二年にオープンした芸術の館・兵庫県立美術館や二〇〇四年にオープンした金沢二一世紀美術館など、社会的にも大きな話題となった。……一方で、美術館は深刻な課題を抱えていることも事実だ。美術館の数は確かに増えてい

＊『国勢調査』から平成一七［二〇〇五］年～平成二二［二〇一〇］年の県別人口変化率を参考までにみておくと、北海道（▲二・二％）、青森県（▲四・四％）、岩手県（▲四・〇％）、宮城県（▲〇・五％）、茨城県（▲〇・二％）、栃木県（▲〇・四％）、群馬県（▲〇・八％）と減少傾向がみてとれる。他方、東京都（四・六％）、神奈川県（二・九％）は増加している。その他の地域では、石川県（▲〇・四％）、山梨県（▲二・四％）、長野県（▲二・〇％）、岐阜県（▲一・三％）、静岡県（▲〇・七％）。愛知県（二・二％）、京都府（▲〇・四％）、和歌山県（▲三・三％）、徳島県（▲一・六％）、香川県（▲一・六％）、愛媛県（▲二・五％）、高知

る。しかし、美術館の入場数は確実に減っているのである。財団法人日本博物館協会の調べによると、一九九三年、全国で四、〇〇〇万人いた美術館入場者数は、二〇〇三年、三、〇〇〇万人に減っている。森美術館のように豊富な資金力で、多くの集客を誇る美術館が話題になる一方で、存続の危機に陥っている美術館も多いのだ。……本来、公立の美術館は、国や自治体のバックアップを前提に運営してきた施設である。しかし、民活をかかげる行財政改革の中で、文化施設にも経済的な自立を求める動きは加速されつつある。」

ここで言及されている森美術館は、東京都港区の六本木ヒルズの最上層——五四階の五三階——に設けられた美術館であり、設計者は米国人のリチャード・グラックマンで、平成一五［二〇〇三］年一〇月に開館し、四つの主展示室と二つの小展示室をもっており、階下の展望階との共通券が発券されている。

この森美術館は他の多くの美術館とは異なり、常設コレクションをもっていない美術館であり、都会のど真ん中にあることから、開館時間も会社員なども仕事のあとに立ち寄れる午後一〇時——ただし、火曜日は五時閉館——までとなっており、また、ジャンルにとらわれない企画展や初代館長に外国人をもってくるなど、話題性に事欠かない美術館でもある。

中川が指摘するように、美術館への日本全体の入館者数が七年間ほどで一、〇〇〇万人近く減少するなかで、新たに設けられ大きな話題となった美術館が年間一〇〇万人を超す入館者を確保し、注目されていることは、逆に、多くの美術館が入館者を確保するのにいまや四苦八苦している苦境を浮かび上がらせている。

わたし自身も各地の町立美術館などを訪れてみて、事務所にいる職員の数よりも来館者が少なかったことを経験したことも数度ある——もっとも、わたしが訪れたのは平日であり、観光

県（▲四・〇％）、福岡県（〇・四％）となっている。

シーズン、あるいは土日や祝日などでは有料入館者はもっといるのであろうが――。この原因には、交通アクセス上の問題や近隣に博物館や記念館などがない場合、そうした美術館単独の集客力はきわめて低いのである。

先に紹介した森美術館などについてみれば、設置主体が民間企業であることで、好立地場所の確保、マーケティングセンスをもつ専門家による大胆な企画と広報宣伝のうまさに加えて、効率的な組織運営によって、美術展示も商業化され、周辺のレストランやカフェとともに美術館のイメージそのものが消費されることで多くの人を集めているのである。

そうだとすれば、すでに衰退した、あるいは衰退しつつある商業地区を再活性化させ、かつての賑わいを取り戻すために多くの人たち――美術愛好家かどうかを問わず――を引き付けることのできる美術館を設けることは地方都市にとって魅力的に映って当然である。

とはいえ、日本で多くを占める公立美術館にとって、洗練された組織運営と豊富な資金力をもつ民間の森美術館と同じように、著名作品を集めてその貸し展示場で企画展示を行うことは決して容易なことではない。

にもかかわらず、地域文化の再生装置として、あるいは観光の有力な資源の一つとして美術館などのもつ集客効果――したがって、経済効果――へ大きな期待もかけられている。だが、美術館は文化資本としての本来的価値をどの程度実現できるのであろうか。

まちづくりと文化資源

「まち（町）づくり」といった場合、わたしたちが毎日眺め、利用する建物の存在や配置は大きな彫刻物として、その街の心象風景をつくりだす重要な存在である。その代表的なものはわたしたちがだれしも通ったことのある学校という建物であるにちがいない。

しばしば、それらは明治期に町の素封家たちが建てたような立派な学校ではなくとも、ベビーブーム世代の急増に対応して短期かつ低コストという条件の下で統一的デザインによって建てられた同じような外観をもつ学校でも、それらをどのように街並みの中に演出するかにより、文化資本としての価値はもつものである。学校などは、人びとがそこで過した記憶というもので装飾された象徴的な建物として、卒業生などの心の中の記憶として残る。そうした記憶を呼び覚ます装置としての学校の建物の役割に注目しておいてもよい。

とはいえ、同一の町であっても地域によっては少子化によって就学児童数が急減して、懐かしい学校の校舎などは他の学校との統廃合で壊されたり、また、他の目的に転用されている例も目立ってきた。あるいは、学校でなくとも、その地域に長く立地して親しまれた工場の建物なども単に潰すのではなく、その再利用においてその地域のイメージの形成に大きな役割を果たすことができる。

実際、日本でも全国各地で、廃校となった学校や遣われなくなった工場など誰にでも親しみがあった建物にアート、ファッション、デザインなどの関係企業や関係者に入居してもらい、あらたな空間としてよみがえらせることも増えてきたようにも思う。

公共経済学者の奥野信宏と都市計画などに携わってきた栗田卓也は、『都市に生きる新しい公共』で東京都や東大阪市などでの廃校利用の具体的な事例を紹介したうえで、それまでものづくりを中心に形成されてきたものの、停滞感が強くなった街であっても、「ものづくり」のハード面――職人の技能など――だけではなく、「研究・開発・企画、デザイン・アート、情報、マーケティングなど」もまた「ものづくり」の重要な構成分野であることを意識すべきと指摘したうえで、つぎのように都市がもつブランド・イメージの確立をつよく主張する。

「日本の国としてのイメージは定着していると思うが、都市の歴史・文化がイメージとなり製品ブランドとして世界の市場で定着している例は稀ではないか。日本で都市圏が語られる時、経済・自然・文化・歴史などは、それぞれ個々別々の事として論じられていて、通常は一体化されたものとして理解されていない。……日本の都市や地域の名称が一定のイメージを持ち、製品ブランドとして通用するようになるには、広域的な観光なども含めて長い取組みが必要……高いビルはどこでも造られるが、都市単位で歴史・文化と自然が一体化された街をつくり、具体的なイメージを明確に示してブランド性を高めるのはこれからだろう。」

ものづくり文化を中心に都市づくりとそのブランド・イメージを構築することはたしかに魅力的ではあるが、「都市単位で歴史・文化と自然が一体化された街をつくり」上げるには息の長い取り組みが必要であり、その結果が出るまでの辛抱――継続投資も含め――が重要であろう。また、そうした都市のもつブランド・イメージも決してその街並みとは無関係に形成されるものではない。

わたしもかつてそのような事例を求めて、衰退した工業地帯がどのようにその地域の都市イメージとともに再生しているのかを、米国[＊]やフィンランド[＊＊]で調査を行ったことがある。米国では綿紡績が盛んであったジョージア州や、やはり繊維産業などがかつて中心産業であったノースカロライナ州などを訪れたことがあった。興味を引いたのは、ジョージア州でかつての綿紡績工場を利用してハイテク企業を誘致するインキュベーター――生まれて間もない小企業の「孵化」施設――を利用して産業転換の試みが行われていた。このような試みは、当時、いわゆる

＊米国については、つぎの拙著を参照。寺岡寛『アレンタウン物語――地域と産業の興亡史――』税務経理協会（二〇一〇年）、同『アメリカ中小企業論（増補版）』信山社（一九九七年）。

「産業の空洞化」が進展しつつあったどこの州でもある程度行われてきた。

そうした米国よりもむしろ、わたしの興味を引いたのは五年ほど前に訪れたフィンランドのヴァーサ市の取り組みであった。ヴァーサは、フィンランドの首都ヘルシンキから北西の海岸部へ飛行機で一時間余りほど飛んだところにある工業都市である。

この人口六万人ほどの都市には、船舶用ディーゼルエンジンなどで世界的に有名な企業とスイスの多国籍企業の工場や事業所などが立地している。このディーゼルエンジンの企業は、フィンランドでも創業は古く、一八三四年である。同社は最初からディーゼルエンジンや電力発動機を生産していたわけではない。最初は、森林の国であるフィンランドに相応しく製材工場から始まり、やがて、製材設備の修理、鋳物や冶金、さらには金属加工へと事業分野を拡大させていっている。

その後、同社には経営危機の時期もあったが、関連企業を吸収合併しながら、船舶用ディーゼルエンジンの製造で世界的に知られるようになっていく。ヘルシンキに本社をおく同社がヴァーサにあった企業を買収したことで、ヴァーサでの事業を拡大させていく。ヴァーサ市には、この企業と取引をもつ中小企業も多く立地している。

他方、スイスに本社をもち一〇〇カ国で一二万人ほどの従業員を抱える電力機器の多国籍企業は、電力装置と自動化技術で世界的に有名である。同社はヘルシンキでスマートグリッド（次世代送電網）事業を行っている。同社はヴァーサ市の郊外に工場と研究開発施設をもっている。電力事業で、前述のディーゼルエンジン企業と同社は協力関係にある。両社の関係者が行き来するのにこれほど便利な立地環境はない。

両社の工場や施設のまわりには、両社からスピンオフした技術者たちの企業が立地して互い

＊＊フィンランド経済やフィンランド産業については、つぎの拙著を参照。寺岡寛『比較経済社会学――フィンランドモデルと日本モデル――』信山社、二〇〇六年。

に取引関係があるのが興味深い。そうした企業が立地するサイエンスパークは、ヴァーサ大学のキャンパス内とヴァーサ空港近くにある。ハイテク企業が立地するサイエンスパークを運営する企業の幹部たちもまた、両社からのスピンオフ組である。日本の場合、どのサイエンスパークにもさしたる特徴があるとは言い難く、関係官庁などからの定年後の人たちが天下りしていることもあり、業界にも顔が広く専門知識をもち、入居企業の経営者たちに実質的な助言をできる人たちがあまりにも少ないのが現状である。

ヴァーサ空港近くのサイエンスパークで企業誘致に当たっている幹部は、前述のスイス企業で研究開発などに従事した技術者たちでもある。彼らは従来型のエネルギーではなく、将来の代替エネルギーの開発に積極的な役割を担える人材をもつ企業などを、サイエンスパークに誘致することに従事している。そうしたプロジェクト予算の半分ほどはフィンランド技術庁から獲得し、残りは参加企業とヴァーサ市からの出資でやりくりしている。関係者の一人は、このプロジェクトへの参加企業の様子について、わたしにつぎのように語ってくれた。

「エネルギー関連企業ばかりが周辺に立地していますから、ある意味では、彼らは競合しているのです。だから、自分たちから積極的に競合企業との共同プロジェクトなどを提案できないのである。」

さらに、彼は続けた。「だから、わたしたちが国から呼び水的に予算を引き出し、互いに共通して活用できる新しい技術の開発に取り組むことの必要性を説きます。そこにこそ、サイエンスパークの重要な役割があります。共同して取り組み、特許を獲得できれば、参加企業がそこから共通利益を得ることができるのです。そして、さらに製造や開発のための施設の拡張が必要であれば、サイエンスパークが建設して貸し出すことになります」と。

この点が従来型の工業団地とは大きく異なるのである。先端技術を開発することで、関連事業をサイエンスパークに引きつけ、あるいは、そうした企業からのさらなるスピンオフ組がインキュベーション施設(*)に入ることが、この都市の産業振興につながるのである。

このスピンオフということでは、先の両社から技術者が独立して急成長を遂げた企業が、何社か同じサイエンスパーク内に事業所を設けている。たとえば、スイス企業からのスピンオフ組では、一九九三年に一三人の技術者たちが交流電源装置の研究開発型企業を興した。急成長を遂げ、現在、世界二七カ国で事業を展開している。自分たちが働いていた大企業のすぐ近くに本社などを構えている。

発電機や配電機器の設計と製造を行っている企業も、そのようなスピンオフ・タイプの企業である。風力タービン発電機の設計と製造を行っているのも同様のスピンオフ企業であり、フィンランド国内だけではなく、英国や隣国のノルウェーやスウェーデンでも事業を展開している。

ヴァーサ市はそうした実態を踏まえて、自分たちのものづくり都市のイメージを「エネルギー・クラスター」都市という考え方を打ち出して、世界からエネルギー関連の研究開発型企業を誘致しようとしている。サイエンスパークの前述の幹部は、わたしにこの構想についてつぎのように語ってくれた。

「ここはフィンランドでもエネルギー・クラスターの最高拠点を目指している。エネルギー技術ならヴァーサということを強調してきた。それぞれの地域がその産業構造や優位性を生かして、いろいろな企業を引き寄せることが大事です。事実、ここにはフィンランド各地からヴァーサに再立地してきたケースもあれば、欧州企業もここに拠点を設けているケース

*インキュベーション施設―インキュベータともいわれる。元来の意味は卵などの孵化器や新生児の保育器のことであり、そこから転じて、生まれたばかりのハイテクベンチャー企業などを、「自立」できるまでさまざまな支援を行うために市場価格より安くオフィスなど提供する機関である。

もあります。」

このサイエンスパークの「特徴」であるエネルギーの研究開発ということであれば、市内にあるヴァーサ大学にはエネルギー研究所がある。ヴァーサ大学はこの都市のかつての主要産業であった紡績企業の工場群を、工学部の校舎と実験棟としてそのまま使っている。一八五七年に設立された紡績企業は一九八〇年に操業を打ち切った。ヴァーサ大学の工学部校舎となった煉瓦造りの工場にあった高い煙突は、当時の蒸気機関を動かすために作っていた石炭を使っていた時の名残である。一見したところ、高い煙突をもつ煉瓦造りの建物は大学には見えないが、うまく保存され、かつてのこの都市の主要産業のモニュメントとなっている。

市内にはあと二つの大学がある。そのうちの一つは、フィンランドでのスウェーデン語での教育機関であるオーボ・アカデミー（オーボ大学）――本校はトゥルク市――のヴァーサ分校がある。この大学も市内に残る古い工場をうまく利用している。この町にも、現代美術館があるが、それはかつての紡績製品などを積み出した倉庫のような施設をうまく活用した建物であった。この都市の名前が示唆するように、スウェーデン系フィンランド人が多いこの古い都市の街並みは、ヴァーサの歴史そのものである。市内にはそうした建物がうまく保存され、マクドナルドといえども石造りの古いオフィスビルの一角にうまく溶け込んでいる。

街の至るところに、彫刻がさりげなく立っている。それらは決してバラバラというわけではなく、訪れる人たちにヴァーサ市の印象を伝えてくれるような存在となっている。この町がエネルギー・クラスター都市に相応しく、市内の送電塔もまた見事なオブジェ風のものであった。ヴァーサ市において、エネルギー産業、スウェーデン文化とフィンランド文化の融合したような建物群の保存、かつての工場建物を校舎にうまく転用した大学の存在、そして街のあちこちにある彫刻群の存在、それらがヴァーサ市という都市イメージをうまく作り出しているように思える。ここではものづくりとアートが実にうまく結び付いている。

しかしながら、こうした試みが従来のものづくりにアートを付けくわえ、日本でも廃校——日本では利用されなくなった工場などは立地が良ければすぐに転売され、準工業地帯ではあっと言う間にマンションが建つだろうが——などの空間利用で再生できれば、それに越したことはない。だが、話はそう単純ではないだろう。

廃校はその地域での就学児童数の減少を象徴することであると同時に、高齢者数の増加とその地域における人口数そのものの減少を同時に象徴化しているのである。企業の撤退と他地域への再立地、あるいは、その企業の倒産や廃業による工場閉鎖なども、その地域の産業競争力の低下を象徴することになる。いずれにせよ、そのようなある種のマイナスイメージをどのようにプラスのそれへと転換させることが可能なのだろうか。このことは住宅などへの転用だけでなく、オフィスビルや工場などの「空きスペース」を、その都市のプラスイメージとしてどのように活用できるかの問題でもある。

街の光景の変化は、企業城下町で有力企業の撤退やそこに集中していた特定産業が一挙に空洞化した場合に、加速度的に起こり得る可能性をもつ。そのような事例は、米国の鉄鋼町でも起こったことである。重厚長大である鉄鋼業の廃炉で急速に失業者が増加し、職を失った住民が他地域へ移住することで、治安問題が悪化したため、市側が空き住宅や工場を撤去し、一気にグリーン化——緑地化——していったような事例もある。(*)

だが、日本ではそのようなグリーン化の試みはさほど適切な参考事例にはならないであろう。米国の工業都市では、そうした工場などをただちに潰すのではなく、歴史的遺産としてその街

＊詳細は、前掲『アレンタウン物語——地域と産業の興亡史——』を参照。

の従来もっていた雰囲気を何とか維持して、その一角に芸術家やデザイナーが活動できる空間を確保して、観光資源として再利用する取り組みが行われてきたことに注目しておいてもよい。このようなやり方は、わたしたちにはそれなりに参考になるだろう。

他方、長い歴史をもつ欧州の都市については、ヴァーサ市のようにそれなりにその景観が保持されてきたところもある。しかしながら、米国の地方中小都市や、日本で急成長したような郊外型都市のように、あっと言う間にむかしの姿が消えうせ、都市景観が短期間に変化したケースもある。そこには、中心市街地に対する彼我の美的感覚や生活感覚の違いがある。前述の奥野等は、この違いの背景についてつぎのように指摘する。

「欧米では、……中心市街地には、シンボル的な広場や教会、ホールなどが存在していることも多く、快適な空間として維持されている。中心市街地の疲弊に歯止めがかからなかったのは、住民にとって守るほどの街がないからだという厳しい意見はあるが、原因は日本人自身の生活様式の中に中心市街地が明確な位置を占めていなかったことにあるのではないか。」

たしかに、欧州の都市、たとえば、わたしがよく訪れたフィンランドの地方都市などは、町の中心には市場――カウパトリ――があり、それを中心に町が発展してきた経緯がある。ただし、その景観は町によって微妙に異なる。

日本の場合、景観ということでは城下町、宿場町などによって建物の配置は異なるものの、戦後の高度成長期に人口が急増した都市では、交通の結節点となったターミナルを中心に、後追い的に画一的な商店街などが形成され、統一性のない看板や高低バラバラの建物が林立して、かつての歴史的景観を容易に思い出せないことも多い。結果、全国どこでも同じような街並みになってしまったのではないだろうか。

そうしたなかにあって、著名な建築家による美術館の建設は、他の都市などとそんなに差異がない地域の文化資源の一つのイメージとして、まちづくりに大きな役割を果たしうるのだろうか。この場合、前節でみたように文化資本としての美術館の価値が問われる。一般に、「資本」とは剰余価値を生むことによって自己増殖する価値の運動を指す。文化資本もこのような文脈でとらえると、それは機械設備など物的資本のように可視的で具体的なモノを生み出すわけではないものの、可視的ではない抽象的なモノを生み出すことにおいて、ある種の価値「増殖」運動をもつと解釈できよう。

では、そうした不可視的な価値なるものが何であるのか。それらはモノやサービスを生み出す感性や創造性であるのか。通常、文化資本といえば、フランス人社会学者のピエール・ブルデュー（一九三〇〜二〇〇二）のエリート校への入学という投資——資本投下——によって取得できる学歴、知識、資格だけではなく、身につけることのできる言葉づかい、態度・振る舞いなどのことでもある。そうした上級学校への入学までに要する費用——家庭教師などへの報酬等も含め——、さらには入学後の学校行事や仲間付き合いの費用とは、上流階級——富裕層——にとって自分たちの社会的地位の再生産あるいは拡大再生産にとっては、まさに資本でもある。(*)

入学前、そして入学後も多額の出費を必要とする学校を通して、上流階級特有の教養や習慣（ハビトス）を身につけることが、単に学歴を取得する以上により報酬的になる。この意味において、教育とは消費ではなく投資ということになる。同様に、自分たちが何世代にもわたって培ってきた地域文化を再生産するには、それなりの費用＝文化資本が必要なのである。

＊ピエール・ブルデューなどについては、つぎの拙著を参照。寺岡寛『学歴の経済社会学——それでも、若者は出世をめざすべきか——』信山社、二〇〇九年。

その場合、繰り返しになるが、地域にとって自分たちの「文化」とは何かという具体的な内容が、地域内だけではなく地域外の人たちに共有化されなければ、そのような文化を再生産することは困難になる。たとえば、そうした文化なるものが景観、衣食住の生活習慣、そこに住む人びとの技術や技能、宗教、政治など生活全般のうち精神的生活にかかわることであれば、それを継承するにはそれなりの社会的資本――具体的には、インフラなど――や規制などのほかに、学校、博物館や美術館など、そうしたものより可視的に示す装置とそこでの社会教育が必要となる。

それでは、自分たちの地域の自然史的、あるいは人文歴史的な展示物が主である博物館は、そのような機能と役割を担う装置として最適であっても、地元出身の画家や彫刻家などの芸術家の作品は別として、さまざまな地域的出自をもつ芸術家の作品、あるいは一点豪華主義のように世界的に著名な芸術家の作品を蒐集し展示する意味は、何処にあるのかは問われることになる。とりわけ、個人の蒐集作品を公開する私立美術館はともかく、「まちづくり」やその地方の文化資源の再生産の装置として、地方自治体など公共組織の美術館の存立意義はどこにあるのか。

消費される文化諸資源

自分たちの地域を訪れる人たちの脳裏に、強烈に記憶させることのできるような観光資源化した美術館などは、果たして存在するのだろうか。観光資源化――アミューズメント化――する美術館については、学芸員の経験をもつ日本美術史家の並木誠士は「概念のあやうさと制度のゆらぎ」で、ミロのヴィーナスやモナリザを見るためにパリのルーヴル美術館を訪れる人たちは多いが、京都では国宝となっている二条城には外国人を含む年間二〇〇万人が訪れても、京都国立博物館の常設展示を鑑賞するために京都を訪れる人たちは少ないことを指摘する（並木誠士・中川理『美術館の可能性』所収）。並木はこの原因について、美術館が建設された経緯からつぎのように類型化して分析している。

（一）観光地先行型（土地に根ざさない美術館の濫立）――事例としては長野県の軽井沢や安曇野、静岡県の伊豆や箱根、大分県の湯布院である。こうした地域には「その地方の特産物や地場産業とは直接には関わらない内容であり、他の観光地にも移動可能であり、交換可能なもの……どこにあっても同じような美術館ができるということは、観光地化した地域に特有の現象である。

（二）観光地化と美術館設置並走型（固有の場・人を活かした美術館が育つ）――京都府舞鶴市（赤レンガ博物館）と鳥取県境港（水木しげる記念館）が事例とされる。地元固有の歴史的建造物や地元出身の作家などを利用して、レベルの高い展示や構成が重視されている。

（三）美術館中核型（美術館が観光地化を牽引）――事例的には岡山県倉敷市や長野県小布施町、香川県直島である。この類型が先の（一）や（二）と異なるのは、「まず核となる美術館が先行して存在して、そこを中心として、一連の施設ができてゆくという点であり、そこでは、自治体あるいは企業により、明確で統一的な方針が定まっている点である」。

（四）都市のなかでの美術館連合型（点から線への観光）――たくさんの美術館や博物館が

立地する東京等大都市圏が事例である。このような連合体が成立するには「美術館・博物館が特別展中心の体制から常設展示重視へと移行する必要がある。特別展中心の現状では、たとえ割引があったとしても、入場料金は高額であり、パス（美術館などが交通局と協力して入館料とセットになった切符――引用者注）の利点が生かしきれない。パスを効果的に用いてもらうためにも、魅力的な常設展示を試みるべきである」。

（五）アートイベント型（アートを地域に投げ込む一種のオープンエアな美術館）――「美術館だけがアートに接する場所ではない。……これまで日常生活にアートが存在しなかったところに突然アートが出現することは、そこに暮らす人びとにいったいどのような動きを引き起こすのだろうか。そして、それは地域の結成化につながるのだろうか。さらには、そのことは美術館の問題とどのようにかかわっているのだろうか」。

並木は最初の類型である観光地先行型について、「それらのほとんどは観光地化の結果として作られたもので、直接町の活性化にかかわっているわけではない……このような観光地化に乗じたような安易な美術館・博物館作りは問題にすべきであろう」と強く批判する。また、最後の連合型については、特別展重視であれば、美術館は単なる貸しスペース業となり、そこに美術館の役割そのものの変質が起こるとする。

では、三番目のような美術館中核型、あるいは四番目のような都市のなかでの美術館連合型、さらには五番目のアートイベント型を中心に美術館を位置付けるような場合、美術館とは単に館内の展示品だけではなく、美術館を含む景観やその空間的配置なども含んだ建築物そのものがアートを象徴することになる。当然、建築家の設計思想やアートに対する感性や考え方も、その美術館としてのイメージがアートイベントを通じて形成されやすくはなる。

地域の公立美術館等は、並木が指摘するような類型を参考にしながらどのような方向をめざすべきなのだろうか。十和田市現代美術館や金沢二一世紀美術館など公立美術館を数多く手がけた建築家の西澤立衛は『美術館をめぐる対話』で、公立美術館の地域社会に占める空間提供の意味について、「日本の公立の美術館の多くは、いわゆる箱もの行政の典型だといわれてきましたが、本当は公共の美術館というものは、行政がやることではなく、官民問わずいろんな人間が参加して、能動的につくっていくものだと思います。美術館は、行政の占有物ではなく、町の財産である」と主張する。

西澤は青森公立美術館の設計者である青木淳との対話でも「開かれた美術館」の意味について、自らの金沢二一世紀美術館の設計時の体験から「（欧州諸国の――引用者注）権威的な、王権社会的な風景が美術館になっているのではなく」、非常にカジュアルな雰囲気の設計にこだわったとする。青木もこれに応じて、美術館とは「町の人に受け入れられる」空間でなければならず、町の風景の一部としての美術館が重要であることをつぎのように強調する。

「美術館は、本当の自然とも違うけれど、日常的な町とも違う非日常的な質をもった、でも日常的に行ける都市や町にもうひとつの空間として、もう一度定義しなおさなくてはならない時期に来ているのかもしれません。

商業的な意味で展覧会をやって、お金が入ってそれで儲かる美術館は、本当に一握りの巨大なところだけです。それ以外の美術館は、そうなろうと思っても絶対そうなりえない。なのに、みんながそちらを向いてしまうとすれば、ある意味では、文化的貧困といわざるをえない。」

たしかに、用地費用や建設費用を含め、独立採算を保っていくうえで必要不可欠となる来館者数を誇っている美術館は、決して多くはないのである。そのため、美術館は蒐集作品の常設展示のほかに、多くの人を集めるために特別企画展などを開催している。この場合、外国の美術館などから有名な作品を無料で借りることができても、保険や特殊梱包・輸送などに高額の費用がかかるため、それだけにかなりの数の来館者を確保することが必要となる。

だが、高額な入館料を設定すれば、訪れる人は遠のくことになる。必然、新聞社やスポンサー企業の協力が欠かせないが、その分、無料招待券や割引招待券が多くなるジレンマもある。そのため、現実には、青木のいう「儲かる美術館」は美術館のほんの一部になる。

前述の西澤も青木のそのような見方に対して、「共感します。美術館には、民間であっても公立であっても、ある公共性というものがあって、それはまさに町の一部で、町の人々が共有する財産です。それは公共物であるのと同時に、町の財産としての美術館も、お金をつくる目的で存在するのではなく、僕らの生活を豊かにするためのものですから、経験や商業とは違う角度での評価が必要です」と応じている。だからといっても、美術館は地域経済との連携を全く考えなくてもよいということになるはずもない。

西澤は国際美術館会議の理事で、東京の森美術館の副館長や十和田市現代美術館の運営理事を務めてきた南条史生との対話のなかで、南条の考え方をつぎのように引き出している。南条はいう。

「（美術館の活動――引用者注）せっかくやっているのに、町のクリエイティブ・インダストリーになっていないということか、美術館をつくったことによる経済効果が生まれない。なおかつ、ある意味では人にいちばん楽しいサービスを提供できていないということなんですね。だから、美術館のウェブサイトに、近くで見られる奥入瀬の景観のこと、十和田市内のお茶を飲む場所なんかの情報も全部パッケージで載せるべきです。それに足を延ばせば、もちろん青森県には青木淳さんが設計した青森県立美術館と安藤忠雄さんが設計した国際芸術センター青森があって、十和田を含めた三つの美術館と美術館建築巡りのアートスポットなんですよ。ひとつの県内に三つの注目すべき美術館施設があるというのは珍しい。」

南条がここで言及しているのはもっぱら公立美術館であるが、西澤は私立美術館と比較して、「公立の場合のひとつの問題点は、やっぱり運営が変わっていくこと」を問題視する。他方、南条は「どんなに有名な美術館をもってきて、観客がたくさん入っていても、誰もそれをその町の文化と認めてもらうには、そこがつくり出した文化と文化装置がなければならない。つくり出すというのは、アーティストをつくれという意味ではなくて、独自の美術館の活動やコンセプトがあるということです」と主張する。

南条がなぜこのように主張するのであろうか。それは、しばしばマスメディアなどでつくりだされた「地域文化」なるもののイメージを維持させるためのコストが余りにも大きいからである。同じことは、テレビドラマなどで取り上げられ、その話題性と映像的イメージの可視性のために一時的に多くの来訪者を引き付けるものの、その数年後には大きく減少することはよく知られている。他の観光地との競合のなかで、そうしたイメージをなんとか保持するためには、その後も多額の資金が継続的に投入されなければならない。そうでなければ、地域文化なるものは幻想性だけに終わってしまう可能性もある。

しかも、文化資源＝観光サービスの消費者はきわめて移り気で貪欲なのである。最初は古い歴史を有する地域として登場し、その後は「自然の残る」地域としてのイメージを導入し、さらには「癒し」を与えることのできる住民たちとの会話などとイメージを追加し、それでだめなら美術館というのでは、そのようにして消費され続ける地域資源の先には、掘り尽くされた炭鉱のような姿がありはしないか。

それは、自然の残る地域での体験ツアーなど、いわゆるエコツーリズムのもつ逆説性でもある。多くの人たちが訪れなかったからこそ、自然という貴重な地域資産がいまにいたるまで受け継がれてきたにも拘わらず、多くの人たちが訪れることでそのような地域資産が消費し尽くされ、俗っぽくなり、かえって人が遠のくことも多いのである。

この意味では、南条の指摘は非常に重要である。公立美術館はハード面――ハコ物――だけではなく、そこに地域のさまざまな文化活動と連動した試みがなければならないのである。そうでなければ、美術館などがアミューズメントパークやテーマパークなどの商業施設とは異なった空間を提供することは困難となる。

先の西澤の対談のなかで、デンマーク人アーティストのオラファー・エリアソン(*)も美術館について、さらに多様な役割を担うことができる可能性に言及している。エリアソンは「その一義的な役割は芸術作品をサポートすることだと思っています」としたうえで、実際には「アートと関係ない部分でも美術館がさまざまな役割を果たしていることを思い知らされます。多くの研究機関と同じように、美術館のステータスと価値には、政治的な要素と外部からの力が大きく働きます。それは私たちが場所に対して抱くイメージにも影響するのです。新しい美術館がつくられるとき、それは芸術作品の対話のためというよりも、その都市のブランディングのためのように感じることはありません」と述べる。

たしかにパリといえば、ルーヴル美術館、ルーヴル美術館といえば、パリというように、美

＊オラファー・エリアソン（一九六七～）―サイト・スペシフィックのインスタレーション作品が多い。金沢二十一世紀美術館にも作品がある。

術館の存在がその都市のブランディングに大きな貢献を為してきたのである。では、日本の都市はというと、必ずしもそのような美術館の波及効果はいまだはっきりとはしていない。もし、たとえば、日本の都市に江戸時代の浮世絵の一大コレクションのほかに、現代の浮世絵の卓越した作品が常設展示され、浮世絵といえばその美術館、その美術館といえば日本のその都市というように、世界的なブランディングが確立することは素晴らしいことに違いない。

エリアソンも「個々の地域の重要性に対する感覚を育む」ことこそが、美術館の大きな役割であると主張するのもこうした文脈においてであるといってよい。エリアソンはつぎのようにいう。

「良い美術館は、社会から押し付けられるよりもずっと早く、自らの姿を変容させたり、価値を再定義したりすることができ、それゆえに現代社会の問題に対処することができます。社会制度のモデルとしての美術館は、美術館の可能性を考える重要なキーです。社会的制度はしばしば自己批評の場を欠きますが、ほかの社会的・文化的機関や娯楽産業、体験消費型の経済活動と比べて美術館が批判の場から隠れていいわけではないと思うのです。もし、より多くの美術館が時代、変化、人々そして社会という四つの構成要素にもっと配慮しつつ自らの存在意義を再考するなら、美術館はきたるべき時代のための社会的制度のひな形になります。そういう美術館は単にハードルを下げるという意味ではなく、専門家だけにわかればいいという態度をやめて人々に門戸を開き、ニュアンスに富んだ細やかな方法でアートをサポート出来ると思います。

より多くの来館者を得ることは可能性を秘めていますが、同時に美術館が間違った方向にいく危険もはらんでいます。展示する作品の価値を知らしめるという義務を忘れてアートに対する明確なビジョンとコミュニケーションを欠き、いかに量を確保する、いかに売れるかという基準が幅をきかせる落とし穴に吸い込まれる危険があるのです。アートにとって何が大事かということと、美術家の描く軌道とは一致しません。美術館が一方をいき、アートは他方をいくのです。」

美術館の社会的存在意義がまったくその経済的価値から離れることなどできない以上、一部の専門家や美術愛好家だけのための空間であっていいはずはない。かといって、美術館は完全なる商業施設に徹するべきでもない。それゆえに美術館はその中間的、比ゆ的には、白黒ではなくグレーゾーンにいることになる。それだけに美術館は単なるアートの展示場ではなく、「きたるべき時代のための社会的制度のひな形」にもなりうるというエリアソンの予感はある種の説得性をもっているのではあるまいか。

美術館などの設計を手掛けてきた西澤も、美術館とは単にアートを展示する空間などではなく、「地域社会や町、あるいはアーティストや建築家、政治家といった人たちの社会やコミュニティがありますが、そういうさまざまな大きな差の社会に対して、積極的に問題を提起していくような開かれた美術館をつくることも、建築家にとっても重要な役割」と応じている。美術館が専門家向けの閉じられた空間ではなく、それが社会や立地する地域に対して開かれた空間であろうとする「姿勢」を貫く限り、きたるべき社会のあり方に敏感な美術館の企画などにも、関心が向かうことが期待されて当然ではある。

要するに、西澤のような建築家やエリアソンのようなアーティストが主張しているのは、美術館とは日常空間から来館者を切り離して美術や芸術という「高尚」な作品の展示への心構えを、あたかも要求するような豪華で権威的なエントランスホールなどではなく、自分たちの日常空間である地域社会と密接な関係をもつ開かれた社会空間としての美術館である。そうした空間の演出には単なる箱としての建物だけではなく、箱のなかにある作品への配慮が一層重要であるとされる主張がそこにあるのだ。

もっとも、実際には高度成長下の大量生産・大量消費の時代、工場団地の造成と企業の誘致合戦が過熱化したように、「一県一美術館」あるいは「一主要都市一美術館」のようなバスに乗り遅れるなという時代の風潮の下で、多くの美術館が建設された。常設展示の対象とする蒐集作品も大急ぎで個人からの寄贈を受けたり、あるいは、当時の豊富な資金で、とりあえずみんなが知っているような芸術家の作品が購入されたりしたケースも見られていた。

そのあとに、その作品と地域の関係が強引に理由づけられたこともあったといってよい。美術館はそのようにして来館者に消費される文化資源を提供するだけの空間で、ダメなら使い捨ての商品のように作品を取り換え、その建物を改装することでその役割が維持されるというわけでもない。

第三章　地域文化と経済循環

地域文化の経済基盤

　日本でも、江戸期には武士階級だけではなく、勃興してきた商人たちがパトロンとして当時の美術振興に大いに力を発揮したように、地域文化もまたその地の企業家や事業家の経済活動――経済力――とは無関係に発展してきたわけでもない。むしろ、文化と経済の両者の関係は密接に形成されてきたのである。

　明治以降についてみても、事業家は芸術家の活動などやさまざまな文化活動に大きな影響を及ぼしてきた。それらはメセナ活動などと呼ばれるようになった。元来、フランス語源のメセナは、芸術家を庇護した古代ローマ帝国の高官メサナスの名前に由来するとされる。メセナとは、もっぱら企業が行う文化支援活動のことであり、企業による地域社会への貢献の一環として美術館の開設などもこの範疇に入る(*)。

　こうしたメセナで象徴される企業による文化支援はいまだに盛んであるとはいえない。文化政策に果たす国の役割は現在でも大きいのである。文化政策研究者の中川幾郎は「推進支援機関としての文化行政」で、日本の文化行政の特徴を分析している。日本では、文化行政予算の六割ほどが文化財保護に使われ、残りの四割ほどが文化振興へ使用されているとされる。中川

*このことばのほかに、フィランソロピーという文化や福祉の支援に関わる慈善活動を指すことばもある。メセナとは、このフィランソロピーのなかの一つの活動ということになる。

はこのような配分特徴をもつわが国の「公」の文化政策――文化行政――について、欧州諸国だけではなく隣国の韓国と比べても、国民一人当たりの文化予算からみれば、その額は圧倒的に少ないことを指摘する(*)。

ましてや、文化政策予算の制約が大きい地方自治体にあって、中川は自らの経験に照らして地方における「行政の文化化」の必要性を説くのである。中川はつぎのように問題点と課題を提示する（小林真理・片山泰輔監修・編『アーツ・マネジメント概論』所収）。

「市民文化を活性化させ、地域や都市の文化的再創造を実現していくためには、政策主体としての自治体政府自身が、一方で『行政の文化化』を推進していく必要性が生じる。自治体政府自らが、省庁縦割りの中央集権型、機関委任事務スタイルの、法令・通達準拠の法規万能主義から脱却して、市民自治に立脚した主体的、総合的かつ個性的な団体自治へ転換すること、そしてこの発信、コミュニケーション、開発・蓄積という営みのサイクルの中で、自らの行政文化の転換を図っていかなければならなくなる。」

ここでいう「行政の文化化」とは、「行政風土、表現の改革、政策技術、適正技術の開発、政策研究、文化戦略」にかかわるものであり、「ひと頃、行政の文化化が自治体改革の主要テーマとなり、先進的な自治体の行政表現や行政デザインの改善、職員提案制度や政策研究の推進に一定の前進がみられた。……ときには、行政の『芸術的装飾』に転落しがちで、表面だけの改善や言葉だけの独り歩きとなっているケースもある。その方向も、市民文化部門においては、文化施設建設が先行しがちであり、文化事業も鑑賞事業が意識されがちである。都市文化部門においては、大型文化施設の建設と観光産業型の情報発信が意識されがちである」とも中川は指摘する。

*文化庁の資料などによると、国民一人当たり文化関係予算でも、対GDP比でも、国家予算全体に占める割合においても、民間主導の米国を除き、日本は英国、フランスやドイツなど欧州諸国と比べてきわめて低いのが特徴となっている。欧州諸国では、フランスが文化予算面において群を抜いた存在である。

だが、中川のいう「行政の文化化」とは、果たして地方からの自律的――内発的――な運動であったのかどうかは問われてよい。地域と文化ということでは、一九七〇年代には、文部省の中央教育審議会が「地域社会と文化」という答申を行っており、また、その後も、国は「文化政策の推進」、「文化発信社会」、「文化立国」といったスローガンが躍るような提言書や報告書を発表する一方で、映画芸術や美術館、文化遺産の保護などについてもメッセージを送り出してきたのである。

他方、文部省や文化庁で文化政策に関わり、「文化政策学」を提唱する根木昭は『日本の文化政策――「文化政策学」の構築に向けて――』で、当時の一連の政策提言の背景と内容について、「すべての提言を通じて、文化政策の基本は、『文化の頂点の伸長』と『文化の視野の拡大』に置かれている。これは、当初、文教政策の欧米偏重、中央中心主義に対する反省と伝統的な文化を踏まえた新しい文化の創造という形で示された」と、中央の政治的な動き――文化行政長期総合計画懇談会――がその底流にあったことを示唆したうえで、「地域文化」についてつぎのように指摘する。重要な指摘であるので、長くなるが、引用しておく。

「地域文化に関して『文化活動圏』が提唱され（中央教育審議会）、また、芸術については、文化の精華、発想の水源として認識され、国家の発展と経済・社会の活力維持の上で重要な役割を果たすものとして、その振興の必要性が明示された（民間芸術活動の振興に関する検討会議）。

一九九〇年代に入ってからの文化政策推進会議の提言では、実利・実効性から創造性・感性・やさしさへの価値を見い出す社会への変革が認識され（一九九一年）、次いで、人材養成、活動の場という芸術各ジャンルを通ずる個別的・横断的な課題が提起されるとともに、

『清潔文化』という新しい領域に焦点が当てられた（一九九二年）。

その後、『文化発信社会』という考えの導入により、自他双方向による文化の新たな創造への寄与が認識され、やがて、『二一世紀』に向けて、芸術の公共性の再認識、豊かな文化環境の形成と、地域の個性ある文化の発展、世界文化創造への共同という方向が示された（一九九四年）。

さらに、文化は個々人の生きるあかしであるとして、『新しい文化立国』の実現を目指し、今世紀中に解決すべき文化政策の課題と総合的な方向付けがなされるとともに（一九九五年）、最近年には、文化は教育の基礎、未来への先行投資、顔の見える日本となるための要件であり、二一世紀に向けて文化振興の指針（文化振興マスタープラン）の策定が必要であるとの認識が示されるに至っている（一九九七年）。」

根木のこうした指摘は、通常、非経済的な活動と思われている文化や芸術に関するものであるが、同時期の通産省――現経済産業省――など経済官庁のビジョンや審議会の答申に見られた「研究開発」、「技術革新（イノベーション）」と、それに必要な「創造性」や「独創性（オリジナリティ）」、さらには商品化におけるデザインの「日本らしさ」など日本文化の重要性などへの一連の言及と見事なまでに一致する。改めて、国の提言にある「文化」なる概念は、その底流に経済振興の政策思想が色濃く反映されたものであることが確認できよう。

つまり、日本経済もそれまでの量的拡大や価格競争力重視の高度成長期を過ぎ、アジア諸国の追い上げや先進諸国間との市場競争が激化するなかで、非価格競争力を高めることが一層求められる時期にきていたのである。日本経済における非価格競争力の強化策として、そのいわば最後のフロンティアである文化をいかに経済活動に引き込むかが重視されていたのである。

当時から、「ものづくり」というスローガンが産業政策上のイデオロギーとして使われ始めたのは、欧米製品の模倣生産の終わりをつげていたことの傍証でもあったのである。輸出製品における欧米製品との差別化に「日本らしさ」という文化が強調されたのである。しかしながら、現実には、日本の伝統的な消費生活や地方文化に深く関わって形成され、日本文化を象徴化してきた地場産業や伝統産業が、急速に衰退しはじめていたのは皮肉でもあったのである。

ここで中川のいう「行政の文化化」論に戻っておこう。「行政の文化化」とは、本来ならば、それまでの日本の「長いものには巻かれろ」あるいは「寄らば、大樹の陰」といった中央集権主義へのある種のへつらいではなく、その元にある「官尊民卑」という文化からの脱却であり、日本の中央官庁から地方官庁にまで広く巣食った役所文化から脱皮を指し示すといってよい。

それが文化施設の建設が中央集権的土建国家という文化の象徴でもあった時代からの決別を示唆していたとすれば、地方においては、こうした箱モノ文化政策からの決別も同時に必要となっていたのである。中川は公立美術館などミュージアムといえば、それはもっぱら建物の建設を自明としたような発想の延長にあったことを指摘して、美術館という建物の中に本来展示すべき文化とは何かが問われることが、きわめて少なかったことを嘆いているように、わたしには思える。

いうまでもなく、地域の文化もまたその地域の経済基盤から全く独立して形成されるわけもなく、それはその地域の産業構造や地元企業文化との密接な関係のなかで成立してきたものであるはずである。地域経済の重要な担い手は全国的あるいは世界的に経済活動を行っている大企業が各地にもつ事業所なのか、あるいは、その地域のみに立地する中小零細企業なのか。地方文化の典型とはこのような二者択一の選択ではないが、どちらかといえば、地元の原材料をもっぱら使用し、地元での中小零細企業の分業体制の中で成立してきた地場産業は、そうした地域文化を象徴してきたのである。

現在、そうした地域内完結性の高い生産構造をもった地場産業に属する、いわゆる産地型中小零細企業はグローバル経済の一層の進展のなかで苦境に立ってきた。こうしたなかで、地酒などの醸造業が地方産業として強調されるのは、ほかに地域を代表する中小企業などがそう容易に見つからなくなったことの傍証でもある。

必然、地場産業の衰退は、地域経済の活性化につながる観光業への期待をいままで以上に高めてきた。観光にかかわる地域資源への関心は、神社仏閣からご当地出身の作家や画家の掘り起こし、その生家の保存から、その地で生まれた流行歌手の思い出の品、さらにはご当地グッズの開発まで及んでいる。しかしながら、そうした地域資源から構成されることが期待される地域文化を象徴化させ、イメージ化させる拠点としての公立ミュージアムは、自治体などからの財政的支援なくしては存立しえない。だが、財政難のなかで、こうした文化施設のマネジメント——パブリック・マネジメント——については、指定管理者制度の活用によって維持運営費の引き下げなどが強く求められてきた経緯がある。

ヤマハ株式会社でコンサートなどイベント企画などに携わり、公立施設の運営問題にも詳しい桧森隆一は「指定管理者制度の光と影——『民が担う公共』の可能性——」で、高知県の文化予算（二〇〇四年度）の事例を取り上げ、「文化政策に関する予算の約八〇％は施設の管理運営費だ。しかもこの管理運営費は、この時点で施設を実際に管理している財団等への委託費である」と指摘する（中川幾郎・松本茂章編『指定管理者は今どうなっているのか』所収）。

また、桧森は「財団等に委託された施設関連費の約八〇％は施設の保守メンテナンス、水光熱費、清掃費、警備費など施設のハードの維持管理に関するものである」と分析したうえで、この八〇％が指定管理者に移行すれば、それは単なる経費削減だけではなく、自治体が果たすべき文化行政そのものが一体全体何であるのかが問われることになる、と問題を提起する。

いずれにせよ、地域文化による地域経済の再活性化は、日本だけの課題ではない。世界各地でも、モノカルチャー的な産業構造あるいは企業城下町的な経済的存立基盤から脱却した都市づくりをめざす試みがみられてきた。そこには、アジア経済の興隆とともに、進展してきた世界的な産業の整理・再編の強い動きがあるのである。

たとえば、わたしがよく訪れたフィンランドでは、中部地域の中核都市であるユベスキュラでの試みが興味深い。この地域の中心産業はかつては紙・パルプ産業であり、一九九〇年代前半から半ばにかけて、フィンランド経済の深刻な不況で、失業率が上昇し、高止まりしていくなかで、それまでユベスキュラ経済を支えてきた、従来型産業の整理・再編成が早急に求められることになった。そうしたなかで、他の主要都市と同様に、ＩＣＴ産業や大学発ベンチャーなどの振興策が掲げられていった。

しかし、ユベスキュラでも、ノキアなど通信機器企業の急成長が示唆したＩＣＴ産業へのシフトといった画一的な取り組みには、おのずから限界と制約がある――ノキアの事業所も誘致したが――ことから、そうした試みはやがて自分たちの地域の経営資源の特徴へ着目――再発見――して、より発展のポテンシャルが高い現実的なビジョンが掲げられていくことになる。

ユベスキュラ市の関係者は、二〇一〇年あたりから「教育クラスター」――EduCluster Finland――のビジョンを掲げることになる。それまでも、ユベスキュラ市は人にかかわるさまざまな日常生活の問題から、高齢者の抱える問題の解決までを幅広く手掛けようという「ヒユーマン・テクノロジー（Human Technology）」の発展をめざす都市構想を打ち出していた経緯もあった。

そうしたヒューマン・テクノロジー構想の具体的な方向性が、教育クラスターというビジョンへと結実したといってよい。この中心には、フィンランドの中核的師範学校から発展していったユベスキュラ大学の存在がある。同大学が教育クラスター(*)の中心地――センター――となって、教育にかかわるさまざまなプログラムを地元企業などとも協力して開発していこうというのである。つぎにこの試みを紹介していこう。

人間工学と地域社会

「ヒューマン・テクノロジー」を掲げ、都市づくりをめざす地域がフィンランドにある。先にふれたユベスキュラ市である。ユベスキュラはフィンランド中部地域の中心都市であり、首都ヘルシンキから飛行機で一時間余りの距離にある。わたしも一九九〇年代初頭からユベスキュラはよく訪れた地域である。当地のユベスキュラ大学ビジネススクール――生涯教育センター・高等経営大学院――の講師にも二回ほど招かれたほかにも、産業調査や企業調査で何度も同市を訪れている。

ユベスキュラ市が掲げるヒューマン・テクノロジーなる考え方を、どのように解釈すべきか。従来、同じような用語には、ヒューマン・エンジニアリング（human engineering, human factor engineering, ergonomics）もある。これは一般に「人間工学」と訳され、人間と人間の扱う機械を人間・機械の一つのシステムとしてとらえ、その組み合わせを最適にするために、

＊クラスター――元来はブドウの房を示す。産業クラスターという場合、クラスターは特定産業分野における企業や大学などの間連組織が集中立地していることを指し、相互の協力関係が促進され、研究開発や新商品・サービスが生み出される効果が期待される。

人間と機械との関係を生理的——感覚や運動——、心理的な側面——ストレスのメカニズムも含め——などから分析して、人間の動作や行動の特性に適した機械やそれを動かすシステムを設計する学問体系とされる。

その目指すところは、実務的にいえば、作業能率、安全性、信頼性などの向上と同時に、機器を利用する作業者の疲労度やストレスの低減と、モーティベーションと想像力の向上である。そのためには、人間工学の分野において医学・生理学、心理学、理工学——制御、計測、工業デザインなど——など多様・多彩な学問分野からの学際的な取り組みが重要とされる。

そうした人間工学の身近な応用例では、長く座っていても疲れない椅子や使い心地のよい机の設計、使いやすいコンピュータ、使いやすいディスプレイやキーボード、航空機などの誤作動を防ぐようなスイッチの形状や配置などさまざまな機器や装置に応用されてきた。このためには、人間の動作だけではなく、心の動き——心理面——なども分析する必要があり、その研究成果は使い手のストレスを少なくするようなさまざまなデザインに応用されてきている。

ユベスキュラが目指そうとしているのは、そのような学問体系の中心地ということではなく、むしろ、人間工学の目指す基本的方向性が象徴するような、人間への総合的かつ深い理解とそれを応用し、製品づくりなどに生かすことのできる地域産業の振興への応用である、といってよい。そうした「人間工学」——ヒューマン・テクノロジー——のより広義な考え方の応用を通して、自分たちの地域に新たな産業を勃興させようという意識がそこにある。この背景には、フィンランド中部の不況産業の存在——日本でいういわゆる「構造不況業種」——という問題があった。

フィンランド国内の他の都市と同様に、ユベスキュラもまた紙・パルプ産業の興隆とともに発展してきた。だが、カナダなど森林国との競合の高まりに加え、一九九〇年代前半のバブル経済の崩壊とともに(*)産業構造の早急な転換が重要な課題となった。当時、携帯電話のノキアの躍進に注目して、フィンランド政府も「ハイテク・フィンランド」を掲げて、ハイテクベンチャー振興策をそれまで以上に大きく打ち出すなかで、ユベスキュラ市もまたユベスキュラ大学とともに、いわゆる「産学官」連携によるハイテクベンチャー育成による地域経済の再活性化に期待をかけていた。

しかしながら、紙・パルプ産業というモノカルチャー型の地域産業構造から、一挙に短期間でバイオやナノなどの最先端産業への転換が可能であるわけではない。大学にはナノテク研究開発センターなどが設けられても、すぐに産業育成という成果が出るというわけでもない。そうしたなかで、改めて自分たちの地域のもつポテンシャルが何であるのかを問いつつ、産業転換を担える人材の教育・養成こそが、長い目で見たときに近道になることへの気づきがあったといってよい。

ユベスキュラにとっては、産業転換の鍵はフィンランドでも早期に設けられ、多くの有能な人材を送り出してきた師範学校の歴史をもち、その後、総合大学へと発展してきたユベスキュラ大学という存在であり、そこに起業後の成長を支援するインキュベータなどが設けられるようになった。大学付設のインキュベータや大学近くに立地する新しい企業などをみても、いわゆるＩＣＴ（Information and Communication Technology）関連の企業も見られるほか、前述の同大学ナノテク研究開発センターが力を入れているナノ技術関連の企業もみられる。

また、こうしたハイテク企業だけではなく、同大学を特色づけてきた教育や体育などの面で新しいサービスを作り出そうという、たとえば、さまざまな教育ソフトの開発企業もみられて

＊フィンランドの経済や産業については、つぎの拙著を参照。寺岡寛『比較経済社会学――フィンランドモデルと日本モデル――』信山社、二〇〇六年。

いるのは興味深い。もっとも、携帯電話に必要なワイヤレス技術などＩＣＴ分野では、すでに北部のオウル市、バイオや医療であればヘルシンキ市、トゥルク市、クオピオ市、さまざまなソフトウェアであれば、ヘルシンキ市を中心とする産業クラスターという印象が、フィンランド国内で定着してきたなかでは、ＩＣＴを使っても特徴ある産業分野の掘り起こしが重要となる。

このなかでもオウルなどは、米国のシリコンバレーとともに、ＩＣＴ分野やワイヤレス技術の分野での研究開発拠点として世界的に知られるようになっていた。こうした他の都市を後追いすることが必ずしも容易ではない認識の下で、ユベスキュラは大学との協力の下で、ＩＣＴを利用した教育プログラム開発などの分野での発展を志向するようになった。

そうしたユベスキュラ大学の近くには、フィンランドを代表する建築家・都市計画家であり、食器や家具など日常生活品のデザインでも世界に知られたアルヴァ・アールト（一八九八〜一九七六）を記念したアルヴァ・アールトミュージアムがある。アールトはフィンランドの北部の小さな町クオルタネの測量技師の家に生まれ、幼少期にユベスキュラに移り住み育っている。アールトはヘルシンキの技術学校で建築学を学んだあと、スウェーデンの建築事務所で働き始め、その後、自分の育ったユベスキュラで一九二三年に設計事務所を設け、建築家としての人生の一歩を踏み出している。

アールトはユベスキュラでいくつかの建物を設計したあと、フィンランド南西部の古都トゥルクの新聞社ビルなどの設計で徐々に知られるようになり、設計事務所をトゥルク市に移している。わたしはトゥルク市のバイオ産業や造船業の調査の際に、トゥルク新聞社の経済部の記者を訪ねてインタビューをしたことがあった。帰途、記者にこの建物がアールト設計による著名な建物であることを教えられて、それに気づいた。

ユベスキュラに現存するアールトの細部までこだわった、若いころの建物もさることながら、トゥルク新聞社屋は内部こそ手は入れられたりしているが――当時はテレビスタジオなどなかった――、外観など基本的な部分は当時のままであり、いま訪れても古さを感じさせない機能美のもつ凛とした空間がそこにあった。アールトの名前は、都市のなかの公共施設などの設計を手掛けることでやがて広く知られるようになる。その後、アールトは国外の設計も手掛けるため、建築事務所をヘルシンキ市の近くに移している。

とはいえ、彼にとってユベスキュラは、幼いことから物心つくまでの思い出の地であったようで、五〇歳代初めに母校のヘルシンキ工科大学の校舎に続いて、五〇歳代後半にはユベスキュラ大学――当時は教育大学――のメイン校舎を設計している。この建物もまた古さを感じさせない。さらに、六〇歳代後半に設計し、オペラや音楽ホールとして世界的にも広く知られるようになったフィンランディア・ホールも、また世界的な評価を受けるようになっている。アールトは亡くなる直前に、まるで里帰りするかのように思い出の地ユベスキュラに、アールト・ミュージアムの設計を自ら行っている。

ユベスキュラ駅から歩いてもそう遠くないアールト・ミュージアムを訪れると、展示されているのは彼の設計原図などだけではない。彼の建築家やデザイナーとしての軌跡もまたそこに展示されている。アールト・ミュージアムを訪れる人たちは、アールトの設計対象は単にオフィスビルだけではなく、病院、教会、会館、美術館など広範囲にわたっていたことに驚くことになる。また、すでに紹介した家具のほかにガラス器――その夫人によるものもある――、さらには都市計画にも関係していたのである。

建築家としてだけではなく、デザイナーとしてのアルヴァ・アールトの足跡は、フィンランド国内だけではなく、国外に及んでいた。そうした多面的な活動のなかにあって、自らが設計したミュージアムそのものが、アールトの設計思想を象徴するものである。アールト・ミュージアムを訪れる人たちは、そこでこの多彩な才能をもった建築家の具体的な歩みを知ることができる。とりわけ、設計者や設計を学ぶ学生たちにとって、アールト・ミュージアムは創造力を大いに刺激する空間となっており、ある意味で、アールトの「故郷」ユベスキュラへの恩返しとなっているともいえよう。

デザイン・ミュージアムということでは、フィンランドの著名デザイナーの作品を収集したデザイン美術館は、首都のヘルシンキ市にあるほか、建築などの特別展が同じヘルシンキ市の中央駅からすぐの近くの、アテネウム美術館で開催されることがある。

しかし、現在も世界中の建築家に影響を与えている、フィンランドを代表する世界的建築家を記念するミュージアムが、フィンランド中部のユベスキュラ市にあることは、教育やデザインなど人の創造力を育むことのできる人間工学——ヒューマン・テクノロジー——の町を象徴するイメージの定着に役立っているとはいえまいか。

この「ヒューマン」ということでは、ユベスキュラ大学の体育学部や教育学部の役割を具体化させたような、健康促進プログラムやリハビリテーション用の訓練プログラムの開発などを行う新しい企業が、大学の周辺に立地していることは、この都市のヒューマン・テクノロジーというイメージの定着にそれなりの効果をもたらしている。具体的には、大学のインキュベーション施設や郊外には、リハビリテーション用の訓練教育装置を開発、あるいは環境関連のプログラムの開発を手掛けるベンチャー企業なども活動しているのである。これらの企業の存在と活躍はこの地に相応しい。このほかにも人の健康増進、能力開発・回復、遠隔教育にかかわる若い企業もでてきている。

さらには、ユベスキュラ市郊外に立地する古民家などを移築したオープン・ミュージアム型の体験プログラムを提供している企業もある。こうした企業の存在が、この地域だからこそ面白い企業があるに違いないという関心を呼ぶのである。ヒューマン・テクノロジーの地域としてのイメージが定着すれば、生まれたばかりの小さい企業といえども、世に知られる機会が増える可能性がある。

さて、先にふれたオープン・ミュージアム型の体験プログラムの企業である。その企業にはレストランが併設されている。フィンランドでも生活環境の変化から、昔の農家の建物がつぎつぎと壊され、新しい建物がつくられるなかで、そうしたフィンランドの農民文化が失われることを危惧した起業家が、一九七〇年代からフィンランド各地にある、日本でいえば古い農家や古民家をユベスキュラ市郊外にすこしずつ移築してきたのである。

このオーナーの話によれば、逆説的であるが、そうした古民家が当時注目されなかったからこそ、容易に持ち主から譲ってもらえたともいう。移築された建物には電気やガスなどの設備はなく、昔ながらの生活をランプの下で体験することができる。フィンランドらしく、湖沼の近くには伝統的なスモークサウナも移築されている。

そうした古い施設のなかで電気器具などが利用できるのは、セミナーや会食ができる母屋だけである。といっても、内装や家具などは伝統的なフィンランドの農村で使用されたものがコピーされ使用され、情報コンセントは見えないような場所に配置され、室内照明も当時の明るさを再現できるように工夫されている。

わたしはここにフィンランドの友人――ユベスキュラ大学の名誉教授――と一緒に、ハイテク技術者で自動機器などの開発・設計・製造の企業を経営している日本の知人を招待したことがある。室内にはフィンランドの農家で使用されてきた玩具や生活用品が何気なく飾られ、ランプの光のようなやわらかい間接照明と、伝統音楽がかすかに聞こえるような音量で流れている。

このハイテク技術者は、このような雰囲気を自然に演出できることこそ真のハイテク＝最先端のヒューマン・テクノロジーであり、オフィスビルの普通の味気ない室内で研究開発の議論を重ねるよりも、このような雰囲気のところにおいてこそ、創造力が引き出される可能性が高いことを関係者に語っていたことを思い出す。たしかに、人間の想像力などさまざまな潜在的能力を引き出すことこそが、ヒューマン・テクノロジーの本質ではないだろうか。

ややもすれば、テクノロジーというのは機器などハード面のイメージを連想させる。だが、テクノロジーとは、人間の創造力など能力開発に資することのできるサービスでもある。この点で、ユベスキュラにある先に見たアルヴァ・アールトミュージアム、フィンランドの農民文化を現在に伝える素晴らしいこのオープン・ミュージアム、教育プログラムの開発に熱心な大学の存在などは、ユベスキュラ市の目指すヒューマン・テクノロジー都市のあり方を示唆している。

わたしたちの心のどこかにある、テクノロジー発展へのさらなる期待やハイテク技術の活用という、楽観的でいつも何か新しい技術を生み出さなければならないという、ある種の脅迫概念の下で、野放図にエネルギーや資源を消費し続け、指数的な経済成長を続けることを求めてきたが、実際にはそのようなことには限界と制約があるのは自明なのだ。

そこには明らかに成長の臨界点がある。むしろ、テクノロジーの本質とは、そのような臨界点を明らかにして、その限界の下でいかに地球上の多くの生物とともに人類も調和して生きることができる術を提案することではないだろうか。必然、ハイテク――ハイテクノロジー（先端技術）――とは、そうした限界を明らかにした上で追い求める技術なのではないだろうか。まさに、そこに真の意味でのヒューマン・テクノロジーの本質がある。わたしたちの社会にはそうしたテクノロジー文化が必要となってきている。

こうした限界を見据え、将来にどのように突破口を見出すかを、さまざまなファンタジー作品を通じて次の世代の子供たちなどに伝えてきた作家の一人は、ドイツの児童文学者のミヒャエル・エンデ（一九二九～一九九五）である。彼は現在の金融システムの下で、金利が延々と資本をふくらませるようにして、経済成長を続けることに、地球環境やわたしたちの社会が耐えることができなくなることに作品などを通して警告を発してきた。

エンデは、哲学者・教育学者のルドルフ・シュタイナー（一八六一～一九二五）や、商人であり経済学者であったシルビオ・ゲゼル（一八六二～一九三〇）などの経済哲学に強い影響を受け、貨幣と経済とのあり方に関心をもち、ドイツのハノヴァー大学建築学部で都市計画とエコロジーとの関係を研究していたマルグリット・ケネディの著作『利子ともインフレとも無縁の貨幣』にも出会い、地域経済社会のあり方や地域通貨の問題に思索を深めている。その肉声は、日本のテレビ局が収録したインタビュー『エンデの遺言――根源からお金を問うこと――』――エンデが亡くなり、残念ながら番組は制作されなかったが――に記録されている。エンデはいう。

「ファンタジーとは現実から逃避したり、おとぎの国で空想的な冒険をすることではありません。ファンタジーによって、私たちは一種の預言的能力によってこれから起こることを予測し、そこから新たな基準を得なければなりません。（中略）……この経済システムは、それ自体が非倫理的です。私の考えでは、その原因は今日の貨幣、つまり好きなだけ増やすことができる紙幣がいまだに仕事が物的価値の等価代償だとみなされている錯誤にあります。これはとうの昔にそうでなくなっています。貨幣は一人歩きしているのです。

重要なポイントは、パン屋でパンを買う購入代金としてのお金と、株式取引所で扱われる資本としてのお金は、二つの異なる種類のお金であるという認識です。（中略）私たちがいつも耳にする提案は、システム自体は変えずに、それをちょっと賢くするとか、システムがもたらす結果を少しあとにずらそうとするものばかりです。でもいつか限界が来ます。ですから、システム自体が破滅をもたらすものであることを認識しなければなりません。」

このように、従来の経済・金融システムによる成長の限界性をエンデに意識させたケネディ教授は、この点についてふれ、成長プロセスをつぎのように分類する（「補完通貨としての地域通貨――持続可能な豊かさへの新しい道――」岡田真美子編『地域再生とネットワーク――ツールとしての地域通貨と協働の空間づくり――』所収）。

（一）自然界の成長――「人間は動植物の成長である。人の成長は、生まれて間もなくはかなり成長して、次第に伸びは鈍くなり、二一歳前後の最適な大きさになったところで止まる。その後の人生の大半は量的にではなく質的な変化が続く。これを『自然成長曲線』または『質的成長曲線』と呼ぼう」。

（二）機械的成長――「一次関数的成長曲線を示すものである。生産機械の数が増えて製品の生産量が上がるとか、石炭の産出量が増してより多くのエネルギーが得られるとかといったパターンのものをいう。……このような一直線の右上がりの成長パターンは、持続可能なものではない」。

（三）指数的成長――「『自然界の成長』と真反対の曲線パターンを示す。すなわち、最初の成長は非常にゆっくりと起こり、徐々に増加してゆき、最終的にはほぼ垂直といっていいほど急激な上昇カーブを描く」。

いうまでもなく、経済はある時期を越えると、機械的成長や、ましては指数的に拡大することが困難となり、自然界の成長という制約を受けざるをえないのである。にもかかわらず、わたしたちが成長を強要されるのは、利子を生むお金の運動がその背景に強く働いているというのが、ケネディ教授やゲゼルなどの主張であった。

ケネディ教授は、単にわたしたちが借金したときに利子を支払うばかりではなく、毎日のように購入する商品やサービスの価格にもすでに利子が含まれており、お金を「貯蔵」するものだけが「利息報酬」を得て、お金が実際に必要な財やサービスの生産などに有効に使われていないことを問題視するのである。

ケネディ教授は、ゲゼルの減価する地域通貨の考え方も踏まえて、自然的成長曲線に相応しい金融制度の創設をつぎのように主張する。

「ドイツ出身の実業家シルビオ・ゲゼルが同年（一九一六年――引用者注）発表した著書『自然的経済秩序』の中で提案したシステムは、資本主義・共産主義に対する、まさにコペルニクス的転換であった。

金利を課す代わりにゲゼルが提案したのは、お金を手元にとどめ置くときには『流通奨励料』あるいは『滞船料』のような働きをする一定の料金を支払う制度である。……この斬新な貨幣制度においては、今まで貯蓄するあいだに利子が指数的に増大せざるを得なかったことも、また、少数の手に多額のお金が転がりこんでしまうという『自由』市場のゆがみも、ともに消滅してしまう。……利子そのものよりもさらに危険で破壊的なのは、資本の無制限な流動性である。これは現在の貨幣制度によって経済が指数的に成長するとき必然的に発生するのである。この資本の流動性が、生産拠点を労働力の安いところへ、環境基準が低いところへとつぎつぎと移してゆくことを許している。そうして、どの国家も社会的、環境的にどん底に突き落とされるレースに追いやられるのである。」

ケネディ教授のいう、自然界の成長という自然の摂理に沿って持続可能な循環型の地域社会をつくり上げるには、わたしたちが生活する地域の自然やさまざまな文化的資産——貨幣価値に換算することが困難である——に改めて注目し、それらを維持し、そうした生活パターン——これ自体が地域文化である——を支える地域の暮らしをいかにうまくデザインして、そして、それを実現するためには地域通貨を必要としていることを説いたのである。

先にフィンランド中部の小さな都市ユベスキュラのヒューマン・テクノロジーへの取り組みを紹介したが、そうした地域の営みをすすめていくためには、そうした営みを象徴化することのできる地域文化の育成が必要である。その鍵を握るのは、次世代への教育を通じての自分たちの地域文化への一層の真剣な取り組みではなかろうか。また、地域の人々がそのような共通認識を深めるには、地域通貨などの活用も一つの方法として有効性をもつのである。つぎにこれをみておこう。

地域文化と地域通貨

地域経済の活性化に果たす地域通貨の有効性などに着目して、いろいろなかたちで、実際に取り組んでいる地域もいまではかなり増えてきたのではないだろうか。

補完通貨研究所ＪＡＰＡＮの廣田裕之は『改訂新版・地域通貨入門――持続可能な社会を目指して――』で、民間のお金が回らなくなった現在の金融体制について、「今の金利システムでは、将来価値が生まれるものについては現在時点での価値が割り引かれる傾向にあります。そのため、中長期的に価値が出るものよりもすぐに成果が出るものに対してお金が投資される傾向にあり、教育やインフラ整備、あるいは植林といった中長期的な事業に対してはなかなか民間のお金が回ってきません」と問題を提起したうえで、疲弊する地域の再活性化には、自分たちの地域を育てようという意識をもったお金のシステムの在り方を探っている。

一般にいう「お金」とは、日本の場合は日本銀行が発行する「円」であるが、廣田はこうした全国に流通するお金に対して、自分たちの地域社会のなかだけの範囲で通用し、全国通貨を補完する「地域通貨」――ベルギーのベルナルド・リエターが提唱する利用者自身が自主管理する通貨――の利用による地域活性化を提唱して、欧米諸国での地域通貨による成功事例なども紹介している。

そこに共通するのは、前述のドイツのシルビオ・ゲゼルたちの「減価する貨幣」の考え方であり、人が貨幣を蓄財のために貯蓄することで消費に向かわない貨幣を減価させることで、貨幣の流通速度を高めることで経済を活性化させようとする数々の試みである。要するに、商品が減価するように、貨幣もまた時間とともに減価させるのである。

このような考え方は、貨幣に利子を付与するような近代的な金融システムと真っ向から対立するものである以上、自分たちの限られた地域で自分たちだけに通用する貨幣を発行する必要がある。貨幣を使用せずに保持すればするほどその交換価値が減少していくことで、人びとは減価貨幣を使うこと――流通――を通じて、互いの経済活動に大きな刺激を与えることができる。(*) 減価貨幣としての地域通貨が、一九三〇年代の大恐慌期に米国のみならず欧州諸国の地域で採用された理由も理解できるであろう。この意味では、財政悪化に苦しむ地域にとって地域通貨は現実の選択肢になってくるにちがいない。

美術作家の白川昌生は『美術、市場、地域通貨をめぐって』で、こうした地域通貨を地方財政悪化への対応手段とだけみなすのではなく、既存の金融システムのなかで消滅させられてきた地域への「信頼」や「連帯」を取り戻す手段となりうることを、つぎのように指摘する。

「力の弱いマイナーな地域共同体が、国の援助なしに相互に助け合い、ともに喜びを感じて生活しつづけてゆくためには、まず何ができるのか、するべきなのかを、この地域通貨運動は示している。そして、近代化の中で消滅していった共同体、そしてそこでの精神的結びつきに代わる、新しい共同体、新しい精神的結びつきの構築がこの過程の中で始まっている。現実に、地域通貨の活動は、低迷し、エネルギーを失ってしまっている地域の経済回復のみならず、人々の地域への関係を新しく生み出す働きをしている。」

では、そうした地域通貨が、地域文化の振興に具体的にどのようなかかわりをもつことができるのだろうか。完全に市場に組み込まれた美術品などの蒐集などは、財政難のなかで地方の公立美術館などにとってますます困難になるなかにあって、国家資金など税金によるのではな

*従来の貨幣数量説、たとえば、米国の経済学者アービング・フィッシャー（一八六七～一九四七）の方程式PT=MV（Pは物価、Tは取引数量、Mは貨幣数量、Vは貨幣流通速度）では、貨幣の流通速度が増せば、物価や貨幣数量が一定であるとすると、商品などの取引数量が大きく増えることで、経済活動が活発になることになる。

く、地域通貨によって地域の芸術活動を活性化することなど、どのようにして可能なのだろうか。あるいは、国家資金による公立美術館ではなく、地域通貨による美術館の運営などどうあるべきなのだろうか。また、直接的、あるいは短期的に経済的価値を生むことが困難な芸術家の活動などを支援するにも、地域通貨がなんらかのかたちで寄与できる可能性もあるのだろうか。

前述の白川は、美術が地域通貨による「社会的経済」との関係を強めることができれば、それまでの「国家的経済」と連動してきたような「美術」はむしろ解体され、美術の多様化・自律化が促されるのではないかとみている、と思われる。ここでいう国家的経済に支えられた「美術」とは、その生産と消費が「大都市に集中していると同時に、美術館や公的展覧会による格付け、権威化によって市場を、また教育現場を支配するという相互共犯的関係によって成立している」ものであるとされる。

では、そうではない地域通貨にかかわる美術の可能性とは何なのか。白川は「地域や非流行的活動、マイナー作家の動きは、『質の高さ』という、『国家的経済』を底にふまえた『普遍性』で切って捨てられてきている」ものへの着目の重要性を示唆している。ただし、「一部の人の、地域通貨と美術はなじまない、という主張は間違っていることになるだろう」と説く白川自身も、地域通貨を利用する具体的なやり方については、「現状では、地域通貨は、生活に必要な物品、行為に関してのみ成立しているのだが、芸術にまで拡大することはできないのだろうか」と述べているのにとどまっている。

画家や音楽家などをみても、ほんの一部の著名な人たち——そうした人たちもテレビ出演、講演などの副職による所得がなければ、完成までに長期間を要する大作に取り組んでいる間は、そのような純粋な芸術活動だけで生活が困難なのかもしれない——を除いて、自分たちの活動だけで生活が成り立っている人たちはそう多くないというのが現状だろう。多くの人たちは、何らかのかたちで自分たちの活動にかかわって学校などの組織に属したりするなどして、生計を立てているのが現状である。

地域通貨、とりわけ、それはその人のもつ特技や専門性を登録して、それぞれが時間単位に換算して交換しあう時間通貨の場合、芸術家はその技能を一般の生活者と交換することで、自分の創作活動により多くの時間を確保できれば、それに越したことはない。また、作品が地域通貨で購入できれば、それまでの贈与とはまた別の、あるいはギャラリーを通じての購入とは異なった美術品の地域内流通が起こってくる可能性もある。

あるいは、財政的にも不要不急の文化施設とみなされる傾向にある美術館などの再生に、地域通貨の活用が可能なのかどうか。先に紹介した芦屋市立美術博物館の存続問題は単に一地方都市の課題ではなく、美術館を抱える地方自治体に共通する課題でもある。それは幅広いコレクションと目玉作品をもち、一定数以上の来館者を集めている企業系美術館とはまた異なる課題でもある。

たとえば、企業美術館ということでは、創業経営者が個人で美術作品などを蒐集するのは、むろん本人の美術への関心と興味であったであろうが、有名作品の購入がある種の投資——資産形成——となりうるのであり、また、そうした作品を一般公開することで、企業イメージ——いわゆる企業ブランド——の向上という宣伝効果にも期待を寄せることができるためである側面を否定はできまい。

企業美術館で有名なものを紹介しておけば、たとえば、石油製品の精製・販売の出光興産の創業者の出光佐三（一八八五～一九八一）が蒐集した大和絵(*)、浮世絵、文人画(**)など、書画、中国や日本の陶磁器――国宝二点、重要文化財五一点――が出光美術館にある。ほかにも、タイヤメーカーのブリジストン創業者の石橋正二郎（一八八九～一九七六）が蒐集した、日本の近代絵画の基礎を築いた藤島武二(***)（一八六七～一九四三）や、黒田清輝(****)（一八六六～一九二四）などの作品を一般公開したブリジストン美術館がある。

日本画の分野では、山種証券の創業者の山崎種二（一八九三～一九八三）の山種美術館がある。このような大規模なコレクションをもつ美術館は東京に多いが、地方にも大原美術館や足立美術館のような美術館もある。後者の足立美術館の創設者は、島根県安来出身で大阪へ若いころに出て繊維や不動産で財を為し、横山大観(*****)（一八六八～一九五八）などの作品を蒐集した足立全康（一八九九～一九九〇）である。

事業家の個人コレクションを一般公開したものでなくても、広島銀行の創業一〇〇周年を記念して設立され、欧州や日本の油彩画を中心としたひろしま美術館、近畿鉄道（近鉄）五〇周年の記念事業として設立された東洋古美術中心の大和文華館などもある。

他方、公立美術館が幅広いコレクションと著名な作品をもつ、こうした企業美術館と同等あるいはそれ以上の来館者を引きつけるためには、それなりの予算と工夫が要ることはいまさら指摘するまでもない。とはいえ、地方自治体の財政危機のなかで、すでに紹介したような指定管理者制度によって美術館のサービスの外部発注が行われてきた。これらはあくまでもコスト削減に関連しての取り組みであり、美術館が本来果たすべき「価値」創出サービス、とりわけ、その地域にゆかりのある作家たちの作品の新たな発掘とその評価にかかわる調査研究については手薄になっている感もある。この種の議論は、予算が先か、調査機能の強化が先かの議論で

＊大和絵―日本の事象風物などを題材に描かれた絵画であり、平安時代に発展した。平安時代の貴族の邸宅の障子や屏風に描かれ、また物語のなかの挿絵や絵巻として発展する。

＊＊文人画―絵画を専門とする画家ではなく、儒教や詩文など教養豊かな文人による絵画である。

＊＊＊藤島武二―薩摩藩（鹿児島県）出身。最初、日本画を習ったが、その後洋画に転向。黒田清輝の推挙により、東京美術学校で洋画の指導にあたる。フランスやイタリアなどで洋画を学ぶ。文展や帝展で活躍。最初の文化勲章受章者の一人。明治末から昭和にかけて活躍した。

＊＊＊＊黒田清輝―薩摩藩（鹿児島県）出身。当初、鉛筆画や水彩画を学び、後に東京外国語学校を経て、法律を学ぶために渡仏。パリで画家に転向。東京美術学校の教授、帝国美術院の院長。貴族院議員。

＊＊＊＊＊横山大観―茨城県出身。東京英学校の時代に絵画

もある。

いずれにせよ、美術館の本来の調査研究の機能の保持と強化には、まずは来館者の増加による財源確保が強調されてきた。このためには、来館者を増加させるに足る人気の高い企画展示の必要性がますます叫ばれるようになってきている。米国の美術館などで「学芸員」を務め、その後、年間来館者数一〇〇万人を達成したといわれる金沢二一世紀美術館や兵庫県立美術館の館長を務めた経験をもつ蓑豊は、『超〈集客力〉革命――人気美術館が知っているお客の呼び方――』で、公立美術館といえども「長い不況のなかで、……あって当たり前のものではなく、社会の中での存在感を示さなければ生き残っていけない時代を迎えている」と指摘したうえで、公立美術館といえども集客数の増加のためならば、民間企業並みの努力を払うべき時代であることを強調する。

そのためには、常設展を魅力的に持続させリピーターを確保し、見せ方の工夫などによって展覧展を「当てる」努力を払うことのほかに、企業への資金などの協力依頼、頻繁なイベントの開催、レストランやカフェの充実、オリジナルグッズの開発によるミュージアムショップの充実、新聞記事などパブリシティーへの努力とともに、美術館員、特に館長のマネジメント能力――そのためにはＭＢＡ（経営管理修士）の取得なども含め――の向上が、現在においては不可欠であるともされる。

この最後の点に関しては、館長などが行政――学校関係者も含め――の年功序列制度の下での「上がりポスト」として名誉非常勤職のようなかたちで就任し、副館長あたりには行政から事務方――一般行政職――が派遣されるケースがいまでもみられる。結果として、美術にはほとんど「素人」のような行政関係者が、美術館の運営に当たっているケースもある。蓑はその

に興味をもつ。東京美術学校の一期生。近代日本画の重鎮。帝国美術院会員。第一回文化勲章受章者。

ような人材配置にもきわめて批判的であり、また、経費削減だけを目的にしたような指定管理者制度の導入にも警鐘を鳴らしている。この点に関して、蓑はつぎのように指摘する。

「指定管理を請け負った会社や団体が美術館の集客に実力を発揮したという話はあまり聞かない。現実には、指定管理者になった企業が取れる対策は赤字を減らす努力だ。ありていにいえば、人件費を減らし、展覧会の予算規模を縮小するしかない。つまり、集客数を増やそう、黒字化しよう、利益をあげようというプラス思考にはならず、……むろん、心ある指定管理者もいるだろう。しかし、美術館を親しみやすい場所にデザインすることはそう簡単なことではない。この国の人々の美術館に対する意識をどう変えていくかという大きな問題がよこたわっているうえに、美術という特殊なコンテンツを有効に活用するノウハウが蓄積されていないからだ。」

特に、蓑は、わたしたち日本人、とりわけ、美術館の運営にかかわる人たちが美術館へのそれまでの認識を変えないかぎり、集客数を改善することは困難であるとみている。蓑はいう。「日本の美術館は長年、固定客を相手にしてきた。中流か、それ以上の金銭的余裕のある美術愛好家が主なターゲットだった。その結果、堅苦しいイメージができあがり、敷居が高くなった。お行儀のいい観客でなければ入る資格がないような雰囲気になってしまった」と。

従来の美術館に付随した、美術愛好家のための堅苦しさが固定化したイメージを変革するためには、もっぱらコスト削減を目的としたマイナス思考の「改革」だけでは、かえって美術館のイメージをさらに固定化させる恐れがあると蓑はみる。要するに、マーケティングでいうハイエンドの消費者だけを相手にするのではなく、ボリュームゾーンを形成しているその下の消費者層を掘り起こす努力なくして、美術館への入館者数を増やすことなど困難であるといっているのである。

このためには、蓑は現在の公立美術館の改革において、専門家である館長を中心としたマネジメントの観点から、柔軟な予算制度の採用と美術館独自の予算権限の拡大が必要ではないかと述べて、兵庫県立美術館での自らの館長経験からつぎのように課題を提示する。

「多くの県、市町村の美術館では、黒字分を行政が取り上げてしまうことが一般的だ……日本の美術館はそのほとんどが公立美術館だ。そのため、一般の企業とは事情が異なり、売り上げを上げ、利益を上がることは至上命題ではない。しかし、経営的な観点から言えば、企業と同じで目標は黒字である。ただし、黒字の前提が企業とは違う。土地と建物は県のもの、光熱費、人件費も県持ちだ、私も含め職員は公務員である。それだけでも企業よりはだいぶラクだが、それでもヒットした展覧会が二つ、三つあったとしても、こうした県からのバックアップ抜きでは黒字は難しい。」

蓑は、公立美術館のマネジメントのあり方だけを問題にするだけでなく、欧米での美術館勤務の経験から学芸員たちの権限と意識の違いについても言及している。蓑は「日本は学芸員をキュレーターと呼ぶこともあるが本来の意味からズレている。欧米ではキュレーターと名乗れるのは、美術館の『部長』クラスだけ、キュレーターとは部門のトップであり、展覧会の企画から予算管理までを任せられるプロデューサーを指す。……（たとえば、シカゴの美術館との比較では――引用者注）日本の美術館の学芸員のほとんどはテクニシャンにあたる。学芸員が美術館経営に関わることがないのはそのためだ」とも指摘する。

文化のマネジメント

公立美術館がもっぱら主流である日本と、財団法人が主流である米国の美術館を同列に置いて、その運営管理方法を論ずることには慎重になる必要があるが、小泉改革以降に公立美術館の日本流の「民営化」――独立行政法人化――が打ち出されてきたなかで、実質、コストダウン一点張りの「民営化」ではなく、美術館のもつ本来的な「価値」を高めるにはどうすればよいかという、プラス思考の改革意識とマネジメント意識が重要となってきている。

蓑の主張する点に立てば、要するに、学芸員とは単に調査研究などの「テクニシャン」だけではなく、蒐集品をどのように来館者にうまく工夫を凝らして見せるか、また、より多くの来館者を引きつけるにはどうすればよいのかまでを具体的に考える人材であり、同時に「調査研究→蒐集→展示→来館者」の促進という流れを、予算管理やマーケティングなどマネジメントの両面で理解できる人材でもあることが示されているといってよい。

この点については、先に紹介した東京都板橋区立美術館の安村敏信も『美術館商売――美術なんて……と思う前に――』で、学芸員は入館者へのサービス向上をはかるとともに、どうすれば新しい入館者を確保できるかに腐心すべきであることを自らの経験から重要視する。

安村は「美術は何といっても、作品そのものが持つ魅力が第一であり、要は一般人が見えにくくなってしまった魅力を、学芸員が引き出し、それをマス・メディアに向けて発信することが肝要なのだ」と指摘したうえで、作品を「どう見せるか」の演出をつぎのように強調する。

「美術館の展示というのは、作品の保存に最大限留意しながら、作品の面白さが百パーセント伝わるようにすることである。そのために、様々な見せ方、つまり演出が必要であり、この演出に力を入れてこなかった日本の美術館は、一般客から面白みのない場所とみなされてきたのだと思う。……美術館が楽しい場所であること、美術館が面白い所だと何度も繰り返し一般客にアピールしない限り、日本人の生活の中に美術館へ行く、という行動が日常的に組み込まれることはないだろう。」

この意味では、公立美術館といえども、館長や学芸員もまずはもって来館者を増やす工夫を求められている。スペインのビルバオという小さな町に、米国のグッゲンハイム美術館の分館が建設されることで、年間一〇〇万人以上の来館者を引きつけ、地場産業であった造船業の衰退による高失業率に苦しんできた地域経済が、美術館に関連した観光ビジネスによって再生された成功ストーリーは、同じような問題を抱える日本の地方自治体にとって、決して無視できない事例ではある。

もっとも、ビルバオ市の成功要因を、グッゲンハイム美術館分館の誘致だけに求めることには慎重な検討が必要であり、誘致効果を現実化するに足る、既存の経済的あるいは経済社会的な蓄積要因との関連が検討されなければ、著名な建築家による美術館建設にあまりにも過大な期待が寄せられることになる。

よく考えてみれば、ビルバオ市のこうした取り組みは、日本各地でも多くの地方自治体がテーマパークの誘致、博物館、何を記念しているのかがあいまいなような記念館、そして美術館の設立を通じて大なり小なり「町おこし」として行ってきたことでもある。過去のそうした試みを再考かつ詳細に分析し直しておくべきである。

日本での取り組みの場合、少数の成功事例を除いては、当初の町おこしという目的を達成できたとは必ずしも言えない。とりわけ、先にもふれた竹下首相の「ふるさと創生資金」による「バラマキ行政」の延長上にあったような、単なる思いつき的に急ごしらえで記念館や博物館などが設けられ、当初こそ多くの人たちを集めたが、その後、来館者がまばらとなり、そうした施設の維持管理に四苦八苦する自治体のケースもある。結果的には、嚢の表現を借りれば、「小さくても本物の美術館を目指したところだけ」が、将来への可能性が留保されていたことになる。

繰り返しになるが、実際には、美術館、その多くを占める公立美術館をとりまく経済環境、そして内部の経営環境には厳しいものがある。何度も指定管理者制度についてすでにふれたように、平成一一［一九九九］年に公布された「中央官庁等改革基本法」は「国の行政組織等の減量、効率化等の推進方針」を示し、国等からの補助金の見直し・削減、民間業者への業務移管、「国民生活及び社会経済の安定等の公共上の見地から確実に実施されることが必要な事務及び事業であって、国が自ら主体となって直接に実施する必要はないが、民間の主体にゆだねた場合には必ずしも実施されないおそれがあるか、又は一つの主体に独占して行わせることが必要であるものについて、これを効率的かつ効果的に行わせるにふさわしい自立性、自発性及び透明性を備えた法人（以下、「独立行政法人」という。）の制度を設ける」ことを打ち出したのである。

これを受けて、国立博物館などは独立行政法人化され、指定管理者制度を積極的に採用するようになったのである。こうした行政改革——実際には既存組織防衛のためであるのだが——の波は公立美術館にも押し寄せ、経常経費の削減を進めつつ、自ら「稼ぐ」ことがますます求められるようになった。この傾向は、美術館は従来の常設展示だけではなく、人気作品や著名な作品を中心とした特別展を頻繁に開催し、いかにより多くの来館者を集め、ミュージアムショップで物品販売をいかに多く売るかに関心が向かったのである。

こうしたなかで、先にもふれたが、本来の美術館の基本機能である調査研究力の低下を危惧する声もある。中長期的にみて、すべての仕事を内部の公務員職である学芸員で行う必要はなく、外部専門家の有効活用も重要ではあるものの、その美術館の「競争力」を維持・拡大できる内部人材の養成なくしては、美術館そのものが貸し展示場と化していく可能性もある。他方、昨今の情報処理技術の急速な発展は、美術館でしか鑑賞できなかった作品のデジタル化を通じて、インターネット上で鑑賞できる時代となっており、美術館にわざわざ足を運び、本物を鑑賞する「意味」が問われるようにもなってきている。

美術館の貸し展示場化とデジタル・ネット技術の一層の進展は、結果として美術館という建物そのものが「美術館」化――大きな美術作品――される傾向を強めたといえる。著名建築家による美術館建設が進んだのもそうした時代の到来を背景にしてきた。そうした傾向の下では、美術館のもつ従来の「調査・蒐集・研究・展示」という機能が軽視される恐れも十分あるのである。学芸員の経験をもつ美術館研究者の並木誠士は『美術館の可能性』で、そのような傾向を助長しているのは「美術館建築をめぐる批評の不在である」と地方自治体の文化行政担当者――したがって、首長――の著名建築家崇拝を、つぎのように手厳しく批判する。

「その美術館が、どのような作品を所蔵し、また、収蔵する方針があるのか、どのような企画展示を進めようとしているのか、そのような点について熟知したうえで、設計は行われるべきである。……みずからのデザインを主張して譲らない建築家が現実に存在するように、建築家は、現場の声を十分に理解しているとは思われない。そもそも、美術館が新しい時代に対応する方向を模索する時、それがまず建築家の課題となること自体が完全に本末転倒である。……行政の無理解と建築家の横暴が結局、美術館・博物館の魅力を損なってゆく可能性があることも、われわれが自覚しておく必要がある。」

たしかに、著名建築家による新たな美術館の出現、あるいは、そのリニューアルは美術品の展示以前に、建築自体への関心――話題性――を高めることで多くの来館者を引き付ける可能性があるのも事実だろう。だが、そこには美術「館」でなく、並木が指摘するように「美術」館のもつ内実性とそれに基づく持続性がなければ、その波及効果はきわめて短期的、場合によって一時的になることが十分に予想される。

美術館がその街の風景に自然に溶け込んだような存在になるには、立地地域の街並みがそれなりに周囲の景観とともに保存・整備されて、現在にまでいきいきとつながっていることが前提であり、突如出現した著名建築家によるきわめて「アート」性が高いような美術館は、それまでの街並みや町の雰囲気から孤高な存在となる可能性すらあり、やがて観光客だけではなく普通にそこに住み日常生活を送る人びとには、「お荷物」となることも考えられる。残念ではあるが、そのような事例は日本の各地になきにしもあらずである。

この根本原因の一つは、個人的趣向が強く反映された個人コレクションの寄贈による私立美術館とは異なり、公立美術館の場合には、その蒐集方針が必ずしも明確ではないこともある。さらには、公立美術館を保有する地方自治体の美術館政策、より広義には文化政策の方針がはっきりとはしていないのである。必然、専門家不在を理由に、その地域には全く関係なく、ただ単にマス・メディアで露出度の高い芸術家や美術評論家、大学などの研究者など「有識者」を集めた蒐集委員会などに任せてしまうケースも見られてきたのである。必然、美術に関心がない人たちでも、マス・メディアで名前がよく出てくるような、よく知られた作家の作品や、国や美術団体の顕彰を受けていることで権威づけが印象づけられるような作品が蒐集したりすることもある。

こうした構造の底流には、地域社会にとって美術館にかかわらず、文化施設とはどのような役割と機能を果たすべきであるのかという古典的な命題がある。昭和二六［一九五一］年に制定された「博物館法」では、社会教育――学校という場以外――が重視されたが、いまでは博物館などの文化施設には新たな役割がつけ加わった。それはすでに論じてきたように、町づくりや街づくりを通じた地域経済の活性化への寄与である。だが、美術館のような存在が、果たしてスペインのビルバオ市のような町づくりに果した役割を、日本でも担うことができるのであろうか。

地域社会の活性化を狭く経済効果だけに限定しても、美術館などが直接的に経済効果を及ぼせるのは、来館者がその前後に近隣のレストランや買い物など、あるいは、宿泊することで飲食業、販売業や宿泊業がある程度潤うことである。これが短期的かつ直接的な経済効果であるとすれば、中長期的かつ間接的な経済効果とは、その美術館でしか鑑賞できないような素晴らしい作品が蒐集・展示され、単に観光客だけではなく、いろいろな分野のデザイナーや芸術家、学生などを引き付け、そのような人たちの創造力に刺激を与え、さらにそうした文化的環境のなかでなにがしかの活動――事業も含め――を行いたい人たちを引き付けることであろう。

このためには、後者のような中長期にわたって持続力のある取り組みが必要である。とりわけ、現在のようにマス・メディアによってあらゆることが商業化され、イメージ化された消費文化が溢れるなかで、わたしたちの余暇活動も多様化し、美術館だけにそのような期待を寄せるには限界もある。地方の公立美術館などは他の個人美術館との連携のなかで、少ない目玉作品だけでやりくりするのではなく、地域の希少価値のある、広く一般に知られることが少なかった作家の作品の発掘と公開、さらには地域の課題などを資料展示によって伝える博物館とも協力し合うことが不可欠となっている。

この場合、予算の制約もあり、前述の地域（コミュニティ）通貨の活用なども考慮される必要があろう。それは従来のＮＰＯによるボランティア的な取り組みではなく、企画や運営などで一般市民だけではなく、その地域に住む専門知識をもった人たちのサービスを、相互に利用できるような地域通貨の活用を通じて、地元の美術館への強い連帯意識だけではなく、美術館を中心に人々相互の協力意識の向上にもつながるのではあるまいか。

ただし、地域通貨は他地域に対して排他的になる可能性——それゆえにどの程度の地域範囲までの流通性を考えるのも重要——もある。法定通貨にない減価する貨幣機能をもつことで、地域通貨の流通スピードは高く、人びとの互酬的な活動の交換を通じてそれぞれの能力の発揮を促す機能もある。地域通貨を活用した美術館の活動は、最終的に自立した意思をもつ組織への転換もはかれる。この点について、博物館学の岡田芳幸は「博物館経営の意義と方法」で、つぎのように指摘する（全国大学博物館学講座協議会西日本部会編『新時代の博物館学』所収）。

「条例や規定による概念上の目的ではなく、具体的なかたちによる、博物館の存在が市民生活にいかに活用され、またどのようなサービスが提供されているのかが問われている。これが博物館の経営・運営の議論と直結していることは言をまたない。

このような社会的な要望に応えるため、博物館施設が市民社会における自らの使命を問い直したとき、従来からの行政指導による設置手続きに依拠した博物館の存在は、市民にとっては不十分であり、市民参加ないしは市民と協働しながら実施されることが望ましく、施設に課せられた課題や特性に応じた専門的な判断を要する場合においても、市民や個々の利用者のニーズに配慮しながら、より利用しやすい施設として機能させなければならない。……今日の博物館施設が直面している問題は、必ずしも利潤をあげることではないが、市民や利用者の満足を得るという目的を達成するには、経営の視点は不可欠なのである。このため博物館施設は個々に自立した意思をもつことが前提となろう。自立した思想なくしては、使命を達成し市民や利用者の満足を得る、一貫した経営（運営）を貫くことは極めて難しいからである。」

岡田がここで提起する課題は博物館だけではなく、美術館でも同様である。ミュージアム・マネジメントやミュージアム・マーケティングということばが、美術館に関連して飛び交う時代となってきている現在では、なおさらである。このことはとりもなおさず地域にとって美術館をもつ意味と、自分たちの美術館が提供する文化とは一体何であるのかも同時に問われている。岡田のいう自立した意思は行政だけではなく、美術館をもつ自治体の市民も含む範囲の話である。美術館といえども、現在では、マネジメントとこれに連なるマーケティングの時代となってきている。

ところで、原発事故で大きな被害を受け、今後きわめて長期間にわたって真に復興されるには途方もない時間、資金、人びとの営みが必要となる、福島県の「小さな美術館」を、福島県内の電話帳から丹念に調べ上げ、三八施設を実際に訪問し、そのうち三二の美術館を取り上げた薄井文子は、その体験と印象を『ふくしま小さな美術館の旅』で綴っている。

薄井は同書で、「美術文化発信地」に意欲を燃やす人たちの熱意や地元作家の作品を、丁寧に蒐集し展示している人たちの活動を紹介するとともに、福島市内にあり、JR福島駅からもすぐの、実業家の河野保雄による、百点美術館という個人美術館の現状について、つぎのように紹介している。

「美術館の名称の〝百点〟は、館主の心情につよく響く作品を一〇〇点集めたいという、長い間心の中に温められていた願いからつけられたものである。明治初期から一九六〇年代までの近代洋画の錚々たる作家の小品。大作や問題作とはまた一味違う。何げないようでいて、見るほどに楽しくやさしく語りかけてくる作品が多く揃う。」

しかしながら、この百点美術館は、一五〇点の所蔵作品については、平成一二［二〇〇〇］年に開館した東京都の府中市立美術館に売却され、一時期閉館されたものの、その後、新たな蒐集作品を中心に再開館した。薄井はこの小さな美術館に一年ほど「館員補助職員」――彼女の言葉を借りれば、「雑役担当のパート」――として働く間に、館主の審美眼に触発されて「絵の魅力」に取りつかれ、美術館に興味と関心をもつようになったという。と同時に、薄井は町の小さな美術館の課題も、つぎのように明らかになったと指摘する。

「その道の専門の人々が学びにさえ来る作品が揃う、秀逸で立地条件の良い美術館でさえ訪れる人が意外に少ないことであった。それは館主の美術に対する溢れるような想いを知る程に、〝門前の小僧〟なりにも、憂いと焦燥を感じる厳しい現実でもあったのである。一因に、開館は土・日・祝日を除く一〇時から五時までという驚くべき気ままさにあったにせよ、である。福島市は県内で最も絵画愛好者人口が多いと言われるにも拘らずの結果であった（その時の原体験こそが、今回『小さな美術館』にこだわりを強く持って、一人でも多くの人にその存在を気付き、足をはこんでもらえたら……と、途方もない、身の程知らずの仕事に飛び込んでしまった原因であったのである）。」

この小さな美術館の館主は、父親を早くに亡くし、家業の酒屋を継ぎ、配達先の茶房で偶然知り合った洋画家から「孤独と自由を愛して放浪の果てに没した」長谷川利行(*)（一八九一～一九四〇）に興味を抱き、長谷川や福島県出身の関根正二(**)（一八九九～一九一九）の作品などを探し求めたという。その結果として小さな美術館の設立に向かったという。

薄井はこの小さな美術館の開館当時を振り返った館主の著作から、つぎのような印象的な出来事を紹介している。

「ある朝、女性の二人連れが勢い良く飛び込んで来た。職員が『あのー。入館料を』と言うとびっくりした顔をして『なんだお金払うの』と顔を見合わせて、『いくら』と聞く。『五〇〇円です』と職員、その瞬間、間髪いれずとはこのことである。『じゃあ帰ろうよ』と目の前にある絵に一顧だにせず、来た時と同じ快活な足取りで勢い良く帰って行った（ちなみにこの時の〝職員〟は私であった）。これを皮切りに珍客はあとをたたない。また入館者ゼロの日も数え上げたらきりがない。こんなはずではないと思い入館券をあちこちに贈った。理解ある方々にも御協力を頂き、方々の高校などに入館券を寄贈させて頂いてもみた。元気の良い学生は美術館の前をひきも切らさず通っていく。だが皆偏差値に追われているのか、夏休み冬休みとて現れない……（中略）地方文化は何と言っても地方在住者がその見識に於いて膨らませていくことが第一なのだと、ずい分気負って美術館を創ってみたが、近頃はその情熱もだんだんしぼんでいくような……（後略）」

もっとも、この種の似たり寄ったりの話は、この新しい小さな美術館だけではなく、新しく

＊長谷川利行―京都市に生まれる。中学校中退後に、歌集や小説を発表。その後、独学で油絵を学び、放浪しながら絵を描く。路上で倒れ、東京市養育院で死去。

＊＊関根正二―福島県大沼村（現在の白河市）に生まれる。上京し印刷会社に勤めながら、絵を描く。二科展に入選後に本格的活動を始めたが、結核のため二〇歳で、その才能を開花させることなく世を去る。「信仰の悲しみ」（第五回二科展で樗牛賞受賞作）は、平成一五［二〇〇三］年に重要文化財の指定を受ける。

開店した小売店から中小企業が新しく開発した商品の販売にいたるまで、小さな新参者に付随するある種のよくある話ではある。そこには館主の思いとは別に、いろいろな問題があるだろう。

だが、「地方文化は何と言っても地方在住者がその見識」を問われる、とするのは正論であり、その後も、福島県内よりは県外の人たちが目を輝かして来館する風景は館主をがっかりさせたのも、当然かもしれない。五百円という法定通貨が高いか安いか。そうした法定通貨とは別に、美術館の機能を高めつつ、地元作家、さらに偏差値向上に多忙な様子の未来の来館者である学生たちの美術への興味を引き出すことのできる地域通貨があるとすれば、それをいかに概念づけ、流通させるかもまた地域文化振興策の一環である。この具体論は、地域の人たちの知恵を借りればいくつもあろう。

薄井の訪れた福島県内の個人の小さな美術館の多くは、「館主の美術に対する溢れるような想い」とは裏腹に、「訪れる人が意外に少ない」のが事実かもしれない。他方で、福島県内の公立美術館は別にして、個人などが四〇近い美術館をつくっている事実のすばらしさもある。このなかには、地元出身の彫刻家の作品を丹念に収集した町民美術館が、子供たちへの美術教育や生涯学習の場の提供という地道な取り組み、あるいは、美術館というものが全くなく、実際の作品に身近に接する機会が限られている地域に、小さくても良い作品を集めて小さな美術館をつくりたいと、熱い思いをもつ人びとも紹介されている。

薄井の紹介する小さな美術館には、「ミュージアム・マネジメントやミュージアム・マーケティング」の時代の下でも、忘れ去ってはいけない文化資本としての「美術館」論の多様性があってもよいのである。

第四章　地域文化と地域経済

地域文化の担い手論

地域文化の担い手には、個人もあれば、営利を目的とする事業体や協同体、あるいは非営利団体、そして地方自治体もある。そうしたなかでも、地方自治体の役割にはいまも大きなものがある。なかでも、本書で取り上げてきた地方文化の演出装置としての、公立美術館や公立博物館とそこに働く人たちの存在は重要である。反面、そうした機関にも効率的な運営管理がますます求められるようになってきている。

こうした美術館などにも指定管理者制度が導入されてきた背景には、地方自治体の財政難があることはすでに述べたところである。ここで指定管理者制度について再度ふれておく必要がある。この担い手にはＮＰＯ法人もあれば、民間企業などもある。ある民間企業――大手飲料品メーカーである子会社サントリーパブリシティサービス株式会社（一九八三年設立）――の場合、公立美術館の施設管理から、文化センター――文化会館――や図書館、コンサートホールなどの施設管理、広報、顧客サービス、オリジナルグッズの開発、イベント企画など、さまざまな業務を手掛けている。

美術館の運営管理については、同社は二〇〇五年四月から島根県立美術館などの仕事を引き受けている。実際に指定管理の仕事を受注して「文化施設はどう変わったか」について、同社の伊藤せい子は、当時、中川幾郎・松本茂章編『指定管理者はどうなっているのか』でのインタビューコラムで、つぎのように語っている。

「結局のところ、建物の管理はどこの会社や組織（財団）でやろうと、コストが求められます。しかし、コストダウンといいましても、自治体から『地元の企業優先』との指導が入りますので、ビルメンテナンスの業務は財団時代と同じなので、それほど変わらないところもあるのである。そういえば、最初に管理者となった島根県立美術館ではスタッフの制服が変わりましたね。この館は学芸部門が県の直営なので、私たちは美術館の管理運営と広報業務を承っています。……制服のデザイン変更は私どもの会社の特色を生かせたと自負しています。少ない予算のなか、オリジナルデザインは費用がかかるので、……我が社は全国で制服を取引業者に依頼していますので、何とかお願いして予算内で実現することができました。全国どこにもない制服です。スタッフの意気も上がりますよ。

島根県立美術館の場合、スタッフの女性たちは従来の財団からの継続と新規採用が半々でした。受注から二年を経て、現在では継続組は一〇％程度です。……私たちは『お客さま志向』なので、要望に応じて少しずつ変えていこうと試みた。……財団時代にもしっかりとしたマニュアルがありましたが、お客さまのご要望に答えて少しずつ変えていく私たちのスタイルとは少し違ったかな。」

また、「指定管理者としての苦労」という質問に対して、伊藤は他の施設の運営管理などの経験に照らして、契約内容などが自治体の単年度主義に翻弄されている実情、修理費などの会計処理方法や指定管理料金の支払い方法なども自治体によってまちまちで異なることによって

＊指定管理者制度の導入は、公立機関においても正規職員と非正規職員との給与格差の問題を改めて浮き彫りにしたといってよい。同一労働・同一賃金という労働条件原則の遵守という点からすれば、そこには法律上の大きな課題がある。東京都の区立図書館の管理運営を区から請け負った民

混乱などが生じたことで「行政と民間の発想の違いを体験して、何ともやりきれないと感じることがある」とふれ、「安定的な運営という観点からは厳しい状況にさらされ、常に綱渡り状態が続くことになる」ことを指摘する。そこには、役所側の支出管理のご都合主義――いわゆるお役所仕事――に振り回された経験などが示唆されている。

「これからの課題は何か」という質問に対しては、伊藤は単年度途中での運営管理の引き受けの場合には、その費用負担が赤字――スタッフの新たな研修などにかかる費用など――にならざるをえないにもかかわらず、受注者の方が赤字になっても実質負担せざるをえず、こうした追加費用を自社で負担できない「基礎体力のない企業が参入するのは難しい。ＮＰＯ法人が指定管理者に名乗りを上げるのはとても厳しい」実情を具体的に紹介している。

また、受注後の「行政の『あと出しジャンケン』」のような追加仕事の要求への困惑、人事に関しては急に要求されるような「館長や支配人などの幹部人材の確保」の難しさなどがあり、「指定期間中にビジネスモデルが確立できないと、三〜五年先の再公募の際に、企業のみなさんは撤退されるのではないでしょうか」と伊藤は実情を述べる。

要するに、自治体などの直近の差し迫った財政赤字削減のある種の行き当たりばったりのご都合主義のためだけに、とりあえずはコスト低減を第一義とするような指定管理者制度の活用が、民間企業などの赤字持ち出しのある種の「メセナ活動」だけに依拠するようなやり方は、遅かれ早かれ破綻せざるをえないことがここに暗に示されているのではないだろうか(*)。

このような実情は、改めて公立美術館などの「公的」役割は一体何であるのかという、地方社会が美術館を保持する意味と役割を問う基本的な問いに回帰していくのである。大都市圏など国内外からの人口を引き付けることのできる地域に立地する美術館であっても、国や自治体

間企業から派遣されていた司書資格をもつ副館長が、極端な賃金水準格差について抗議したことで契約更新が拒否されたことを、AERA誌は報じている（二〇一三年二月二五日号）。同誌は「日本図書館協会によると、全国の公共図書館は〇一年の二、六八一施設から一一年には三、二一〇施設に増加。この間、正規職員は約一万六、六〇〇人から約一万三、〇〇〇人に減少したのに対し、非正規職員（複数のパート勤務などを合算した年間労働が、計一、五〇〇時間で一人と換算）は、約一万九、〇〇〇人から約二万三、六〇〇人に急増した」とした上で、法政大学の金山嘉昭教授の「基礎的技能の習得のほか、地域の人たちとのネットワークや信頼づくりには時間がかかる。人件費が若干増加しても、サービスが大幅に向上することも立派な行政改革の一つであると、自治体は認識すべきである」という指摘を紹介している。

からの資金支援なしに独立採算を維持することが困難である現状のなかで、地方都市の美術館であればなおさらという問題と課題があっても当然である。

たとえば、空間的規模において四、〇〇〇〜八、〇〇〇平方メートルという中規模美術館としては、年間四〇万人を超える来館者を集めた東京都写真美術館の場合をみておこう。一九九〇年代に写真・映像の専門美術館とした開設されたものの、バブル経済破綻という経済環境のなかで、東京都からの予算は年々削減され、美術館の生命線ともいえるコレクション蒐集や自主企画展の開催なども、やがて困難となっていくことになる。

そうした厳しい予算環境の下で、東京都写真美術館の「経営」の立て直しの役割を民間企業の経営者が担うことが期待され、二〇〇〇年に徳間書店の実質創業者であった徳間康快（一九二一〜二〇〇〇）が、当時の石原慎太郎東京都知事の要請を受けて第三代館長として就任することになる。

徳間は実験劇場としての写真美術館という考え方などを積極的に打ち出し、改革に乗り出すものの急逝する。四代目館長として就任したのが、資生堂の経営者であった福原義春であった。福原は「存在感のある美術館」というビジョンを掲げ、徳間のあとの改革を引き継ぐことになる。

福原は、「存在感のある美術館」というイメージを浸透させるための積極的な広報活動の必要性と重要性を説きつつ、来館者数を引き上げることに腐心することになる。この種のやり方が安易な「客寄せ」であれば、一次的に来館者数の増加につながっても失速することになり、そこには継続性はない。正統な戦略は、あくまでも美術館のもつ「競争力」の向上でなければならない。そうした競争力の根幹にあるのは、学芸員たちの実力である。しかしながら、そこには彼らと彼女らの活動を支える、財源確保という現実な問題と課題があった。これは東京都写真美術館にかぎらず、日本の美術館全体に共通する課題といってもよいであろう。

首都大学東京大学院の畑和之は、「二〇〇〇年度には、自主企画展・コレクション収集のための都からの補助金が完全に停止されることになった」東京都写真美術館のその後の地道な取り組みを取り上げ、館長をはじめ学芸員たちなどへのインタビュー調査をまとめた『「存在感のある美術館」を目指して――東京都写真美術館における経営改革の事例（B）――』（リサーチペーパー・シリーズ第一一三号、二〇一二年八月）で、来館者数の増加や自主財源の確保などで、改革の大きな成果があったものの、「写真美術館には、その開館（一九九五年一月――引用者注）のときより直面してきた深刻な経営課題が、なおも手つかずのままに残されている」として、つぎのように問題を二つの点に整理している。

（一）指定管理者制度の弊害――「作品収集や調査・研究といった長期的で継続的な活動を前提とする博物館・美術館に対しては、数年ごとに指定管理者を選び出すこの制度は本質的に馴染まないとする指摘は数多い。福原もまた、指定管理者制度の美術館への適用に対しては明確に反対の意を表明しており、『スポーツ施設や駐車場と美術館と一緒にするというのは日本の文化政策の貧困さ以外の何ものでもない』と喝破している。」

（二）組織上の慢性的な問題――「人員が明らかに不足しているため、職員たちの慢性的なオーバーワークに依って補われている。……美術作品を次世代に残してゆくという美術館の保存機能をきわめて重視している。写真美術館では、日本初の写真の保存・修復に関する保存科学研究室が設置されており、……しかしながら、写真美術館所属の保存科学研究員自体はわずか一人であり、しかも月一六日勤務の非常勤職員という身分しかあたえられていない。……特に指定管理者制度の導入後は、歴史文化財団が指定管理者に選定されたとしても、期間が限られるため、それ以上の雇用を保証する常勤職員は雇えないという理由によって非常勤採用や、常勤であっても契約期間を限った『契約常勤』採用が主となっている。……現在の写真美術館においては学芸員の世代交代がうまく進んでいないという……常勤職員はほとんど四〇代以上であり、非常勤・常勤契約は主に三〇代半ばから後半の人々が占めている。特に学芸員に限って言えば、二〇代後半から三〇代前半の学芸員は一人しかいない。」

いうまでもなく、美術館の「費用」対「便益」的なマネジメント上の具体的な課題の解決は重要である。だが、それ以上に重要であるのは「存在感のある美術館」を演出することのできる「競争力」の維持・強化であるはずである。ただし、競争力という用語は企業経営について使われ、美術館についてはむしろ「蒐集・演出・集客」力という表現が適切であろう。

いずれにせよ、美術館の存立にとって重要なことは、現代アートなどにおいても、いまは無名でも将来大きな足跡を残しそうな人たちを見つけ、その人なりの才能などを位置付け、人びとに知らせることのできる調査研究機能をどこまで確実に充実させていけるかである。

とりわけ、地方の美術館にとって、この競争力のもつ重要性について強調しすぎることはない。限られた予算のなかでは、いわゆる産業クラスターの形成によって不可欠な産学官連携のように、産学美――産業界・大学・美術館――連携のような取り組みも必要であろう。多くの常勤研究者を抱えることのできない美術館にとって、大学の研究者や大学院で学ぶ研究者の卵である大学院生などとの、密接的かつ積極的な協力関係は大事であるし、また、展示方法などにおいて専門企業や専門家などとの協力関係もまた必要である。

そうした地域文化の象徴的な担い手ということでは、すでに文学の世界でその地域出身あるいはその地域のゆかりのある——その地域を取り上げた文学作品との関係など——作家たちを記念した各地にある文学館などは、研究者との連携において新しい作家の発掘などが重要になってくる。美術館と同様に文学記念館などでも、新しい収集作品が付け加わることで、従来からの来館者だけでなく新しい来館者を引き付けることもできる。

たとえば、生涯のほとんど東京などで過ごした歌人であり、詩人であり、また童話作家でもあり、多くの大学校歌の作詞家でもあった北原白秋（一八八五〜一九四二）は、熊本県で生まれ、福岡県の柳川市で育った。北原家は江戸期から油や海産物を扱った裕福な問屋であり、酒造業も行っており、その邸宅などを利用して開設された北原白秋記念館には、いまも多くの観光客を集めている。もっとも、作家や歌人等の場合、そうした作品に親しんだ人たちの世代交代もあり、それまで知られていなかった作家などは、その地域のイメージとのコラボレーション的な再生装置があって、地域の内外の人たちの記憶にとどめられるのである。

そうした作家だけではなく、地域文化のイメージの担い手としての画家ということでは、美術館などがそうした画家たちが自分たちの作品のモチーフに持ち込んだ地域的物語性を、どのように具体的に描くことができるのかが、それはその美術館のもつソフトな競争力として問われることになる。たとえば、その生誕百年を記念して平成二四［二〇一二］年に作品展が各地で巡回開催された、松本竣介（一九一二〜一九四八）の場合をみておこう。

東京都渋谷に生まれた松本——旧姓は佐藤——は東京という大都会出身者なのだが、父親の仕事の関係で二歳のときに岩手県花巻へ移住し、盛岡にある中学校に進学した。松本は盛岡中学校時代、流行性脳脊髄膜炎のため聴力を失った。このことが、松本をして画家を目指させることになるのである。

松本竣介の作品展は、没後一〇年の昭和三三［一九五八］年に神奈川県立美術館で、作家の島崎藤村（一八七二〜一九四三）の二男で画家となったものの、召集されボルネオで亡くなった島崎鶏二（一九〇七〜一九四四）との二人展というかたちで開催されている。この作品展で、松本竣介は多くの人にその名が戦後において知られるようになった。没後五〇年の平成一〇［一九九八］年には、東京都練馬区立美術館、岩手県民会館や愛知県美術館で松本の作品が紹介されている。

また、生誕一〇〇年記念の松本竣介展は、岩手県立美術館、神奈川県立美術館、宮城県立美術館、島根県立美術館、東京都世田谷美術館で開催された。松本とこうした美術館との関係については、彼が幼少期から中学時代にかけて過ごした岩手県で、三歳離れた兄の玲から与えられた油彩画道具で油彩画を描き始めたのがこの時期であり、岩手県立美術館にはこのころの松本の初期作品が収蔵されている。

東京と松本との関わりでは、兄の上京を追うようにして母親とともに東京に移り住み、太平洋画会研究所——太平洋美術学校——などで本格的に油絵を習ったのは、彼の生まれ故郷の東京であった。モディリアーニ(*)やルオー(**)の画風の影響を強く受け、東京という大都市の風景を描いた松本の「建物」は、昭和一〇［一九三五］年に二科展に初入選を果たしている。

翌年、松本は結婚し東京新宿の下落合にアトリエを構え、本格的に制作活動を始めた。松本が数年後に二科展に出品した「都会」をみると、以前のように太い黒い線で建物だけを描いた画風から、都会のさまざまな建物に人物が折り重なるような構図の作品となっており、このよ

＊モディリアーニ（一八八四〜一九二〇）—イタリア生まれの画家・彫刻家。パリに移住。エコール・ド・パリの一人で、セザンヌやピカソなどの影響を受ける。長い首と長い卵形の婦人像などを描いた。

うな構図の作品がその後もしばらく続いた。その後、松本は昭和一五年頃から簡潔な線と抽象的なかたちから構成されたような「構図」の作品のほかに、ひたすらにさまざまな自画像も描いている。

やがて軍事色が日本社会で強まるなかで、昭和一六［一九四一］年頃から描かれた「画家の像」、後に松本の代表作となる「立てる像」などは戦後、反ファシズム絵画の代表作として評価を受け、「抵抗の画家」というイメージが定着する。たしかに、「画家の像」や「立てる像」の作品で、暗い街並みやゴミ捨て場と思わる場所を背景にまっすぐに立ち、正面を見据えるような自画像は、時代に抗って生きているようにも見える。

他方で、戦時下の松本は、前述のような風景画とともに多くの婦人像も同時に描いている。風景画については、松本は国電――当時は省電――御茶ノ水駅と聖橋周辺などを取り上げ、表情のない人物とその周りにある暗い風景の作品を描いた。それ以上に、松本は東京や横浜の市街風景のスケッチを数多く描いている。これらをベースに油画が描かれたのである。松本が好んだ対象は、ニコライ堂のほか、工場のような建物、運河と鉄橋であり、暗い色調の作品を描いた。婦人像については、その表情などに時代の不安な行く末を案じるような表情が、見え隠れしているように見える。

東京への空襲が激しくなった昭和一九［一九四四］年末頃には、松本は幼い息子と妻、義母を島根県松江へ疎開させ、自分は空襲の危険がある東京に残る決心をしている。彼の自宅周辺だけは延焼を逃れたものの、下落合は空襲の被害を受けている。松本には空襲の後の「神田」や「焼跡風景」などの作品もあるが、それらの作品は実際には戦後に描かれたものである。敗戦後、松本の作品は、人物描写においてもより抽象度を高めていくことになる。

＊＊ルオー（一八七一～一九五八）―フランスの画家で家具職人の家に生まれる。ステンドグラス職人となり、教会のステンドグラスの修理に従事、その後、エコール・デ・ボザールでモロー（一八二六～一八九八）に師事。フォーヴィズムの下で、特徴ある黒い太いタッチと暗い色調の作品を描いた。

松本自身は、戦後日本社会の急速な変化を見ることなく、敗戦から三年後に三〇歳代なかばでその早い死を迎える。三六歳の生涯のなかで、松本は実に多くの作品――油画だけでなく、スケッチ、趣味であった写真など――を残している。

多作の松本にゆかりの地としては、生まれ故郷でありその後アトリエを構えた東京だけではなく、スケッチなどによく出かけた神奈川県横浜、育った岩手県花巻、家族の疎開先となった島根県松江もまたそうであった。松本と松江との関係は、夫人の貞子――父は慶應義塾大学予科の英文学教授――の実家の松本家は、旧松江藩に代々仕えた武士の家系であったことから、俊介も何回も松江を訪れている。

こうした足跡をもつ松本のゆかりの地ということで、東京の世田谷美術館や東京都現代美術館、神奈川県立美術館、岩手県立美術館、島根県立美術館などが、松本作品を蒐集対象としてきたといってよいだろう。そうした地域との作風とのつながりということでは、松本が絵画に興味をもったころに、盛岡の風景のスケッチ画や盛岡中学校時代の作品展への出品作品がある。また、松本は岩手県出身などの東京在住美術家たちが結成した北斗会や岩手美術連盟へも参加するなど、岩手県との関係をもっている。この意味では、岩手県立美術館は松本の感性をはぐくんだ地の美術館としての物語性を描くことができる。

他方、長く住み、その都会の風景を写し取ろうとした東京や横浜も、また松本の感性に刺激を与えたゆかりの地の美術館としての物語性がある。他方、竣介の家系である佐藤家と由来がある島根県は、松本竣介に関してどのような物語性を描くことができるのか。これは地元出身者以外の作品を蒐集するときの課題であることに変わりはない。なぜ、そのような画家などが地域文化の象徴的な担い手となり得るのか、という課題でもある。そこには、その地と画家たちのつながりをイメージ化させる地域の文化物語が語られなければならない。その物語性こそが福原などが掲げる「存在感のある」と、美術館と「存在感のある」地域をイメージ化させる。

そうした物語の描き方がその場限りのような思い付き的で、十分な調査研究などがそのベースになければ、作家たちの手記や日記などその人物像に関係するものなら何でもかんでも集めても、オランダのアムステルダムにあるゴッホ美術館のような存在にはなかなかなれないのは自明であろう。

ゴッホ美術館はオランダ生まれ、その後、パリで印象派の画家たちの影響の下で活動したヴィンセント・ファン・ゴッホ（一八五三〜一八九〇）の作品を集め、一九七三年に開館した。ゴッホの作品のほかに、ゴッホの弟の手元にあった手紙や日本の浮世絵、模写作品なども所蔵されている。その後、一九九九年に日本の黒川紀章(*)（一九三四〜二〇〇七）の設計による新館が付け加わったことで、日本でも知られるようになった。

ゴッホは悲劇的な死を遂げ、その生存中に一点――一八九〇年にベルギーのブリュッセルで開催された「二〇人展」での「赤いぶどう畑」のみ――だけしか売れなかったといわれている。生前にはほとんど無名といってよかったゴッホであるが、弟テオドアの献身的な努力で作品が散逸しなかったことで、ゴッホという破天荒な画家の生きざまの軌跡を確認できるような空間がそこにある。

どちらかといえば体制順応的なある種の聖なる宮廷画家的作品を蒐集した、すぐ近くにあるアムステルダム国立美術館との対比でいえば、わたしたちが「画家」ではなく、心の底のどこかで芸術家といわれる「聖人」イメージである求道的あるいは殉教者的で、また反権威的で反伝統的な悲劇の物語に合致したようなゴッホの美術館とは、わかりやすいコントラストとなっ

＊黒川紀章の設計によるミュージアムはこのほかに、日本国内では国立民族学博物館（一九七七年）、埼玉県立近代美術館（一九八二年）、名古屋市美術館（一九八八年）、入江泰吉記念奈良市写真美術館（一九九二年）、和歌山県立近代美術館（一九九四年）、福井市美術館（一九九七年）、国立新美術館（二〇〇六年）がある。とりわけ、一九九〇年代に、黒川は三つの美術館の設計に携わっている。

ている。わたしたち凡人が芸術家に求めるそのようなストーリー性の毅然とした存在感がそこにある。

しかしながら、日本の地方美術館がそうしたコントラスト性を描くには、国や地方自治体の顕彰によって文化人――この言葉のもつ語感自体が、すでに体制順応的なイメージである――として飼いならされてしまった画家たちを、ゴッホ並みのストーリーに仕上げるには相当な無理がある。必然、ゴッホ的ではない画家たちを、その地方のなかにどのように位置づけるのか。ある意味では、現代という時代もまた学芸員たちにとっては、いつの時代でも現在というつかみようのない時代――後世の歴史家たちが何らかの位置付けをするだろうが――を映し出すような存在感のある美術館を演出できる、やりがいのある面白い時代かもしれない。

そうした存在感のある美術館とは、単に所蔵作品を権威づけ、そうした権威ある作品を所蔵していること自体を誇るような、美術館としてのあり方から生まれてくるとは考えられない。そこにはさきに指摘した作品のストーリー性だけではなく、見せるための地道で堅実な工夫が求められている。板橋区立美術館の学芸員の前述の安村敏信のいう「普通の人が来られる」美術館づくりがまずもって必要である。安村はいう。

「従来の美術館は、この大切な宝物をもったいづけ、権威づけて、見たいのならば見せてやろう、とばかりに公開してきた。これでは、面白い訳はない。美術館に来てまでお勉強などとんでもない、そんな高尚なところへ行くもんか、というのが普通人の感覚だ。だから、美術館には普通の人が来ない。

美術館に来る人は、一寸教養をつけたいとか、知的好奇心にあふれた、ごく少数の人である。その人たちに対するケアが多くなされて来て、それで良いと思っている業界人が多い。

それは、私に言わせれば業界ボケというもので、美術に全く無関心な人を美術館に来させることこそ、今最も求められている……そこで求められるのが、美術展を楽しくする演出なのだ。」

たしかに、普通の人に親切な美術館になるには、専門用語で小難しい作品キャプションから、何でも「禁止」ばかりの張り紙やプレートが作品の近くに並んでいるような工夫ではなく、親切すぎない程度の鑑賞の仕方の提案なども必要であろう。

地域経済の担い手論

あいまいで、ときに幻想的な地域文化なるものをイメージ化させ、それをどのようにして地域経済の活性化へとつなげるのか。その担い手はどうあるべきか。企業がこうしたことに積極的に取り組むことで、新たな事業分野を確立できるのかどうか。すこし事例を見ておく必要があろう。

香川県高松市と岡山県玉野市との間にある瀬戸内海に浮かぶ人口三・二千人の直島町――大小二六の島から構成――にある美術館などに、年間四〇万人ほどの人びとが訪問するようになった。かつて水軍の根拠地であった直島には、大正時代に三菱金属工業の工場が建てられ発展したものの、精錬過程の煙害でクロマツ林などは枯れ、一時、公害の島というありがたくないイメージができあがった。ただし、その後は植林で再び緑化されてきた経緯がある。

産業史などの研究者や地元の人ならいざしらず、若い人たちの多くは直島のそうした歴史を知っているわけではない。ただし、バブル経済の時期に、隣の豊島に産業廃棄物が大量に不法投棄され、テレビニュースにしばしば取り上げられるようになったことで、この小さな島はいわばそのついでに知られるようになった。その後、直島には産業廃棄物処理施設が建設されたりしたが、このことをどれほどの人が知って、その記憶にとどめてきただろうか。

こうした状況の下で、地元の経済の活性化に観光業を積極的に推進しようとしてきた直島にとって、産業廃棄物の島というありがたくないマイナスイメージを果たして払拭できるのかどうか。そのようなイメージを払拭できないとすれば、漁業や観光業への風評被害が広がることの心配も、地元などでは大きかったのである。

その後、直島町と福武書店創業者との間で、「文化」を中心とした経済振興案――「直島文化村構想」――が進展していくことになる。構想では美術館などの新たな建設だけではなく、人の住まなくなった古民家を再生させ、古民家をうまく活用した現代アートの展示、さらには老朽化した神社などの再生が行われていくことになる。

見方をすこし変えれば、古民家そのものが名もなき大工などの一品作品であり、現代アーティストや日本画家たちが、そうした古民家に自分たちの作品を展示することで、新旧のコントラストのインパクトを大きくできると考えたのである。もっとも、当初からそのような試みが、島民にすんなりと受け入れられたわけではなかったようである。さまざまな紆余曲折のなかで、小さな成功を積み重ねて現在にいたっている。

アートプロデューサーの山田裕美は『観光アート』で、福武書店の創業者であった福武哲彦の急逝によって、このアートプロジェクトを引き継ぐことになった長男の福武総一郎へのインタビューを踏まえて、直島での現代アートによる「町おこし」の経緯などについて、つぎのように紹介している。

「もともと地域づくりに興味があった福武氏は、過疎化が進む一方で豊かな自然も多く残る直島にアーティストに実際に足を運んでもらい、『直島にしかない作品』、そして、アート作品その土地の自然や歴史の持っている良さを引き出す『サイトスペシフィックな作品』を作ってもらいたかったという。……

こうした試みの結果、直島に多くの若い人たちが訪れ、島は活気のある場所に生まれ変わった。また、アートを介したふれあいが始まることによって、もてなす楽しみが生甲斐になった島のお年寄りが予想以上に元気になったといわれる。加えて、島の人たちは長い間、農業や漁業を営み、里山や海辺の風景を守り続けてきたが、それらがアート作品とうまく調和し、風景の価値を再認識させてくれることによって、お年寄りがさらに活動的になるという好循環が始まったのである。」

山田は直島などでのアートプロジェクトによる地域再生の事例から、他の地域においても、現代アートを中心とした「観光アート」振興の可能性を強調する。なぜ、その鍵を握るのは現代アートでなければならないのか。山田はつぎの三点を掲げている。

（一）まだ評価が定まっていないゆえに、だれしも自由な解釈ができること。そこには人びとの創造性を刺激するアート本来の「問いかけ」があること。

（二）したがって、評価の定まっていない作品は同時に初期の作品であり、「経済的な理由もあり、どんな手の込んだ作品であってもアーティストが一人で制作している場合が多い。……売れっ子アーティストになったら、アーティストが手間と時間をかけた『一点もの』は手に入れることができなくなる……自分の好きなアーティストの初期の作品に間近に立ち会うことができるのは、現代アートならではの貴重な体験になる可能性がある。さらに、現代アートは他の美術作品よりずっと手軽に、安価に手に入れることができる。」

㈢「現代アートには、自分や他人を結び付けるコミュニケーション力がある」こと。

もっとも、最後の点については、良くも悪くも、評価が定まっていない現代アートについて、鑑賞する人びとはさまざまな感想と印象を語ることになるのである。逆にいえば、評価が定まっていないことで、鑑賞方法がわからず、かえってそのような作品を敬遠したいという人たちもいる。なんでも物事には両面がある。必然、二番目の点については、現代アートへの選択眼が問われ、展示する側から発せられるある程度のメッセージ性やストーリー性が必要となる。

では、過疎と産業の空洞化に苦しむ他の地域も、直島プロジェクトを模したような計画を実施すれば、同じようにはたして成功するのだろうか。あるいは、著名建築家の設計によって新しい美術館を作りさえすれば、観光アート業による地域経済の活性化が容易に図れるのだろうか。

そうであるなら、美術館だけでもすでに一千以上をもつ日本の各地で観光アート業は興隆していることだろう。こうした成功をおいそれと得ることのできない要因は、単に建物というハード整備の優劣にあるのではなく、山田のいう一番目と二番目のソフト面での競争力において、地域の美術館などの役割がきちんと構築されなかったことに起因するのではないだろうか。

山田もまたこの点について、「地方の美術館の多くは自主企画をする予算も気力も薄く、新聞社やテレビ局が企画する展覧会を巡回させることで入場者数を稼ぎ出したいというのが本音になってしまっている。……これからの美術館は、目先のサービスの充実や安易な増収策にエネルギーを注ぐより、地域と社会を支える公共インフラとしての自覚を持ち、都市と住民と美術館の関わり方に重点を置いた運営を考えるべきだ」と主張する。

たしかに、直島にみられたある種の成功が示唆していることは、すくなくとも現代アーティスト並みに、自分たちが自分たちの地域をどのようにデザインするのかという強い意思と地域内の協力関係の構築なしには、自分たちのミュージアム化された地域という作品を、外部に展示することは困難であるということではないだろうか。

しかも、そうした地域のデザインは、決して静的にミュージアム化された地域像に関してだけではなく、それは「動」を感じさせるいまに生きる現代アートとしての地域像でなければならないのではないか。そうした地域像に裏付けられた「個性派美術館」を日本各地に追い求めてきた写真家のなかやまあきこは、『日本縦断・個性派美術館への旅』で、「そこでしか味わえない空気感みたいなものを感じることのできる美術館」を写真家らしい視点から紹介している。

先に紹介した福原の「存在感のある」美術館にしろ、また、なかやまのいう「空気感みたいなものを感じることのできる」美術館にしろ、そこにあるのはハードとソフトの微妙な組み合わせである。爆発が引火性の高い物質と酸素の微妙な配合割合でしか起こることがないように、そこに引火性の高い物質だけがあればすぐに爆発するわけではない。同様に、美術館もまたつねにそこに発火させるだけの地域の酸素――地域資源――を必要としているのである。

なかやまは「地域に根ざした活動を行っている美術館は本当に多く、行けば行く程、日本にはさまざまなレクリエーション施設としての美術館を知る事になったと思う」と語る。なかやまが薦める具体的な美術館巡りの旅は興味深い選択であると同時に、美術館をめぐることによってその地域に関する物語を印象づけることの重要性を確認することができる。参考までに紹介しておこう。

なかやまが薦める「四国への二泊三日コース」では、さきほどの直島の南の高台にあるベネッセアートサイト、家プロジェクト、モネなどの作品とモネが好んだ植物を配した庭園をもつ地中美術館をめぐり、そこで一泊して、翌日は四国で戦後日本の現代アートだけでなく、香川県の工芸である漆芸や金工の作品のコレクションが充実した高松市立美術館、高松市出身の画家の猪熊弦一郎（一九〇二〜一九九三）のコレクションがある丸亀市猪熊弦一郎現代美術館、本人は地元出身ではないが、祖父が生まれ育った東山魁夷（一九〇八〜一九九九）の作品を集めた香川県立東山魁夷せとうち美術館を訪れるコースが推奨されている。

「北陸一泊二日コース」では、多くの来館者を集めて一躍有名になった金沢二一世紀美術館で現代アートを鑑賞した後に、現代アートとは対照的に、金箔や漆工芸で長い歴史をもつ金沢市で一泊し、翌日は富山県にある大正一五［一九二六］年に建設された煉瓦造りの元水力発電所を利用して展示された現代アートなどを鑑賞するコースが推奨されている。また、近くには制作アトリエと宿泊設備もある。このコースには日本の伝統、近代、そして現代を感じることができる物語性がある。

この意味では、自分たちの地域の美術館だけではなく、周辺地域の美術館との物語という連携性を考えることで、観光アートによる観光形成が可能になるヒントがこうしたプランにあるといってよい。

地域社会と地域経済

いうまでもないことであるが、地域社会のあり方は地域経済のあり方に大きく規定されてきた。つまり、地域社会を具体的かつ日常的にかたちづくるのは、普通の人びとの非日常的な芸術的活動などではなく、そうした人びとの日々の生活を支える毎日の生活なのである。そうした活動とは、何気ない日々の暮らしを肯定し、勇気づけ、ときにそのあり方に反省を求めるようなものでもある。そのような生活態度は、人びとの生活のなかの日常的な芸術活動といえないこともない。ここでいう芸術活動とは、画家、彫刻家、音楽家などいわゆる芸術家たちの活動だけではなく、広く工芸に携わる人たちまでを含んだより広義の活動を含んでいる。

日本人のさまざまな暮らしぶりについては、日本各地、とりわけ、山村や離れ島を旅してそこに住む人びとの生活を記録した民俗学者の宮本常一（一九〇七～一九八一）が残してくれた著作――写真も膨大である――の膨大な仕事が大いに参考になる。宮本の著作は、地域社会と地域経済――当時はもっぱら農業、林業、漁業などに加え農閑期の副業など――との密接な関係を、いまに伝えてくれている。村の生活とは決して閉じられた地域空間の歴史ではなく、外部との接触――出稼ぎも含め――からの刺激などによって変化し、そこにみられるさまざまな固有文化もまたつねに変化してきたことがわかる。

宮本常一は、「塩」という生活上の重要物資の生産と流通を通して日本の地域交流の歴史的な展開を明らかにした『塩の道』で、「環境に適応するためのデザイン」について「日本という国について、いまみなさん方が無意識のうちにいろいろのことを見、いろいろのことを感じ、それがみなさん方の心の映像としてうつってくるわけですが、この映っているいきかたというのは、われわれが見て感ずるものとの間に、かなりの食いちがいがあるというか、差があると思うのです。その差というようなものが、どこから出てきたのだろうかということ、それはデザインを考えていくうえにも役に立つ」としたうえで、つぎのように指摘する。

「日本人は独自な美をわれわれの生活の中から見つけてきておりますが、それはじつは生活の立て方の中にあるのだといってよいのではないかと思います。生活を立てるというのは、どういうことなのだろうかというと、自分らの周囲にある環境に対して、どう対応していったか、さらにそれを思案と行動のうえで、どのようにとらえていったか。つまり自然や環境のかかわりあいのしかたの中に生まれでてきたものが、われわれにとっての生活のためのデザインではないだろうかと、こう考えております。」

宮本は「デザイン」というしゃれた言い方をしているが、それはむしろ「生き方」あるいは「生活方法」や「生活文化」といってよい。宮本は日本へ「稲作」が伝わったものの、雑草の繁茂があった土壌であったために、実にさまざまな鍬が必要となり、農具の遣い方や藁の利用などにおいて、徐々に日本の生活文化――デザイン――ができあがってきたと説く。やがてそうしたなかで、それぞれの地域にあったような建物や建築方法が生み出され(*)、それなりの地域性が出てきたとされるのである。宮本民俗学の根本には、人びとの日常生活での営みがその地域の文化性を育んできたという認識がある。

それは現在も同様である。しかしながら、いまでは美術や芸術はむかしとは比べられないほどに商業化され市場化されてきたことも事実である。したがって、画家など芸術家の活動も経済活動から全く孤立して存在しているわけでもなく、そのような人たちも生活しなければならない。そうである以上、そのような作品にも市場で貨幣的価値が付き、売買されることでその人たちの生活が成り立っている意味と範囲において、芸術家の活動もまた、わたしたちの経済活動の一部を構成しているのである。このことを実感させてくれた若い頃の思い出がわたしにはある。

＊建築家の若山滋は『風土から文学への空間――建築作品と文化論――』で、日本の建築方法について興味ある日本文化論を展開している。西洋では石による「組積系」であるのに対し、日本などは木材を中心とした「軸組系」であるとする。ただし、北欧では木造が多いが、その場合も「木の組み方が骨太で筋交のような傾斜が多く、壁と一体となっており、組積と軸組の中間のような構法」であるとされる。日本の建築などは柱と梁という軸材と軸材で構成され、その間で建具などがはめられるような「組み立てという手続き」が特徴であり、「まず屋根の木を組むことが重要で、これを棟上げといって、高さを限定する。高さを抑えられた建築は、棟と棟とが連なりながら水平に拡張され、あるいはその内部が組みかえられていく。……屋根の機能は、空間を『覆いまとめる』ことであり、それはさまざまな要素を一つの枠でくくることで

すこしわたしの個人史にふれる。大学生になったばかりのころの話である。音楽大学で作曲を学んでいる高校の同級生に誘われて、彼の大学の同級生の家に遊びに行ったことがある。翌日、彼と近くに住む画家の大きな旧家を改造したアトリエを訪ねた。奈良の古い寺と四季の変化を丹念に描いていた画家のアトリエの隣のガランとした大広間には、沢山の作品が置かれていた。わたしはそのときにこうした画家の作品が、次から次へと「出荷」され、市場で売られることで、画家たちの生活が成り立っているわけではないことを知った。呑気な話である。

アトリエでこの画家とお茶を飲んで世間話をしているときに、大阪の大手百貨店から人がやってきた。この画家が毎年の干支の木彫り彫刻をやっていて、その日は納品の打ち合わせだったのである。画家が干支の置物を木彫りして、横にいる奥さんが着色するような家内工業のような姿があった。わたしにとって、いわゆるプロの画家といわれる人に会ったこれが初めての経験であった。わたしの年代で、プロといえば、野球選手のようにバットやボール一つで生活の糧を稼ぎだす個人事業主を連想させる。画家も一緒で好きな絵だけで生活できるとは大変なものだという印象があった。

だが、この画家と百貨店の仕入担当者の会話を傍らで聞いていて、収入からすれば、こちらのほうが本業で、画家のほうがむしろ副業かもしれない、と思うようになった。奈良からの帰途、作曲家志望で芸術肌の友人が、こういう木彫り作品に値段をきちんとつけることのできる百貨店の購買担当者は、本当に偉い専門家だ、としきりに感心していたことを思い出す。

いずれにせよ、裕福な家に生まれた画家は別として、また、死後に著名になった画家たちのほとんどすべてがそうであるように、絵だけを描き続けることが生活の中心になる幸運な人は、ほんの一部であることはむかしもいまも同じであろう。スポンサーがいたり、親戚縁者や知

ある。

日本の文化は、異なった性格をもつ思想や宗教を『日本』という大きな屋根の下で共存させるかたちで発展してきた。……一つの屋根の下にいる人間は運命共同体なのだ。屋根の内にいる人間と外にいる人間とは、『身内』と『他人』、『家』と『世間』というかたちで、はっきり区別される。この論理は封建社会の大名と御家人の時代から、現代の企業社会にいたるまでつづいている。屋根が、信用と責任の単位であり、日本人は、他の人間を識別するのに、まずどの屋根に属しているかを明らかにする。……逆に一つの屋根の下には、個人の思想はない。……こういった社会で一人になろうとするときには、その屋根を出て、別の屋根をもつ必要がある。だからこそ詩人や思想家は山中に草の庵を結んだ。……。西洋の建築は壁の建築であり、日本の建築は屋根の建築であった。西洋の文化は壁の文化であり、

人・友人などからの金銭的援助を受けることができない人たちは、学校で教師をしていたり、絵画教室などで絵の指導をしながら絵を描いているのが実情なのかもしれない。

画家や音楽家などが、地域の文化を担う独立的職業としてプロの野球選手やサッカー選手並みに独立生計を営むことができることは理想的ではあるが、実際のところ、そうした職業は副業なくして成り立たないのかもしれない。そうした活動を公的補助金などではなく、支えることのできるのはその作品を積極的に購入する人たちがいて成立するのである。芸術支援にはこのほうがより現実的といってよい。

ところで、五～六年前に、地域産業としての観光産業の現状を、フィンランドの大学で観光学の教鞭をとるフィンランド人の旧友とサンタクロース村で有名になったロバニエミからさらに北部――ノルウェーを含む――を一週間近くかけて調査したことがある。

このラップランド(*)と呼ばれる地域には、トナカイ飼育などを生業としてきたサーミ人(**)が住んでいる。サーミ人の文化を伝えるようなレストランを訪れたことがあるが、詩人で作家でもあるこのレストランのオーナーは、地域の画家やその卵たちに、レストランで提供する酒類の瓶のラベルのデザインを依頼したりするほか、かつてのサーミ文化を体験できる施設を併設したいと言っていたのが印象に残っている。

そうしたサーミの生活体験だけではなく、その近くにはサーミ独特の住居兼食糧庫などのオープン・ミュージアムのほかに、サーミ人の狩猟生活などを描いた絵画を展示した博物館なども、サーミ文化の地であることを伝えるインフラとなっている。

こうしたサーミ文化の体験だけではなく、冬の厳しい自然環境もまた重要な地域資源として活用した観光業の振興に熱心な人たちもいる。そうした人は地元出身者だけではなく、むしろ

日本の文化は屋根の文化であった。」

*ラップランド―ノルウェー北部から白海までの沿岸地域を指し、フィンランド、スウェーデン、ロシアまでを含む地域である。沿岸地域はフィヨルドを形成、東部は湿地である。北部はツンドラ地域である。スウェーデン地域は、一九九六年に世界遺産（自然・文科の複合遺産）に登録された。

**サーミ人―ラップランドをトナカイの遊牧のほか、漁業、林業、農業に従事する少数民

フィンランドの他地域から移り、夏は釣りやハイキングなどの自然体験、冬はオーロラ鑑賞や実際に結婚式をあげることができる「氷の教会」などを目玉に、ログハウスのような伝統的な建物だけではなく、ある種のハイテク設備を使った宿泊設備を完備し、世界中から観光客を集めて成功を収めた経営者もいる。彼らは広い敷地内に展示するオブジェの制作を地元の若い彫刻家に依頼することで、地域の芸術活動のスポンサーにもなっている。

この経営者は自然がこの地域の重要な観光資源とはいえ、それをイメージ化させ、観光客の掘り起こしには地元の芸術家との協力関係を重要視していることにおいて、文化産業、より端的にはイメージ産業としての観光業のあり方を見据えているといってよい。

考えてみれば、観光業に限らず、その地域を特徴づける地域産業というのは、植物において自生植物――野生植物――ばかりではないように、他地域から意識的か無意識的かは別として、人為的に持ち込まれた帰化植物も多いように、実際には、伝統的といわれているわりには、地域産業の歴史はそんなに古いものでない業種も多いのである。日本において江戸期などからの、いわゆる在来産業や伝統産業もその後、原材料も地場から輸入へ、加工方法も機械化されつつ、その後の消費者の嗜好の変化に対応していなければ存立しえなかった業種もある。

地域産業は地域社会に根差したといいつつも、つねに変化することで、いまに継承されてきた。そして、地域産業史をみると、地方の時代といわれるなかで地域社会の生活文化を反映させたとか、あるいは、地域文化をデザインやモノづくりに取り込んだということがもてはやされる時期は、実は全国的にも国の主導の下で、地方の特徴を押し出した産業振興が強調された時期でもある。

とりわけ、大企業の一層のグローバルな展開によって、産業の空洞化がさらに進展してきた

族である。かつてはラップ人と呼ばれ、ノルウェー、スウェーデン、ロシア北部に住む。

現在、地域のモノづくりや地域資源に関連したような観光業はさほど多くはないのだ。それゆえに、一地域で話題となったオルゴール館やガラス館などを新たに設け、観光客を引き付けようとする動きは全国どこでも見慣れてきた画一的なものになってはいないだろうか。

その場合、強調されるのは「地域経済→地域社会→地域文化」という暗黙の連鎖である。だが、繰り返し述べてきたように、わたしたちは「地域文化」というものを、どのようにデザインすべきなのであろうか。全国画一的な地域文化の時代は、はたして地域の時代の到来を見据えているのだろうか。わたしたちが地域文化を明確にすることができれば、「地域文化→地域社会→地域経済」という循環をうまく生み出せるのだろうか。

そもそも、自分たちの文化といった場合、「国家」、「国民」、「国民文化」という三面等価的な価値観の創出は、多くの諸国において近代化のための人為的なイデオロギーと不可欠なものである。三面等価性を促進するための装置として「国民」芸術が生み出されてきたのである。とりわけ、その傾向が顕著であったのは、絵画などの美術作品よりは音楽曲や文学作品であった。音楽などは国民ならだれでも知っている、歌えるということによる国家への帰属意識や国民として連帯意識を形成するうえに、教育課程のなかで組み入れられてきた。

日本においても、明治期のきわめて早い時期に、西洋音楽の移植が図られてきたことは、国民意識の共通化を図る装置でもあった。とはいうものの、音楽は、その後の普及を通して芸術的価値をめぐる自律的な運動を促していくことになる。だが、当初は国民意識高揚のための政治的イデオロギーの範囲を越えることはなかったのである。

文化資源学の渡辺裕は、『歌う国民――唱歌、校歌、うたごえ――』でそうした自分たちの共通性を確認しあう役割を担った「コミュニティ・ソング」の視点から、西洋音楽の普及は音楽における日本文化とは何かという意識の確立を促していった側面に着目して、そこにある種の逆説性を見出す。

渡辺は日本の唱歌や校歌などが生まれた時代的背景を掘り起こして、文化とは日本だけに限らず多くの国々において、それは外から持ち込まれたものの「換骨奪胎」と「流用」で成り立つものである。第二次大戦の敗戦を契機に、日本文化といわれるものの解釈が一八〇度転換したような印象があるものの、そこには換骨奪胎されつつ残存した、継続性と流用による新規性の二面性の絡み合いがあったことを指摘する。

「文化を考える際に、『純粋な西洋文化』や『純粋な日本文化』といった『純正』モデルで考えてしまうことに原因があり、それが二律背反的な議論を強いるような結果になっているのではないかという気がします。

文化は様々な人々が関わり、それが蓄積されることによって作り上げられ、変容してゆくものです。日本文化にせよ、西洋文化にせよ、『本来』の文化が、どこかに宙に浮いたように純粋な形で存在しているなどということはあり得ないのですから、……ポジティブなこともネガティブなことも含めて様々な形で継承された過去の遺産をベースに、それに改変を加えたり、時に換骨奪胎したりすることで文化は成り立っているという考えにたてば、どこかある時代の文化をごっそり消去したところに『本来』の文化があるなどという話はありえないのです。」

渡辺は新しいものが登場すると、古いものもそれなりに「リニューアル」されて双方が融合されて――渡辺の表現では「換骨奪胎」され――継続する。それはある種の替え歌のようなものであるとみる。渡辺は、戦前の軍国色著しい音楽作品も、その歌詞が変われば、民主主義を強調するような作品へと容易に転換しうることを示唆しているのである。重要であるのは、そうした文化の背景にある時代的文脈こそ、文化なるものを捉えるときに本質的に見定めるべきであるというのである。

渡辺は「地域文化」を強調し、地域の共同体意識が求められた「県歌」についても、地域の意識を促した何かを問うことこそが重要であると、つぎのように指摘する。

「県歌を、もっぱら郷土意識や地域アイデンティティといった問題に直結させすぎてしまうあまり、全国レベルの視点が抜け落ちてしまう危険性がある……とりわけ最近のように『地方の時代』などと言われ、地域独自の文化などをいうことが手放しでもてはやされるような傾向になってくると、中央対地方という対立図式の中で、地方に関わる問題は、中央にないその地域の独自性といった要素ばかりが強調されることになりがちなのですが、……極端に言えば、全国どこでも同じことが起こっていたと言っても過言ではないような状況が展開していたことがわかってきます。」

たしかに全国一律に提案され、主張される「地方の時代」や「地域の時代」、「地方文化の時代」といわれる状況が一体何であるのかは、問われてよい。やや穿った見方をすれば、かつて明治政府が西洋の音楽文化の普及を上から図ったために、地方の人たちはその性急に持ち込まれた外来文化なるものを「自分たちの社会状況に臨機応変に『最適化』して取り込んだ」ように、上から求められた地方文化の確立は自分たちの「土俗化」の方法に目覚めることで、自分たちの「文化」とは何かということに、一層敏感になったのである。地域文化を考えるうえで、この点は重要ではあるまいか。

地域文化のデザイン

では、地域社会の経済的基盤を支える産業の今後のあり方は、どうあるべきなのだろうか。それはしばしば「アートによる町おこし」であるとか、あるいは、「文化創造による地域経済の活性化」といったアイデアやスローガンで語られる。こうした物言い自体、東京などの首都圏経済との比較において停滞し、衰退する地域経済という認識の延長にある考え方に基づいている。

いうまでもなく、いまもむかしも、地域社会にかかわる日常文化は、若者たちによって継承され、ときに改革され、後の世代に伝えられてきた。ときにとらえどころのないような若者文化や若者意識をとらえようとして『若者の現在〈文化〉』という企画に寄稿した社会学者たちは、地域文化のデザイナーとして、日本の若者たちのいまとむかしの文化意識なるものをどのように分析しているのだろうか。

だが、若者の文化といっても、肝心の若者の数は日本において減少傾向にある。現実の日本社会において、必然、地域文化のデザイナーたる若者の比重が低下するなかで、そうしたデザイン論はアイデアやスローガンだけの掛け声倒れになりはしないだろうか。地域文化は決して一部の芸術家たちがつくりあげるのではなく、消費者としての地域の人びと、とりわけ、若者たちの消費意識によって形成されるのである。

むろん、消費意識といった場合、人はなんでもかんでも経済的な価値に基づいて消費するだけではなく、そこに非経済的な要因——伝統的な価値観や宗教観なども含め——との関連での消費も行うのである。とりわけ、消費の前提となるのは「欲望」のあり方である。この欲望の内容は地域文化とは無関係ではありえない。

経済学においては、こうした消費のかたちを社会構造の変化との関係からとらえようとしたのは、ドイツのヴェルナー・ゾンバルト（一八六三～一九四一）やノルウェー系米国人のソースティン・ヴェブレン（一八五七～一九二九）あたりの比較的少数派の学者たちであった。概して、そのような学者を除いて、経済学は消費などそうした欲望の中身に大して関心を持たなかった。

ゾンバルトやヴェブレンは、マルクス以来の資本主義のダイナミズムを生産力――供給側――からとらえるような経済学ではなく、消費――需要側――が大きな推進力になりつつあることを重視した経済学を構築しようとしたのである。彼らは、一九世紀から二〇世紀にかけて急速に進展した急速な工業化が、やがて新たな需要の創出とそれを促す新たな消費形態を持ちこみ、そのような消費のかたちを引っ張る社会層とその消費形態の大衆化なくしては、経済成長が行き詰まることを予感していたのかもしれない。

一般に、経済学は消費の集合体である需要と企業などの供給との間の市場での均衡のあり方に着目することで、その抽象度を高めてきたのだが、では、所得と消費の背後にある人びとの所得との関係は、どのように解釈できるのであろうか。米国の経済学者のポール・サミュエルソンは、経済学を学ぶ者の標準的入門書であった『経済学』で、人びとの消費＝欲望と所得――可処分所得――との関係を、次のようなきわめて簡潔かつ直観的に理解できるような幸福関数で定義している。

幸福観（感）＝所得／欲望

この幸福観（感）の恒等式は、人間の心理とともに消費者の平均年齢変化による消費のあり方も、地域の人口構成に依って変化することを、うまくわたしたちに伝えてくれているのではあるまいか。消費を構成する欲望の中身は地域のもつ消費文化によっても異なる。たとえば、首都圏に企業など雇用の場が集中し、若い人たちを吸引している東京などと若い人が流出して年齢層の高い消費者が多い地域では、この幸福関数による幸福観は異なって当然である。これは地域的な差異であるとともに、時代によっても異なる。

かつての高度経済成長の下では、所得の増加と欲望の増大がまるでシーソー・ゲームのように、双方が互いに影響を与えながら拡大均衡を遂げてきた。大都市には多くの若い人びとがやってきて働き、家庭をもち生活し、その人たちの衣食住が構成する巨大な購買力によって形成された巨大都市の消費市場が経済を支え、こうした巨大な消費市場が経済のサービス化を推し進めたのである。だが、こうしたサイクルにも、人口動態の変化によって限界と制約があることはいうまでもない。

他方、その後、経済的苦境に苦しむ地域にあっては、雇用の場の縮小とともに所得もまた減少してきた。東京のメディアが全国に振り撒く消費主義は、皮肉なことに、とりわけ、地方圏に生活する人たちのそれまでの消費主義的な幸福観に再考と見直しを迫り、先に紹介したような「ギャル化」のようなかつてはそこかしこにあった堅実で身の丈にあった消費文化を再びもたらしつつある。

換言すれば、大量生産主義と大量消費主義に支えられた消費文化全盛の下でそれまで忘れられていた自分たちの地域文化への見直しと再評価、さらには自分たちが生み出す日常の「おカネのかからない」新しい生活スタイルなどが、従来型の貨幣価値で換算されてきた欲望の見直しを迫り、所得の多寡にかかわりない幸福観をめざす地方文化を模索させ、創生させてもきている。

さきほどのサミュエルソンの幸福関数でいえば、分子の所得増大がかつてのようにさほど期待できない以上、分母の欲望＝消費形態を変化させなければ、人びとの幸福感はひたすら下がり続けることになる。あるいは、法定通貨による所得を補完できるような地域通貨の活用によって、自分たちの幸福感を維持するような活動が必要となるかもしれない。いずれにせよ、そうした自分たちの幸福観や幸福感を支えてくれるイデオロギーや、自分たちの消費文化を必要とするのである。

そうした消費文化は従来のような財を中心としたものではなく、人のサービスを中心としたものになる可能性も強い。その場合、地域通貨の活用がより現実的なものとなる。それは東京発信の文化ではなく、自分たちの地域にある文化財にくわえ、美術館や博物館の活用による自分たちの地域文化のデザインが必要となる。

たとえば、そのような試みではないかと思われるのは、岡山県の芸術回廊という考え方である。岡山城や後楽園を中心とする「岡山カルチャーゾーン」の美術館や文化ホールを活用して、現代美術作品から演劇や音楽にいたるまでのつながり――回廊――として体験してもらおうという企画である。

こうした試みが行政主体で、国などからの補助金頼みの過渡的なものであれば、定着することは困難であろう。そこには地域通貨など地域の人たちが互いに協力、協働、共進することで、そこに持続性をもたらす息の長い運動が生まれることになる。地域の人たちが、地域文化の生き生きとしたデザイナーとなれるような地域文化社会が形成されるにちがいない。

公立美術館の諸問題

日本各地に、多くの美術館が存在することはすでに何度も強調した。こうした美術館を所有形態から分類しておくと、公立系美術館、企業系美術館、宗教系美術館、大学系美術館、個人系美術館がある。公立系美術館には県立、市立、町立などがある。企業系美術館の場合には、企業が直接保有するのではなく、企業の創立者などが蒐集してきた美術品などの一般公開を目的として財団などが作られ、そうした財団（公益法人）に企業名が冠されることが多い。宗教系には、宗教団体の創設者あるいは関係者などの蒐集品の一般公開を目的として開館したところである。大学系美術館は、美術系学部をもつ大学の所蔵する美術品の一般公開を目的として創設されたところである。なかには、宗教系大学がその宗教に関連する美術品などを展示・公開しているところもある。個人系美術館は、個人が収集してきた美術品の一般公開を目的として創設されたところである。

美術館の創設目的からすれば、宗教系美術館、大学系美術館や個人系美術館は、その目的と役割はわかりやすい。宗教系美術館は、宗教的教義や宗教観を体現したような美術品などを展示することにより、自分たちの宗教の布教などを目的としている点においてその創設目的は明示的であり、蒐集や運営に関わる経費などは、教団などの信者の支援が得られている限りにおいてさほど問題はない。他方、大学系美術館は美術教育の一環として、あるいは美術研究の一環として美術品を蒐集し学生や研究者のみならず、一般に公開する意義からいえば、蒐集や展示にかかわる経費負担は、大学予算の範囲と意義においてそれなりの支援を得ている。個人系美術館の創設者は、純粋な個人的趣味の範囲で開設されたところもあるが、一般に企業人が財団を作り、その財団が美術館の運営に当たっているケースが多い。

他方、企業系美術館についてみれば、当初は創業者などが個人的に蒐集した美術品などを財団設立によって一般公開し、社会貢献など企業イメージの向上などの目的のために企業名が冠された美術館であり、個人系美術館とは異なりその規模は大きい。もっとも、創業者などの個人蒐集ではなく、その企業のイメージ向上のために企業としての蒐集方針によって美術品を集め、あるいは、貸しギャラリー的に企画展を中心に企業イメージの普及を図ることを意図した美術館もある。

以上のような美術館との対比では、公立美術館の意義と役割はどのようなところにあるのであろうか。確認していこう。それは、設立主体である地方自治体の住民のために美術品を蒐集し、それらを公開する意義と役割を問うことにほかならない。このことは公立美術館をもつ地方自治体の文化行政とは何であるのかを問うことでもある。公立美術館の数については、既述のように、いくつかの建設ブームがあった。一つめは高度成長期、二つめは一九八〇年代のバブル期、三つめはバブル崩壊以降であり、さらに多くの公立美術館が一九九〇年代初めから二〇〇〇年代半ばにかけて建設されてきた。とりわけ、一九八〇年代以降に市町村立美術館数の数が激増している。ますます厳しくなっている地方財政の下で、必然的にその存立の意義と役割の再考が迫られることになることが予想される公立美術館を取り上げ、そこでの問題や課題を最後に整理しておきたい。

一般財団法人地域創造は『これからの公立美術館のあり方についての調査・研究』報告書（二〇〇九年三月）で、公立美術館を取り巻く環境について、一方で「公立美術館を地域再生の拠点にしようと考える設置者が増えて」いるなかにあって、他方で「市町村合併や道州制の導入可能性など、設置者をとりまく制度環境が大きくかわりつつ」あることを指摘して、「公立美術館はそれを意識して自らを変革していく時期」となっていることを強調する。

同報告書はデータ分析とヒアリング調査を踏まえて、「各地の公立美術館では、現場レベルでの顧客サービスの改善など進みつつあることがわかりました。しかし、現場の改善活動を超えた経営面での課題が多い上、その多くは、美術館の自助努力だけでは解決できないことがわかりました。つまり、設置者である自治体の積極的な支援や介入が必要であり、加えて他地域の館や、学校などの他の公共施設との連携も必要だということがわかりました」と指摘する。

また、同報告書は、首長に対してつぎのような「公立美術館と地域・人々の絆を深めるための一〇の問題提起」を行っている。

①「所属する公立美術館に年に何回足を運んでいますか?」
②「館長とはどのぐらいお話をされますか?」
③「住民にとって美術館がどういう存在か、説明することができますか?」
④「美術館の一〇年後の姿が描けますか?」
⑤「他の自治体と十分に連携できていますか?」
⑥「美術館を、文化行政の枠を超えて、フルに使いこなしていますか?」
⑦「アートや美術館を使った福祉や教育が静かなブームになりつつあることをご存じですか?」
⑧「『現代美術』は好きですか?」
⑨「『創造経済』による地域再生をお考えになったことがありますか?」

⑩「美術館改革が行政改革の突破口になることをご存じですか？」

　このなかで、公立美術館の意義と役割に関しては、三番目の問題提起が重要である。同報告書は「地域の住民にとって、公立美術館は単なる作品鑑賞の場ではありません。公立美術館は地域のシンボルや憩いの場でもあります」と指摘するが、地域のシンボルや憩いの場とは一体全体何であるのか。それが公立美術館の存立意義となりうるのか。あるいは、その役割は企業系美術館によって果せないのか。なお、六番目の点は、「アートには異質なものをつなぐ力があります。美術館は、教育や観光と、さらには工夫次第では、福祉や医療、環境などさまざまな分野とつながります（セラピー効果など）、美術館は可能性に満ちた場所です。地域を活性化させる手段のひとつとして、美術館を使いこなしてください」と説明されている。九番目の点は経済効果に関わる。一〇番目の点は、同報告書では美術館の意義と役割をきわめて肯定的かつ積極的にとらえているが、「学校や病院のように国の制度や法規制にしばられ」ない美術館はむしろ拡充ではなく、縮小さらには閉館という「改革」の面も含まれているのである。

　事実、阪神淡路大震災からの復興に大きな支出を余儀なくされ、二〇〇三年秋に行政改革実施計画を発表した兵庫県芦屋市は、赤字再建団体に陥ることを回避するために予算削減の方向を打ち出し、そのなかで芦屋市立美術博物館の存続問題が顕在化していくことになったことは、前に紹介した。結局のところ、芦屋市立美術博物館は非営利活動法人芦屋ミュージアム・マネージメント（ＡＭＭ）に運営が委託され、廃館あるいは休館されずその存続が決定された。当時、美術博物館の学芸課長であった河崎晃一は、一九九〇年度から歴史と美術の複合施設として開館した芦屋市立美術博物館について、「九六年に新規採用となった実技系学芸員を中心として独自の教育普及活動を展開することでユニークな方向性を見いだすことができた。年間の入館者数は、開館の年から〇四年まで二万人台から三万人強の低空飛行であったが、事業予算との対比で見る限り、バブル期名残りの九〇年代前半は、事業経費は六、〇〇〇万円を超えていたが、震災後は、年々減額を余儀なくされ、〇五年度では二、〇〇〇万円を切っていたことを考えれば、減額の中で入館者数を維持したと言えるのではないだろうか」と振り返っている。

河崎は芦屋市立美術博物館のような地方美術館の役割について、「公立美術館とりわけ地方都市レベルの館にとって、地元の美術史を含む歴史を蓄積していくことは公的な義務である。街の歴史の蓄積は、市民にとってのアイデンティティの確立の重要な要素である。それらが展覧会などのかたちで事業化されることによって事実が知らされる。そこから学ぶ選択肢は、来館者各人に委ねられるべきであろう。地方都市の中小美術館は、展示規模、予算規模から独立行政法人、県立美術館と同等の展覧会を常時開くことができるはずもなく、ひたすら歴史、美術分野をはじめとする歴史的事実を追いながら小規模な展示を繰り返していくことがひとつの大きな役割となる」と指摘する。

河崎は、全国区の独立行政法人——旧国立——の九の美術館や八〇近くある都道府県立美術館とは異なり、小規模の地方美術館の現実的な役割については、自分たちの地域の歴史の記録を美術作品の蒐集・調査・研究を通して、地道な展示活動を行うところに見い出そうとしているといってよい。また、河崎は従来のような美術館運営については、学芸員もさることながら、行政側においてもマネジメント感覚が希薄であったことをつぎのように問題視する。

「既得権を主張し美術館の危機を危機と感じない学芸員、美術館はおろか文化行政とは何かを勉強しないで結果のみに向かって仕事をする行政職員が蔓延する状態で、来館者意識不在の美術館運営は迷走するばかりである。果して美術館運営は、日本の行政意識の中で健全に成立するのだろうか。」

マネジメント感覚ということでいえば、公立美術館のみならず、多くの来館者を引き付けることのできる競争力――美術館力――の中核が、一体全体何であるのかということが明らかにされる必要がある。そうでなければ、単に経費削減一辺倒（コスト削減）のマネジメントのあり方が強調されてしまう恐れがある。事実、公立美術館への指定管理者制度が導入されて以来、もっぱらコスト削減の方途として利用する館も増えてきた。この指定管理者制度について、河崎は「指定管理者となった財団の組織は、各施設によって異なるであろうが、まずは導入の発端となった施設運営の方策がとれる人材で構成されているか否かにかかっている。そこには、単なるコスト削減ではなく、コストパフォーマンスの適正化が重要なのではないだろうか。アルバイトや行政退職者による賃金カットの運営ではなく、適切な能力を持ったスタッフによる効率的な運営が必要である。そしてその人材を育てることが要求されるが、残念なことに日本の公立美術館はやってこなかった」と指摘する。

河崎のいうように地方の公立美術館の意義は、その地域の歴史的堆積としての文化というアイデンティティを、美術品の蒐集と調査・研究に基づいた成果の展示の組み合わせであれば、そこにいわゆる学芸員によって維持されるべき美術館の競争力の構築が必要不可欠である。しかし、このような見方は抽象的であり、現実はどうかということが問われる。この点、河崎は学芸員の意識に対してきわめて批判的な立場をとる。すなわち、河崎は指定管理者制度の導入によって学芸員の必要性が高まったが、それでは学術研究だけやっていればよいというわけではなく、入館者数の増加も見据えた意識も必要ではないかと指摘する。この意味では、学芸員という職種のあり方やその育成教育のあり方も問われなければならない。公立美術館と地方自治体の財政問題がリンクされて取り上げられるようになり、「アーツ・マネジメント」という考え方も導入されるようになった。

この場合、アーツとマネジメントの間には考慮しなければならない「方向性」がある。つまり、アーツからマネジメントをとらえるのか、あるいは、マネジメントからアーツをとらえるのか。美術や芸術という意味でのアーツを広く蒐集し一般公開し、地域の人びとに生きる喜びと地域文化などの誇りを醸成するという社会的意義があるとすれば、それをどのように効率的に、なおかつ効果的に促進するのがこの場合のマネジメントの本質となる。他方、効率的かつ効果的な事業運営のやり方を模索して資本節約的な組織運営をめざすマネジメントからすれば、そもそもアーツを自らの事業分野とするのかどうか、より収益の期待できる事業計画を選択することがマネジメント的発想である。この方向性が峻別されないままに、マネジメントからだけアーツをとらえていけば、そこにあるのは地方美術館の衰退という寒々とした将来像だけであろう。

だからといって、民間ベースでは収益が確保できないゆえに、公的サービスの必要性と意義から、運営赤字を税金で補てんするというのであれば、多くの地方自治体にとって美術館をもつことがますます大きな財政的負担となっていく。より現実的な妥協点では、納税者としての住民が許容し得る赤字額とはどの程度であり、そのためにはアーツという方向からのマネジメントと、マネジメントという方向からのアーツへの取り組みの中間点において、自分たちの地域の内外の人たちが訪れたくなるような美術館の競争力――より正確には吸引力――が構築されなければならない。

この点を明示しなくとも、地方財政の悪化は文化行政の関係者のみならず、美術館関係者にとって公立美術館の存立意義とその効率的な運営方法をめぐる危機意識を高め、地方自治体も今後の美術館運営問題に取り組むようになってきているし、また、取り組まざるをえない。たとえば、大分県は平成二一［二〇〇九］年一一月に『県立美術館に関する論点整理――芸術会館の抱える課題を背景として――』を発表している。大分県の場合には、昭和五二［一九七七］年に美術館と舞台ホールをもつ複合的な施設である県立芸術会館をオープンしてから、すでに三〇年以上が経過し、建物自体の老朽が進み、改装するかあるいは新たに、建設するかの選択を迫られたことで、県立美術館のあり方が問われることになった。

大分県は美術館の現状について、建物の老朽化だけではなく、「本県の県立美術館の展示室面積は、……他県の三分の一にも満たない状況となっている。都道府県単位でみると、国立国際美術館のある大阪府を除くと、最小の展示室面積であり、その結果、四、五〇〇点もの収蔵品を保有しているにも関わらず、常設展示室がないという美術館にとっては致命的な問題を抱えるとともに、県民ギャラリー機能が常時確保できない。更には、一定規模以上の展覧会の開催には制約があるなど美術館の最も基本的な機能である展示機能が十分ではない」ことに加え、不十分な空調や照明設備、教育普及活動に必要な講義室や図書室の貧弱さ、ゆとりのない収蔵スペースなどの問題を指摘する。こうした事実認識の上に立って、大分県は「最近の美術館に標準装備されている機能」としての常設展示スペースの確保、そうした展示スペースや収蔵品を最大限に生かすことのできる企画力とその実現のための予算額の確保、「美術館内にとどまらず、お出かけ美術館の開催やワークショップの実施等を通じ、多くの県民に芸術に出会う機会を提供するとともに、その声を生かし、県民ニーズにマッチしたタイムリーな企画展の開催や住民参加型のプログラム」を提案する。

こうした点は美術館の集客力をいかに高めるかということに関連するが、同報告書は教育普及機能の充実――子供だけではなく、退職後の団塊世代の生涯学習の促進――、若手芸術家の育成機能、県民の交流機能、県内美術館との連携機能強化なども同時に提案している。いわばこうして列記された美術館のもつべき諸機能の充実以前に、なぜ、美術館が必要であり、なぜ、地方自治体がそうした施設を保有する必要があるのかが問われなくてはならないし、地方自治体の文化政策なるものがこうした基本的な問いにどのように答えているのかが重要なのである。少なからずの予算額が美術館の建設とその後の維持、蒐集に投ぜられる以上、県立美術館の存立理由の明確化が必要である。同報告書はこの点についてはつぎのように指摘する。

①「大分県の未来を担う子どもたちが、美術に触れる機会を常に確保するとともに、美術を楽しむきっかけとなるような様々なプログラムを展開することにより、子どもたちの情操教育を進め、豊かな感性と創造性を育むとともに、子育てを行う親にも精神的な安らぎや喜びをもたらし、大分で暮らす満足感を高める必要がある」こと。

②「本県のこれまでの美術関係の人材輩出状況や本県出身の芸術関係者の昨今の活躍の状況等から、本県出身者の美術ポテンシャルは高いと考えられ、そのような県出身者のもつ特性を、将来にわたって、しっかりと守り育てていく必要がある」こと。

③「県民が他県に誇れる美術館が整備されれば、まちづくりの顔となる中核的な公共施設として、地域活性化はもちろんのこと観光面での大きな効果も期待できる」こと。

ここで強調されていることは、美術館のもつ教育機能、芸術家育成機能、そして地域経済活性化機能ということになる。だが、問題はこうした機能の現実をどのように評価するかである。美術館のもつこの三つの機能を、企業会計のように費用対収益ではなく、費用対効果という尺度においてみる場合、結局は効果の測定をどのようにとらえるかという点に議論は行き着く。さらに、この種の議論は美術館が独立採算制の営利事業でないかぎり、許容しうる赤字額の範囲とはどの程度であるのかという議論となる。この点について取り上げたい。

福岡市も大分県と同様に、老朽化してきた美術館の改修の時期を迎えて、あらためて市立美術館の今後の方向性について報告書を発表している。福岡市美術館は、平成二四［二〇一二］年一二月に『つなぐ、ひろがる美術館をめざして――福岡市美術館リニューアル基本計画――』を発表している。大分県の約三倍のコレクションをもつ福岡市美術館の特徴とリニューアルの必要性について、同報告書は「二〇世紀以降の内外のモダン・アートを中心とする近現代美術と、大名道具（黒田資料）、茶道具（松永コレクション）を形成してきました。アジアの伝統芸術などの古美術の両面にわたって、日本でも有数の幅広く質の高いコレクションを形成してきました。……以上のような実績を持つ本館は、本年度に新設された経済観光文化局に移管され、文化振興施設や社会教育施設としてだけではなく、これまで以上に集客・観光施設としての役割を果たすべく期待されています。しかしながら、開館三三年を経た現在、施設・設備の老朽化にともない、空調設備の危機的状況や収蔵機能、展示機能の低下・劣化をはじめ、一刻の猶予もならない様々な緊急問題を抱えております。……文化芸術振興拠点、そして集客交流拠点としての使命を果たすため、ここに『福岡市美術館リニューアル基本計画』を策定します」と述べる。

福岡市美術館は「つなぐ美術館とは」について、「美術館活動の根幹は、美術品と人々をつなぐことにあります。収集・保存事業も、公開によって両者をつなぎ、末永く文化遺産を活用するための要件といえます。施設・設備の大規模改修における基本機能（保存・展示）の回復と改善は、より多くの、より幅広い人々と作品とつなぐ装置……それらを常に展示し、来館者にご覧いただく常設展示室の改修・改善こそ、美術館の心臓を守り、強化することになる」ととらえつつ、学芸活動などについて「収集・保存、調査研究、企画、展示という流れを担う学芸業務を、この基本計画ではキュレーションと呼び、『つなぐ美術館』を形作る第1の機能とします。また美術体験と来館者をつなぐ教育普及部門の機能をエデュケーションと呼び、『つなぐ美術館』を形作る第二の機能とします。このふたつの機能がたがいに支え合い、融合してこそ『つなぐ美術館』が実現する」と説く。

他方、「ひろがる美術館」については、「施設と外部の関係性から美術館活動全体をとらえていくときの考え方です。美術館や博物館といった社会教育施設は、とかく敷居が高いところと思われがちです。行きにくいところから行きやすいところへ、そしていかに行ってみたいところにするか、美術館がひろがっていくためには、ここから考えなければなりません。最優先して実現しなければならないことは、すべての人々にとって安全で快適な環境を提供することです。バリアフリー化、ユニバーサル化、多言語化などは、『ひろがる美術館』となるための基礎的な要件です。……」とされる。もっとも、バリアフリー化やユニバーサル化などで象徴化される「安全で快適な環境」は、美術館だけではなく、公的であるかどうかを問わず、どのような建物にとっても必要であることはいうまでもない。福岡市美術館も施設の老朽化への対応を通じて、美術館のもつ教育普及機能を充実させ、市民のニーズにそって「何度でも来たくなる、誰かを連れてきたくなる美術館」をめざすとされた。こうした美術館の「根源的使命と経済的状況」についてはつぎのように示される。

「長びく景気の低迷や少子高齢化などによって、国や地方自治体の財政状況は非常に厳しいものになっています。また、将来的にも経済状況が好転するといった予想がなかなかできない状況です。そうしたなかで、美術館は市民の財産である美術品をいかに守り、次世代へと継承していくかを考え、実行していかなければなりません。収集や保存、調査研究といった美術館の根幹的な業務を将来にわたって継続できなければ、市民の文化を守り、育てていくことはできません。いわば、今後の美術館運営の最大の課題は、困難な財政状況のなかで、いかに活動を続け、より魅力ある施設として発展、進化できるかという点に集約されているといってよいでしょう。

この困難な課題に取り組むためには、新たな財源の確保や、結果的に収益につながる運営の見通しを行い、効果的な事業を展開していく必要があります。このことは、一方で美術館の魅力向上につながります。根幹的な機能を確実に担保しながら、より市民に愛され、利用され、多くの人々で賑わう美術館になることと、効率的かつ効果的な運営の両立が求められているのです。」

効率化ということであれば、福岡市美術館も当初から外部への業務委託というかたちがとられてきている。多くの市民を引き付けることについては、同報告書は「現在の美術館の組織・体制で、ただちにプロモーション機能を強化させることは非常に困難です」として、福岡市の文化行政に関わる他の施設との連携の必要性が指摘されるにとどまる。この指摘は先に取り上げた大分県の場合にも共通する。

いずれにせよ、単一の美術館だけではなく、地域内の美術館相互の協力なくしては、美術館への来館者数を確保することが難しいというのが共通認識となっている。今後の公立美術館の運営方法の改善などについては、内部の関係者だけではなく、公立美術館の中に評価委員会を設けて、自分たちの美術館の第三者的評価を行ってきたところもある。たとえば、静岡県立美術館評価委員会の平成一六［二〇〇四］年六月に発表された『静岡県立美術館中間報告書――ニューパブリックミュージアム（ＮＰＭ）の実現をめざして（提言）――』と横須賀美術館評価委員会の平成二三［二〇一一］年二月に発表された『平成二一年度横須賀美術館評価報告書（試行版）』をみておこう。静岡県の報告書は、冒頭で「文化施設に対する人びとの期待はますます高まってきている。一方で財政危機が深刻化し、人々の文化への関心と期待は高まる中で、公立美術館は質と効率の両面でバージョンアップが求められている。本委員会は、そのような問題意識のもとに、静岡県立美術館の経営に評価の手法を応用する可能性を検討するべく発足した」と述べる。美術館の運営を企業の経営と同一にとらえ、営業収益を有料来館者からの収入額、営業外収益としてのレストランやカフェ、ミュージアムショップなどの売上額から合算してバランスシートを作成して、その多寡をとらえれば済まされるはずもない。

他方、公立美術館のもつ社会厚生的な便益というきわめて抽象的な価値の達成を、どのような業績指標を設けて、その多寡を判断すればよいのであろうか。同報告書はこの点について「多くの自治体の行政評価では、入館者数などの短期的なアウトカム（成果）だけが指標とされがちである。それに対し、地域の文化・教育・経済への長期的な波及効果も、美術館の成果を示す評価指標」であるとみる。たしかに、来館者（入館者）数は美術館の活用度を測る上でもっともわかりやすい数字であり、他方、社会教育機能を測る数字としては、小学生等を対象としたプログラムなどへの参加人数も、わかりやすい数字ではある。他方、地方文化の向上に役立ったかどうかなどはどのように測ればよいのであろうか。だからこそ、第三者評価が必要ということになる。

だが、それではこの第三者を構成するにふさわしい人たちは、特定の市民、あるいは美術関係者、学識経験者なのかどうか。なお、全体の評価の枠組みとしては、静岡県立美術館は第一段階として自己点検（ベンチマークによる自己評価）、第二段階として第三者評価委員会と県庁担当部門が二次評価を行う体制がとられている。静岡県立美術館の場合、評価項目は「美術館力」を形成する「コレクション力」、「事業・活動力」、「マネジメント力」、「パブリック・インパクト力」、「地域力への貢献」が設けられている。それぞれの具体的な内容は、つぎのように設定されている。

①「コレクション力」――収蔵品の美術的な価値、資産価値（データベースの整備活動も含む）

②「事業・活動力」――職員や協力スタッフの力量（収集・保存・調査研究・展示・教育普及に関わる力、コレクションを十二分に生かす展示）

③「マネジメント力」――マーケティング・利用者サービス・広報・ネットワーキング等の活動

④「パブリック・インパクト力」――利用者満足度、新規来館者の開発、リピーター率アップなど

⑤「地域力への貢献」――地域資源の掘り起こし、地域資源の価値づけ、地域ブランド構築への貢献度、外部経済効果、雇用創出、人材育成の貢献など

このうち、マネジメント力に関しては、静岡県立美術館を含め公立美術館の場合、館長職は非常勤、副館長職は県庁から一般行政職が一定期間で交代するケースが多く、必ずしも美術館経営の専門家とはいえない。報告書の副題にある「ニューパブリックマネジメント（ＮＰＭ）」

は、「館に自律的な権限を与え、直接、県民に対して情報公開と運営責任を行う体制が必要だ。……現場への権限移譲と自律的な経営体制」であることが示唆されている。また、今後の地方自治体による美術館運営については、もともと文化政策そのものがあいまいななかで、美術館の位置付けもまたあいまいなものになりがちであり、「ミュージアムの運営に即した柔軟な資金運用計画や人員の勤務体制、人事制度の見直しなどをともなわなければならない。よくある財団化のように経営形態だけ変えて仕事のやり方やヒト、モノ、カネの使い方は県庁と全く同じというのでは、意味がない。ともあれ、県庁直営という今の形態のままでは早晩立ちゆかないだろう」という問題提起は、多くの公立美術館に共通していえることである。この方向は公設民営ということが想定されているが、そこでは入館数の増加と併設レストランやミュージアムショップの売上額だけが、一つのマネジメント指標（評価指標）になっていく。この是非については、頭からそれを否定することはできない。それはいうまでもなく、いままで、そのような取り組みが全くなおざりにされてきた側面が強かったからである。

この点に関して、同報告書は「昨今の、公立ミュージアムを巡る議論は、矮小化の一途をたどっている。経営改善の手段に過ぎない『評価手法』が絶対視され、手段として設定された評価指標すら達成すればよいといった風潮すら生まれている。これから始まる静岡県立美術館の改革が、ミュージアム評価の正しい方向性を示すさきがけになる」ことを述べる。たしかに、美術館、とりわけ、公立美術館がレストランやミュージアムショップの付属施設化という方向が正しいわけもなく、あくまでも議論の本筋は、公立美術館の「公立」の真の意味は一体どこにあるのかという点であり、同報告書にあるように単に公立美術館についてだけではなく、県の文化行政と美術館との関係そのものをどのようにとらえるかにある。

美術館と地方財政論

先に紹介した福岡市美術館は、美術館のもつ経済効果について「そもそも美術館運営は、コストに見合った収益を年度単位であげることが極めてむずかしく、企業が設立し、企画展の開催を活動の中心に据えていた美術館が一九九〇年代に次々と閉館を余儀なくされた歴史があります。所蔵品公開を主な活動とする歴史ある私立美術館をのぞけば、日本の場合、美術館の設置者はほぼすべて国や地方自治体です。国が定めた『博物館法』も、博物館や美術館は収益を目的としない社会教育施設であるという前提に立った条項から構成されています。しかしながら、美術館をとりまく状況は変化してきました」と指摘する。こうした状況変化という直接的背景には、地方自治体の背に腹は代えられない地方財政問題の悪化である。

横須賀美術館評価委員会による『横須賀美術館評価報告書』（平成二三年二月）は、先に取り上げた静岡県立美術館と同様に、美術館内部の一次評価（自己評価）に加えて外部構成員の第二次評価を公表している。同報告書は評価委員会が組織された経緯について「横須賀美術館評価委員会設置要綱第一条の『美術館活動の適正性と改善点を提示すること』に基づいたものです。その規定の主旨は、美術館が行うさまざまな活動を美術館自体が自己点検し、課題や反省点に対策を講じ、その改善策を次の活動に活かし、美術館のよりよい運営を行うためのツールとして機能させることにある」と述べているものの、この背景には直接ふれてはいないが、地方自治体の財政効率化という課題がある。同報告書では、横須賀美術館の三年間の財務状況についても取り上げている。概要を示しておこう。

観覧料、駐車場使用料と図録販売などから構成される歳入額は、平成一九［二〇〇七］年一億四、八五万円、平成二〇［二〇〇八］年に五、八一九万円（見込み）、平成二一［二〇〇九］年に六、四六一万円（見込み）と推移している。他方、給与費、運営事業費（展覧会事業、教育普及事業、美術品収集管理事業、運営事業、開館記念イベント事業――平成一九年のみ――）から構成される歳出額は、同期間で四億五、七一二万円、四億五、二三七万円、四億二、七六〇万円と推移している。美術館の事業による歳入／歳出比率でいえば、同期間で二二・九％、一二・九％、一五・一％となっている。平成一九［二〇〇七］年にこの比率が高まったのは、開館記念イベントによる来館者数が伸びたことによる観覧料の増加に加え、図録などの販売も好調であったことに起因している。歳出額が減っているのは、給与費と展覧会事業費の削減に依っている。それが可能であったのは、入札競争制による清掃業務等の契約額の削減である。サービスの質低下を問題視しなければ、入札による経費削減が可能であろうが、それがどこまで許容されるかの課題が残る。財務状況の改善にはコスト削減もさることながら、より積極的な策としては来館者、とりわけ、実際に企画展を観覧してくれる市民層などリピーターを確実に増やしていくことが重要である。このことは同報告書にも明記されている。

同館へのリピーターの過半は横須賀市民であり、来館市民の三分の二は年に二回以上来館している。他方、初めて来館する人のほとんどは、東京都など市外から来ている。リピーターの来館目的については、「『企画展』が突出して多く（七六・六％）、全体との比較では、『所蔵品展』『谷内六郎館』『図書室』が多い傾向がある。初めて来館した人の目的は、全体とほぼ同じような傾向だが、『建物見学』と『レストラン』が比較的多い」と報告されている。こうしてみると、とりあえず、最初に人を引き付けるのは、美術館という建築物のデザイン性であり、その後のリピーター率を引き上げるには、その美術館のコレクション展での質の高さと企画展での企画力の高さ、そして、いかにコストをかけずにその宣伝効果を高める工夫がなされているのかどうかということになろう。同報告書の結論も、おおむねそのような方向にそったものとなっている。

財務状況に関する評価委員会による第二次評価では、「美術館としての理想的損益基準というものがあれば、示されたい」という意見のほかに、「展開事業費の約六三％を観覧料、図録販売等の収入でまかなっていることは、全国でも例が少ないと思われる。財務状況としては良好として特筆される」という意見も出されている。この二つの意見はある意味で連動している。つまり、公立美術館の許容される範囲での赤字、還元すれば税金による負担は、公立美術館が果たさなければならない役割と機能の明確化という規準があって、はじめて現実的にとらえることができる。役割と機能の明確化ということでは、来館者収入や図録販売などの金銭で計測されるのではなく、美術館と学校などの連携事業と参加人数、学芸員などによるワークショップへの参加人数など、美術館へのボランティア参加数などの数値なども併用して考慮しておくべきである。むろん、だからといって、何らかの具体的な数値目標が設定されず、コレクション展や企画展の展覧会事業が展開されてよいわけではなく、展覧会事業費の自前資金による目標数値は、それなりに実績を残している他県の美術館などをベンチマーキングしつつ、自分たちの美術館の立地環境を考慮して設定される必要がある。

財務状況などは開館時期から一定年数を経て、大幅な改修工事などが必要となる公立美術館などで、自治体の苦しい財政状況のなかで予算獲得をはからなければならないことがきっかけとなって損益基準が検討される場合がみられるが、そのような必要がない比較的新しい公立美術館でも、予算獲得の必要性から明示的にそうした財務問題をとらえる傾向が強くなってきているのではあるまいか。たとえば、平成元［一九八九］年一一月に「文化芸術創造都市・横浜」の実現に寄与するために開館した、横浜美術館の場合をみておこう。指定管理者である横浜市芸術文化振興財団・相鉄エージェンシー・三菱地所ビルマネジメント共同事業体による『平成二三［二〇一一］年度事業計画・収支予算』書では、横浜美術館の役割と機能を、つぎの四つの「運営方針」に整理して掲げている。

創造性――「従来の観点にとらわれない美術の新たな価値を発見し、あるいは生み出す」美術館

発信性――「美術の新たな価値を世界に向けて積極的に発信する」美術館

協働性――「市民の参加や体験を重視した双方向性型事業を展開する」美術館

未来性――「未来を担う子供たちの感性を育み、自立を助長する活動を提供する」美術館

こうした美術館のあり方をささえる事業については、「横浜らしさ」等を意識しつつ人を呼べる企画展であるとか、学芸員の活動を含む企画力の向上などは当然ながら、美術館の中核的な吸引力であるコレクションの方針については、①「市民に親しまれる」作品であること、②「歴史的にみた本市とゆかりの深い貴重な美術品」であること、③「国際的な活躍が期待できる優れた若手アーティストの作品」であることが提案されている。美術館の運営にかかわる数値目標については、講義室（レクチャーホール）の利用率やメールマガジンの登録者数、有料の貸し部屋の達成額等が示されているほかに、ミュージアムショップの目標売上額については、五、七四〇万円という具体的数字も掲載されている。民間企業が入った指定管理者ということで、この事業計画書には、そこかしこに企業の経営的視点が具体的な対策とともに「売上目

標」数字というかたちで散見することができる。たとえば、「収益向上への努力」としては、「収益の見込める企画展の開催」、「団体客誘致」と同時に、外部資金導入と広告費の獲得の目標として一、四四〇万円という数字が示されている。

収支予算書に掲載されている数字をみると、コレクション展や駐車場利用など利用料金収入が八、〇四四万円、企画展や講座料が二億一、〇九〇万円、ミュージアムショップなどからが一億三、二八二万円、横浜市からの助成金などが六二〇万円、指定管理料が五億一、九三八万円で総額九億四、八七四万円となっている。支出額の方は展覧会事業費、人件費、管理費で全体の九〇％を占めている。美術館の事業による歳入／歳出は約四五％となっている。個別美術館の運営努力もあるが、立地上のメリットもそこに大きく関係している。さきほどの同じ神奈川県内である横須賀美術館との対比では、横浜市内に立地し、みなとみらい駅からも徒歩数分とアクセスが良く、また近隣に観光スポットがある横浜美術館のアドバンテージはきわめて大きい。この意味では、元来、集客効果が大きい地区に立地する美術館は、その恩恵を受ける余地が大きいことになる。とはいえ、市町村レベルでは、元来、集客ポテンシャルの低い地域に立地する「小さな」公立美術館は、当然ながらその存立において大きな岐路に立たされることになるし、現在、そのような状況にある美術館もある。

もとより、経営という行為は、コストを削減するだけの行為ではない。それはその組織が掲げた使命やビジョンに向かって、現実の組織の運営が正しく行われように実行される一連の取り組みの統合概念である。この意味では、繰り返しになるが、公立美術館の使命（ミッション）が問われているのである。美術館は博物館や公民館や文化ホールなどと同様に、その地域の文化施設の一つであることはいうまでもない。しかしながら、公民館や体育館などは、地域住民が自由に利用・活用できる貸し施設として位置づけられる。美術館も貸しギャラリーとして活用される施設ではあるが、それだけではない。美術館はそれにとどまらず、自らコレクションをもち、その一般公開を通じて地域住民への社会教育を行う施設でもある。

そこには、建物というハードのほかに、学芸員などによって構築されるソフト提供の必要性がある。ただし、学芸員は単に従来のように作品の蒐集に関わる研究調査、収蔵品の管理、コレクション展示の企画だけに専念していればよい時代ではなく、現在はマネジメント能力も必要とされている。こうした学芸員が一朝一夕に育つはずもなく、そのためには費用と時間がかかる。建物だけの維持管理に予算的配慮が行われがちであるが、美術館のもつ吸引力に深くかかわる学芸員の育成にも、きちんとした予算が配分されなければならないことは自明であろう。

大都市圏に立地していることで「儲ける可能性」を高めること＝ポテンシャルが高い大規模美術館とは異なり、地方の小さな美術館にとって地元の学校の情操教育を美術を通じて支援する役割とともに、地元住民の生涯教育などと美術館の役割が連動されて、はじめて許容できる赤字論が美術館支援論へとつながっていくように思う。

一体全体、わたしたちは自分たちが生活する地域の美術館に、年に何回足を運ぶだろうか。特別企画展でなければ、成人でも数百円単位の入館料で、その美術館が所蔵するコレクションを鑑賞することが可能であろう。しかしながら、多くの人びとの生活のなかで、年に数度も美術館に出かけることが習慣化されているとは思えない。その事実は、多くの公立美術館とその立地地域の住民数と来館者数との関係によく表れている。公立美術館のうち、県立美術館のそのほとんどが一九九〇年代までに開館し、市立美術館は一九九〇年代においても増えていた。この増加の背景には、単に地域文化の発展という長期的な目的のほかに、より短期的で現実的かつ直接的な目的として、地域経済の活性化が観光業振興とともに意識されていたといってよい。もちろん、この背景には他地域に公立美術館が建設されるなかで、「わが市にも美術館ぐらい」という横並び意識があったことも否定できないだろう。

ところで、公立施設を補助金などで矢継ぎ早にやりくりして建設し、そうした施設の吸引効果を利用して、炭鉱閉山後の地域経済の復興を、観光業によって図ろうとした北海道夕張市が、平成一九［二〇〇七］年三月に財政難から万策尽きたかたちで財政再建団体に指定され、地方自治体として実質上の「経営破たん」となった。こうしたなかで、財政再建に向けての市の予算の見直しが市立施設の統廃合なども含め検討され、昭和五四［一九七九］年に開館され、炭鉱の町・夕張にゆかりのある絵画や彫刻などの作品を蒐集してきた夕張市美術館についても休閉館が浮上することになった。夕張市の財政破綻問題は、国家財政の破綻問題に先行して、地方財政の破綻問題がまずは顕在化することを象徴している事例ではあるまいか。

地方財政の悪化、さらには破綻問題は地域住民のための公共サービスのあり方とその見直し、さらには受益者負担の増大をもたらしていくにちがいない。地方財政の行き詰まりのなかで、病院の縮小・廃止あるいは民営化か、美術館の廃止あるいは民営化かという極端な課題設定はないにしても、この種の議論はさまざまなかたちで展開していくのではないだろうか。この対比は、病院が病人の治癒と社会復帰を促すことが目的であるならば、地域の美術館などミュージアムは、その地域に生きる人たちの創造性と生きる意欲を美術品などのコレクション展や企画展を通じて促していくことが目的であるといってよい。

いずれにせよ、今後、夕張市に象徴されてきた地方財政の悪化は、公立美術館のあり方の検討を迫るであろう。もちろん、公立美術館の方にもそのような意識はある。たとえば、滋賀県立近代美術館は、美術関係者などから構成される外部委員に今後のあり方を諮問している。滋賀県立近代美術館強化・発信力強化検討委員会は、平成二四［二〇一二］年二月に『滋賀県立近代美術館の今後のあり方』という報告者を発表している。同検討委員会は、展覧会観覧者の減少傾向が続くなかで「美術品の収集、保存、展示や、教育・普及活動など、事業形態の方針やコンセプトに関すること」、「滋賀県立近代美術館の運営体制や整備に関すること」を中心に検討している。委員会は、日本美術院を中心とする近代日本画、郷土にゆかりのある作品、戦後アメリカと日本を中心として現代美術の蒐集の基本方針で集められたコレクションについて「収蔵点数一四三一件（平成二三年三月末現在）は全国の都道府県立美術館で最少ランクですが、小倉遊亀(*)を初めとした郷土ゆかりの作家の作品や、戦後アメリカ現代美術など、独自性のあるコレクションを擁しています」と評価する。他方、課題として指摘されたのは「県の財政状況の悪化等の要因で、平成一七年度より作品購入を凍結、現在は作品寄贈の受入によりコレクションの充実をはかっている」ことにくわえ、「収蔵庫が満杯に近く、これ以上の作品の収蔵が困難である」ことである。これらの点は同美術館だけに固有の課題ではなく、いまでは多くの公立美術館が等しく抱える課題でもある。

企画展と観覧者数との関係について、同報告書は、同美術館のコレクション方針の一つである現代美術を扱った企画展の集客力が弱いこと、小倉遊亀展は依然として人気があるものの、他の近代美術展は苦戦していること、全体として子どもと青少年の全体の観覧者に占める割合が減少していることを問題にしている一方で、同美術館の従来の蒐集方針と異なった仏教美術や建築などをテーマにした企画展が、多くの人を集めていたことを評価している。子供向けや成人向けのプログラムの実施など、教育・普及活動については、現在の人員配置ではこれ以上

＊小倉遊亀（一八九五〜二〇〇〇）大津生まれの日本画家。京都などで教員を勤め、安田靫彦に師事し、院展に入選。文化功労者、文化勲章を受章。

の拡大が困難であることに理解が示されている。

財務状況に関しては、平成二三［二〇一一］年度二億七、四六三万円の歳出額に対して、歳入額では展覧会観覧料が二、六八九万円、図録販売額が九七三万円、ギャラリー使用額が五一七万円で、歳入全体額の一五・二％を占める。残りは県から二億二、二七九万円、国・民間助成等で三五〇万円などとなっている。歳入額で最も大きな割合を占める滋賀県からの予算配分に関しては、今後拡大が望めない以上、当然ながら予算規模の大きな企画展などの開催は困難になるなかで、自らのコレクションを生かしながら一定数の集客が期待できる企画展の重要性が増しているものの、六名程度の学芸員体制のなかで、どこまでそれが可能なのかが問われることになる。

集客ということでは、多くのビジネス分野と同様に、美術館もまた立地環境が重要であるが、同美術館はびわこ文化公園のなかに位置しており、名神高速道路沿いにあるものの交通アクセスが必ずしも良いとはいえない。むろん、京阪神のなかで京都や神戸市内の比較的交通アクセスのよい公立美術館の来館者数と単純に比較はできないものの、それでも同美術館の周辺に立地する企業系美術館の佐川美術館や宗教系美術館のＭＩＨＯミュージアムと比べて来館者数が見劣りすることは、同美術館の今後は、その企画力のあり方に大きく左右される可能性が強い。必然、同委員会も滋賀県立近代美術館の特徴が何であるのか、それをより明示的に「滋賀らしさ」として示すことのできるコンセプトを発信できるかどうかが重要であることを強調している。

具体的には、「暮らしの美・生活文化の美」と「自然の美・琵琶湖の美」にかかわる「近江の仏教美術」や滋賀県ならではの「アール・ブリュット（生の芸術）(*)」の作品を中心に、情報

＊アール・ブリュット――報告書

発信機能を強化することが強調されている。この最後の「アール・ブリュット」については、「国内にはアール・ブリュット」作品を収蔵し、常設展示を行っている公立美術館がほとんどない現状にあって、滋賀県が全国に先駆けて県立美術館に収蔵し、恒常的に展示することによって、他の公立美術館においても展示や収蔵が広がっていくことが期待できる」とされるが、他の公立美術館が単に収蔵していないからといって、滋賀県立近代美術館がそうした方向に積極的に踏み出す理由に本当になりうるのだろうか。

この「他にないから」という論理は、つねに何がしらのこじつけと強引な論理という危うさをつねに内包させてはいないだろうか。この点では、滋賀県の文化政策と美術館との関係が、改めて問われていることはすでに何度も指摘してきたところである。

美術館、とりわけ、公立美術館の存立をめぐる課題と展望については、このような諸点をめぐるものでもある。同報告書もまた「一九七〇年代から二〇〇〇年代にかけて、全国で数多くの公立美術館が建設され、多くの人々によってアートは身近なものになりましたが、自治体の財政状況の悪化により、年間の運営費が削減傾向にあることや、人材やコレクションへの継続的投資が困難であることなどの理由により、多くの公立美術館では入館者数が減少傾向にあるなどの課題を抱えている」としたうえで、「若者層を中心に、アートに求めるものや観客としてのニーズが以前とは大きく変化してきていること」を指摘する。では、地域の文化行政とは一体何であるのか、あるいは、何であるべきなのか。ややもすれば、こうした点が等閑視され、来館者数増加のためだけのテクニック的な議論が、ミュージアム・マネジメント論として先行してはいないだろうか。

地方自治体の財政難は、いままでの文化施設のあり方の検討を促し、美術館もまたこの例外

『滋賀県立近代美術館の今後のあり方』は、『アール・ブリュット発信検討委員会報告書』から「『アール・ブリュット（art brut）』は、フランスのジャン・ビュッフェ（Jan Dubuffe 一九〇一～一九八五）という芸術家が考案した言葉で、日本語に訳される場合には一般的には『生（き、なま）の芸術』とされます。『美術の専門的な教育を受けていない人が、伝統や流行などに左右されずに自身の内側から湧きあがる衝動のまま表現した芸術』と解釈され……」と紹介する。

たりえていない状況の下で、美術館の地元観光業への波及効果などを全く無視して、美術館＝芸術文化の殿堂としてのみ存立すること自体が困難な現状となってきている。とりわけ、大都市圏に立地する一部の公立美術館はともかくとして、多くの地方の公立美術館をとりまく経済・財政環境は、けっして楽なものではない。だからといって、美術館と地域経済への波及性だけを考えれば、著名な日本画家や洋画家などの作品をその生地やゆかりの地に設け、周辺の観光施設との連携を強く意識した個人美術館でかなりの来館者数を誇っているケースもみられている。公立美術館と他の存立形態をもつ美術館との連携性とともに、また、すみ分け性もまた真剣に考慮されなければならない。

こうしたなかで新たに公立美術館の開館に踏み切る地方自治体もある。群馬県前橋市の場合をみておくと、平成一九［二〇〇七］年に美術館建設が庁内で検討され始め、同市の「第六次総合計画」に「美術館構想の推進」が盛り込まれ、県庁所在地である同市に公立美術館を設けることが検討されてきた。平成二一［二〇〇九］年一一月に前橋市は、「前橋市における美術館基本構想」検討委員会を設け、美術館関係者や市民と公立美術館のあり方に検討を加えている。

翌年には「前橋市における美術館基本構想」委員会も設けられた。基本構想では、市立美術館のミッションとして「アートでつながる市民の創造力」が掲げられ、具体的なビジョン（理念）として「つながる美術館」、「成長する美術館」、「文化を創る美術館」が示された。この「アートでつながる市民の創造力」は「前橋市総合計画」が掲げた将来都市像＝『「生命都市いきいき前橋」』の文化機能を担う拠点」と位置付けられたものである。つぎのような三つの分野の事業が提示されている、さきほどのビジョンの具体的内容はつぎのようなものである。

つながる美術館（「美術館」から「美術環」へ）――「美術館を拠点として創造的なアート活動に、市民・まちが関わり『美術環』（ネットワーク）が形成され、拡がっていきます。こうした『つながり』を生み出す文化的、市民生活的ハブ機能を持つ美術館を目指します。アートの結ぶ力を介して、コミュニケーションの活性化を図り、まちづくりや新しいコミュニティ形成、あるいは地域課題への対応など、地域に寄与する事業を展開していきます。」

成長する美術館（市民と創るプロセス）――「美術館の設置を最終目標ととらえるのではなく、市民の誇りとなる文化の形成に向けた活動のスタートとします。アート事業に参画する市民が発揮する創造力を原動力として、成長し続ける美術館を目指します。また子供たちが次世代の文化都市をつくっていくための学びの場として発展していく美術館でもあります。」

文化を創る美術館（前橋文化の醸成）――「前橋市における、未来に向けた創造性に寄与するアート活動の拠点（核）として、市民の主体的な参画により、地域に根ざした文化を育むとともに、新たな文化や産業の振興に寄与します。」

最初の「つながる美術館」とは、他の多くの美術館と同様に他の文化施設、学校、芸術文化団体や市民団体との連携などが強調されている。「成長する美術館」については、市民やアーティストの作品紹介などが挙げられている。では、「文化を創る美術館」が、実際に前橋文化を創ることができるのかどうか。この点については、「従来から収集を進めてきた、全国レベルで活躍した郷土ゆかりの作家などの作品を収集・保管し、調査研究を行います。前橋文学館や教育機関、市民等と連携して、前橋市の歴史や文化、自然、産業などを体系的に調査研究します。それらの成果を踏まえ、展覧会やワークショップなど、前橋文化にふれる体験を提供します。また、国内外の第一線で活躍するアーティストと連携した企画展やアートプロジェクトを、幼児、子育て世代、青少年、中高年など、様々な世代の市民が参加できる事業とします」とされている。

運営面については、「市民と連携した企画・運営機能を構築します。美術館における諸活動の基盤としての役割を担うため、既存の活動や組織、アートに興味を持つ個人などの参画を図るとともに、様々な活動やテーマに合わせた柔軟な組織づくりを行い、より多くの市民の参画を促します」というように市民との連携した企画・運営のあり方が強調される。こうした市民との連携はどの公立美術館にも共通しているが、前橋市美術館の構想では「地元の企業や商店街、NPO法人などと連携して、創造性やデザイン面などの付加価値の創出などにより、産業活性化に寄与する活動を展開します」と美術館が地域経済活性化にも寄与できることが強調される。

具体的には、ミュージアムグッズの開発、地元伝統食などのメニュー開発、アーティストやデザイナーによる地元産品のデザイン、商店街ロゴマークや紙袋のアートディレクションなどが事例として挙げられている。しかしながら、こうしたことは美術館の開館に関係なくできることでもある。この構想案では建物の具体的な設計などにも言及してはいるが、開館後の財務状況に関して、その見込みなどは具体的には示されてはいない。この美術館構想が発表された後の市長選挙による市長の交替もあったものの、平成二五［二〇一三］年一〇月にアーツ前橋（前橋市美術館）が開館の運びとなっている。場所は、前橋駅から徒歩一〇分、中央前橋駅から徒歩五分という好立地の旧西武百貨店 Walk 館地下一階、地上九階のうち地下一階から地上二階の施設を利用することになった。

文化の発信地と地域

文化の発信地は少ないよりは、多くあったに越したことはない。だが、公立美術館ということでは、群馬県の場合には、昭和四九［一九七四］年設立の県立美術館が高崎市にある。同じ高崎市には、ＪＲ高崎駅からすぐの場所に平成三［一九九一］年に開館した高崎市美術館や、平成一三［二〇〇一］年に開館した高崎市タワー美術館がある。前橋市と高崎市は、ＪＲ線を利用すれば一五分の距離であり、県道では一〇キロメートルあまりであり、自動車で三〇分ほどの距離である。

あえて前橋市に公立美術館を設けるべきか、高崎市にある三つの美術館を充実すれば良いという議論も当然ながら成り立つ。わたしたちが「地域文化」や「地元文化」といった場合、それはどの範囲までの空間を示唆するのか。それは行政単位でいう県単位なのか、市単位なのか、町単位なのか、あるいは村単位なのか。また、経済交流の単位でいう地域なのか。そうした空間範囲をどのような単位でその地域をとらえるかによって、実は地域の空間的範囲は必ずしも明示的ではないのである。

公立美術館の存立意義については、自分たちの地域文化の保持と振興などといわれる。もし、それが町単位であれば各町がそれぞれの美術館をもたなければならないのか。また、それは地域と文化との関係では、美術館が地域文化の発信機能を求められる施設として位置づけられるのか。この点、その地域に関係のない作品などを集めて、地元の人たちだけではなく、かなり広範囲の地域から多くの人を集めている公立美術館もある。この場合、地元の人たちへの美術の教育普及活動とともに、地域経済にも大きな刺激となりうる。いずれにせよ、県庁所在地で公立美術館をもたないとされてきた唯一の前橋市にも、美術館が開館した。

全国各地に公立美術館が整備される時期も終わった時期と、多くの自治体が財政問題を抱えるなかで、美術館の地域社会や地域経済に果たす役割がとらえ直されている今、「遅れてやってきた」この美術館の存立意義は、あらためて問われるにちがいない。すでにふれたように、前掲『これからの公立美術館のあり方についての調査・研究報告書』は、自治体首長に対して一〇の問題提起を行っている。そこに共通するのは美術館という箱ものではなく、美術館と地方自治体との関係、とりわけ、首長が実際に美術館を年に何度もきちんと自分の足で訪れ、その企画・運営関係者と対話をし、住民にとって美術館がどういう存在か、説明できているかどうか、自分たちの美術館の一〇年後の姿を描けるかどうか、他の自治体とも連携できているのかどうか、他の政策と連携させているのかどうかなどである。

この意味では、美術館のマネジメントとは現場の課題ではなく、地方自治体の首長を含めた行政サイドにもその意識が強く求められている。そうしたマネジメント意識が、指定管理者制度に象徴されるコスト面でのオペレーションだけに限られたものではなく、それぞれの地方における「人材、ノウハウ、資産等、経営資源の有効活用である。……経営資源の活用には、まず、それを統括する経営の責任者を設定しなければならない（館長のリーダーシップ）。そして戦略的投資としてのコレクション形成、施設（ハードウェア環境）のイノベーション、さらに学芸員の活性化、そしてミッション・ステートメントとＭＳＲ（Museum Social Responsibility（引用者注）」が重要であることはいうまでもない。

今後、地方財政の深刻化にともない、市町村合併が進展したように、美術館などの文化施設の統廃合もまた進展していく可能性もある。こうしたなかで、経済効率一本やりのやり方は、ある意味で逆説的な――パラドキシカル――影響をもつ可能性もある。美術館を保持できない地域の経済そのもののあり方が問われることになる。地域を支える文化と経済は、美術館という存在を通してその相互作用が探られる必要があるのである。

終　章　地域文化経済の創造

ミュージアム、とりわけ美術館と地域社会、そしてそれを支える地域経済との関係をさまざまな視点から取り上げてきた。美術館も地域にある観光施設と一緒で、地元の人たちは一度や二度あたりは訪れても、少数の人たちを除いて年間に何度も訪れるような日常的な存在ではない。

しかしながら、そうした美術館の存在などを自分たちの地域社会の活性化に活かさない手はないという考え方から、その活かす方法などを探ってきた。何でも、存在するものには当初においてある程度の存立意義があったはずである。

とはいえ、そうした施設をめぐる社会環境や経済環境が変化するなかで、当初の意義と役割も変化を迫られ、そこで改めてその存立意義を問い直し、新たな目標に向かって変革していくことがなければ、存立そのものが難しくなるのは、何も美術館だけに限られたきわめて特殊な課題ではない。それは企業も含めあらゆる組織にとって同様の課題でもある。

ここで再度、「地域文化経済」の創造をとらえなおすと、いくつもの課題がある。「地域文化」というものを「経済」ではたして創造できるのか。あるいは、「地域」を「文化経済」という方向でもってはたして創造できるのか。このような問題の立て方をすれば、「地域文化」とは何であるのか。あるいは、「文化経済」という概念が実質的に成立しうるのか。換言すれば、文化と経済との関係が何であるのか。この種の設問に行き当たる。

このようにして、「文化」と「経済」との根本的な関係を問うのが「文化経済学」であるとすると、当然ながら、その具体的な分析対象は「文化（財）産業」となる。この範疇には従来において芸術作品や美術作品が含まれ、最近では演劇作品や映画作品、音楽作品、さらには美術館、博物館、記念館のような建造物まで多様な「作品」までもが文化「財」となる。文化（財）産業においてはそのような作品が製作、制作され、流通するだけではなく、その付随するサービスが多くの人たちによって消費される限りにおいて、一定の市場規模が形成され、そこに働く人たちの雇用創出などを通じても経済効果をもつことはいうまでもない。

こうした文化産業の分析に経済学の伝統的な分析概念をどこまで応用できるかの問題はある。とはいえ、財やサービスとして流通し消費される限りにおいて、地域文化なども また経済学の分析対象となりうる側面も多い。そうであるならば、美術館の提供するサービスのあり方が問われて当然であるし、また、美術館そのものの役割も市場経済機構のなかで問われることになる。

改めて「美術館」の定義をみておくと、広辞苑には「美術品を収集・保存・陳列して一般の展覧・研究に資する施設であり、研究と企画展示のみを行う施設をさすこともある。博物館の一種」とされる。他方、美術館を含む「博物館」とは、「考古学資料・美術品・歴史的遺産その他の学術的資料をひろく蒐集・保管し、これを組織的に陳列し公衆に展覧する施設。また、その蒐集品などの調査・研究を行う機関」であるとされる。要するに、美術館とは、考古学資料、歴史的遺物、美術品、その他人文、自然に関する資料などを広範囲に蒐集・展示する施設とは異なり、もっぱら美術品だけを蒐集・保存・陳列する施設であることになる。

他方、すでに紹介したことではあるが、欧米諸国の考え方を反映する『ブリタニカ』では、「美術館」とは「絵画・彫刻、工芸品などの文化遺産を収集し、鑑賞、啓蒙、研究のために展示する専門博物館。歴史的には、前三世紀にプトレスマイオス二世がアレクサンドリアに造ったムゼオン（museion）から始まったものとされる。ルネサンス期以降のヨーロッパでは王侯貴族による膨大なコレクションが形成されたが、なかでも特に美術品を陳列するために専用の部屋が設けられるようになり、ギャラリーと呼ばれた。これが美術館の最初の形態」とされる。

欧州諸国での場合について、一八世紀にはスペインのプラド美術館、イタリアのフィレンツェのウフィツィ美術館、英国の大英博物館、フランスのルーヴル美術館が設けられ、さらに二〇世紀には古代のさまざまな歴史的文化遺産が展示されていた博物館から、美術品だけを展示する美術館が別途設立されるようになった歴史的経緯を意識して説明されている。

いうまでもなく、どの範囲までの蒐集品を「美術品」としてとらえるかによって、美術館の性格と役割も当然ながら異なることになる。そうした「異なり」によって美術館の実質的なイメージが創り上げられてきたのである。この場合、その作品がなぜその地域の美術館で蒐集・展示される必要があるのか。

蒐集品と美術館のそのような関係が、蒐集品とその地域の関係に重なる場合、そこには地域文化経済の創造的エネルギーが蓄積され、それがそこに住む人たちの意識に上るときに、自分たちが自分たちの地域文化と地域経済をどのように構築していくのか、ということに取り組む意欲も高まるのではあるまいか。

美術館がそうした地域文化の具体的な展示装置であり、その存在が外部への強い情報発信力をもつ場合に、地域あるいは都市のイメージがある種のブランディング——ミュージアム化

――をもつのである。この地域ブランディングが地場産業――かつては繊維製品や雑貨製品など――と密接に結びつくことで、いわゆる産地企業も形成されてきたのである。

しかしながら、地域経済を支えてきた地場産業などの衰退によって、そうした地域経済像がきわめてあいまいとなったいま、文化遺産のようにミュージアム化された地域像ではなく、現代アートのようにいまは評価されなくても未来に向かった人びとの活動が肯定されるような生きた地域像が必要なのである。かつてはもっぱら地元の原材料などその地域の諸資源に依拠してきた地場産業は、現在、その原材料は世界各地からの調達となり、やがて、産業そのものが空洞化し海外生産に置き換わってきた。

この典型事例は、日本の繊維産業である。第二次大戦後の日本経済の復興に輸出面などで大きな役割を果たしてきたこの産業においては、あとでもふれるように、糸から布地、そしてその縫製まで国内自己完結性をもつ産業であった。その後、これらの分野はつぎつぎと海外移転していった。いまはデザインなどが重要な役割を果たすようになってきたにもかかわらず、地域はもとより日本というイメージ――ブランディング――はきわめて弱いといってよいだろう。

いわゆる「川上」である紡績、「川中」である織物や工業用繊維資材、そして「川下」である衣服などアパレルも、かつては強い国際競争力を保持し、国内の最大雇用産業であったが、その後、アジア諸国などとの競争激化のなかで、世界でも有数の繊維大国は、先進諸国のなかでももっとも急速かつ急激に不況産業化してきた。それはまるで成績一番の優等生から短期間に劣等生へと転落したような印象である。

この原因がアジア諸国との単なる労働コストの差異による価格競争量の低下であるとすれば、フランスやイタリア、あるいはドイツなどでもより急速に不況産業化したはずである。この大きな原因の一つは他の工業製品のように"Made in Japan"と同じように、とりわけ、繊維の最終製品であるアパレル製品について"Designed in Japan"のイメージが創り出される前に、繊維産業の急落が進展したところに問題があった。

また、経済産業省——当時は通商産業省——の政策も、競争力を失った企業群への操業維持のための後ろ向き補助金行政だけで、日本繊維産業全体の強いブランディングをもって、デザイン力のイメージ化という非価格競争力向上のための政策導入が遅かったことも、日本の繊維産業を凋落させた。

周知のように、繊維産業のうち、川中と川下の製品分野を担ってきたのは、中小零細企業——より正確には零細家内工業——であり、自らデザイナーを抱え、彼らや彼女らを育てるためのイメージ性の強いマーケティングを担うだけの資本と人材を欠いてきたことが、大きな問題であることは自明でもあった。

この点において、フランスやイタリアは自分たちの文化の芸術性イメージの普及を、国家戦略として観光業の振興とも関連させて展開させてきたこともあり、フランスやイタリアのデザインの優位性イメージが定着してきた。世界各地の美術館で展開されてきたフランス近代絵画展やイタリアのルネッサンス文化展などは、そうしたイメージの定着に大きな力を発揮したのである。

研究開発から市場化研究、商品化に巨額な資金が投下されて最終製品化する工業製品といえども、その後の企業間競争のなかで、一挙に製品価格が低落してきた。だが、他方で、そうした製品よりもむしろ高い価格で販売されているアパレル製品についてもみれば、一体全体、そうした原価と販売価格との差異は、どのようにして生じるのかという根本的疑問が生じて当然であろう。それは製品自体の品質もあるが、それ以上にデザインなどイメージのもつオリジナル的な非価格競争力であるといってよい。

人びとの日々の生活を支える衣食住のなかで、「衣」の占める比重はむかしもいまも大きく、繊維産業は日本でも地域産業の中心であったケースは多かったのである。それだけに各地の繊維産業の衰退は、地域経済に大きな影響を及ぼしてきたのである。そうした地域産業の衰退はしばしば、とりもなおさず小零細企業の衰退と同義であり、そのような衰退産業に代わって地域経済を支えることのできる産業の育成が、地方にとって大きな課題となってきたのである。新たな産業だけではなく、従来型産業の再活性化の担い手が必要なのである。この担い手は既存の中小零細企業とともに、新しい企業の登場――地域内だけではなく、地域外からも――が重要視されてきた。

こうした課題への取り組みは、アジア経済のグローバル化の下で日本だけではなく、欧米諸国などでも地域経済活性化のための中小企業運動としてさかんに行われてきている。ここでは米国の中小企業運動の一つである「バレ」――ＢＡＬＬＥ（Business Alliance for Local Living Economy）――という非営利組織の活動を取り上げてみたい。

バレは、二〇〇一年にフィラデルフィア市のレストランオーナーのジュディー・ウィックスとボストンの実業家ローリー・ハメルによって設立された。ウィックスは当初、フィラデルフィアだけで活動していたが、ローリー・ハメルと出会い、バレ（地元経済活性化連携）を設立して中小企業家の活動の輪を全米にまで拡大させていくことになる。

この組織の目的は、地域の指導者たちを相互に結びつけ、地域の経済問題等に対して実際にうまくいった自分たちの有効な解決法を教え合い、そうしたやり方を普及し、地域への投資を促進することによって、地域の繁栄をつくりだすことにあるとされる。グローバル化が叫ばれてきたなかで、バレは地域の事業者たちに着目し、小さな歩みでも、地域社会の安定と発展に彼らが貢献できるよう支援することに、その狙いがおかれているといってよい。

考えてみれば、同一地域内で競争関係にあるような企業の経営者は、異業種であってもなかなかその成功したやり方などを互いに教えたがらないものである。ましてや、狭い地域内の同業他社であればなおさらである。しかし、遠く離れ、直接の競争・競合関係になく、同じような地域経済上の問題と課題をもつ経営者に対しては、自分たちの経験や知識を交換することにより、相互の関係がよりオープンになれるものではないだろうか。バレの指針としては、つぎの七つの具体的な方針が掲げられてきた。

（一）まず地元のことから考えよう——地産・地消・地金（おカネ）だけでなく、地元のさまざまな経営資源（材料、人材、資金、芸術家たち、地元メディアなど）の掘り起こし、それを利用すること。グローバル化のなかにあっても、まずは地元の諸資源に着目すること。地元諸資源の活用こそが地域社会の強化につながるのである。

（二）独立独歩へのこだわり——地元の食材・水・エネルギーを活かすためには、事業家たちの能力を活用しなければならない。世界平和にも貢献できる強い独立独歩の地域社会を作り上げること。

（三）繁栄を共有しよう——公正な取引、投資からの適正な利潤確保、生活できる賃金を保証できる仕事や事業所有を確保することを通じて、繁栄を共有すること。

（四）より良き地域を一緒につくりあげよう——生産者、消費者、投資家、事業家、資金の貸し手と借り手をうまく結びつけることで、より良き地域を作り上げること。

(五)自然とともに働こう――真の繁栄は、エコシステムの継続なしにはありえないこと。
(六)多様性に祝福を――エコシステムの確立には、経済の多様性を認め合い、育てること。
(七)何が重要かを判断しよう――物質的な繁栄よりも重要なのは、知識創造、関係性、関係、良心と幸福こそがわたしたちにとって重要であり、それらによって成功を判断すべきであること。

また、バレの運動では先にふれた「すべての人のための繁栄」＝繁栄の共有をはかるためには、つぎの四つの取り組みが大事であることも指摘されている。

(一)地域を優先(Local First)させること――地域で生まれ発展してきた事業、商品、サービスへの需要を喚起し、「地域を優先」のための有効モデル、政策、制度を示していくこと。
(二)何でも自分でやってみる起業家の存在――(DIY Entrepreneurs)――自分たちの地域で活躍できる起業家に役立つために、他の地域で成功した事例などを紹介していくこと。
(三)コミュニティ資本(Community Capital)を重要視すること――健全で多様性をもつ地域経済を育て上げるために、地域の人たちがその資金を支援する。
(四)みんなで良くなる(Better Together)こと――自分たちのやり方が孤立したような持続的な事業は存在しない。地域の人たちがともに協力しあうことで、地域経済をよくすることができること。

そうしたバレの試みは、ある意味では地元経済のもつ潜在力にもっと注目して、自分たちの地域に眠っている経営資源をより一層うまく循環的に利用しながら、他地域とも連携していこうという考え方に基づいているといってよい。とはいえ、そうした活動を人びとのボランティア的熱意だけで持続させることは困難である。

地元経済を活性化（Local First）させるには、まず事業資金をどのようにして地域内で循環させればよいのか。この課題を解決するには、先に紹介したドイツのケネディー教授の地域通貨への考え方は大いに参考になるのではないだろうか（「補完通貨としての地域通貨――持続可能な豊かさへの新しい道――」岡田真美子編『地域性とネットワーク――ツールとしての地域通貨と協働の空間づくり――』所収）。彼女はいう。

「グローバリーゼーションのマイナス面を解消する貨幣制度、持続可能な公正な貨幣制度というものを、どうしたら現実に導入して試すことができるだろうか。

『地元（local）』で、というのでは小さすぎる。……このことから、『地方（regional）レベル』という中間点の発想が生まれた。……もしそういう地方通貨があって、そこに流通を促すしかけが組み込まれていたら、大いに地方経済を活性化させることであろう。もちろん、どこの地方でも同じようにこのような解決法を取り入れる下地があるわけではない。多様な生産活動を行っている地方ほど経済的自立性を得やすいということがあるので、そういった地方のほうが、ひとつ大きな企業があってほとんどの住民が同じ場所で働いているような地方よりは、成功の可能性が高いといえよう。（中略）

国家通貨を補完する地方通貨システムが進めば、一九世紀に国家通貨が導入されて（わたしたちが地方特有の交換媒体をやめたのはそんなに昔のことではなかった）以後初めて、物とサービスの地産地消が進んで、地元のものを買い、地元の人を雇用するという状況が生まれることになるのだ。

地方通貨が持てる力を発揮するのは、投資に対してではなく、生産活動をして雇用と利益を創出しなければならない、中小企業の経済成長に対してである。地方の生産活動のために必要な職場を創出するコストは、国際市場で雇用の場を作り出すコストに比べればほんの少しですむ。それなのになぜ銀行は地方行政府と協働して地方通貨を提供しようとしないのだろうか？」

たしかに、現実の地域経済のなかで、本来必要な資金がつねに循環しているわけではなく、資金の流れは水が高いところから低いところに流れる動きと逆行して、より多くの利子を稼げるように、予想収益の低い地域からより高い地域へと流出してきた。

この流れを変えるためには、ケネディー教授は「もし新たな通貨が、これまでの収益一辺倒だった現行の国家通貨とは対照的に地方のために働くものであれば、その流通はある地域的空間に限定されてくるはずである」としたうえで、地方通貨の地域経済活性化への可能性を、つぎのようにとらえるのである。

(一) 地域資源の掘り起こし――「十分活用されていない資源を、知られざるニーズと結び付けて、ものづくりやサービスの資源として活用する。」

(二) 雇用の創出と失業率の低下――「その結果として失業率が下がる。」

(三) 地域内での資金循環――「地域で得られた所得収入が外に流出することを止める。」

(四) 地域社会のあり方への再考――「新しい財政的な可能性を生み出して、地方行政当局の個々のコミュニティへの対応が向上するようになる。」

そうだとすれば、地域資源のなかで一体何が十分に活用されていないのかを明らかにする必要がある。場合によっては、地元の人たちだけにしか分からない地域資源もあるだろうし、また、外部の人たちの指摘によって地元の人たちが気付く地域資源もあるだろう。地域通貨の導入が直ちにそのような地域資源の発見に結びつくというよりも、むしろ、地域資源の発見が地域通貨の流通を容易にするといってよい。

経済学者の佐藤俊幸は、『コミュニティ金融と地域通貨――我が国の地域の状況とオーストラリアにおける地域再生の事例――』で、バレの運動のような「地産・地消・地金（おカネ）」の取り組みによって、地域再生に挑戦したオーストラリアの小さな町マレニー（Maleny）の事例紹介を通して、地域通貨の可能性を示している。

マレニーは、オーストラリア北東部に位置するクイーンズランド州のブリスベンなど、いわゆるサンシャインコーストの北に位置する町である。オーストラリアには、牧羊業を目指して移民してきた人たちによってつくられた町が多いが、マレニーは、そのような入植地域とは異なった歴史をもつ。

初期の頃のオーストラリア移民とは違い、マレニーへ遅れてやってきた人たちは、有利な土地はすでに開拓されてしまったあとであり、「内陸部の未開の山林に分け入り原生林を切って、都市部で売ることで生計を立てる」ことから生活基盤をつくらざるを得なかったのである。彼らはやがて酪農業へと進出して、バターなど乳製品づくりを行った。しかしながら、そうした酪農業も一九五〇年代にピークを迎えたとされる。

この背景には、英国が一九七三年に欧州共同体（ＥＥＣ）へ加盟したことで、オーストラリアの農産物などの最大安定輸出先を失ったことがあった。その結果、マレニーの小規模な零細農家も苦境に陥ったのである。代わって、クイーンズランド州では観光業への転換を図ったもののの、マレニーはその地理的な位置――交通アクセスの不便さ――から、その恩恵にはなかなかあずかることはできず、何らかの打開策が求められていた。佐藤は、マレニーの一九八〇年代から始まった地域再生の取り組みをつぎのように紹介している。

「衰退の道をたどっていたマレニーは、一九八〇年代頃から転機が訪れる。地域再生に向けた活動が、若い世代によって取り組まれ始めたのである。若い世代とは、『山間に囲まれた酪農の村』というマレニーの素朴さに惹かれて移住してきた人たちであった。……地域を再生させようとする場合、国家の補助金や企業誘致などの事例に見られるように、地域にないもの、自分たちがもっていないものを外からどうやってもってくるかという発想が一般的であるかもしれないが、マレニーの人々の発想はこれとはまったく逆であった。……地域のなかにあるものや、地域の人々の知恵や技を使った自分たちが必要としているものをつくり上げていくというものである。衰退していても、どこの地域でも程度の差こそあれ、さまざまな資源、つまり人、物、お金はある。そんなどこにでもあるようなものをうまく活用して、マレニーの人々は自分たちの理想とする町づくりを着実にすすめ、死にかけた町を再生させていったのである。」

この指摘は、さきほどのケネディー教授が掲げる「四原則」の大切さにも合致している。なんでもかんでも外部から新しいものを持ちこめば、事が済むというわけではない。まずは、自分たちの手持ちカードである地域資源の再発見がなければならないのである。

この反面教師的な事例については、その具体例を外国に求めなくても、日本の地方自治体が横並び的に、あるいは画一的に造成した工業団地やハイテクパークのその後の姿だけではなく、地元とまったく関係のないような文化施設の誘致の事例など、全国各地に有り余るほど発見することができる。

いずれにせよ、「地産・地消・地金（おカネ）」の「地域内循環」への取り組みについては、マレニーの関係者は、「地域にある資金（貸付資本）を地域のために地域内で回し、循環させる機構として『マレニー・クレジットユニオン（Maleny & District Community Credit Union Limited）』」を立ち上げ、他方、人とモノの地域内循環については、「地域通貨制度（Local Energy Transfer System : LETS）」という地域内交換システムを立ち上げている。

こうした地域内交換システムをうまく作動させるには、やはりその核となる地元資源に密着した産業分野が必要なのである。バレの創始者のウィックスの取り組みにおいても、また、マレニーの地域活性化への取り組みにおいても重要視された事業分野は、共通して食品であった。そこでの鍵概念はともに地域住民の健康であり、安全な食品の供給と豊かな地域文化の創造であるというのはわたしたちの興味を引く。

マレニーでも「環境を保護しながら、健康によい安全なオーガニック食品を食べ、豊かな文化をつくり上げていくという『持続可能な地域社会づくり』」が優先され、また、そのための資金はこうしたことを十分意識した事業への融資が重要視されたとされる。なお、佐藤はマレニー・クレジットユニオンの融資にあたっての基準を、つぎのように紹介している。

(一) 無担保融資――「地域住民の経済的な基盤の確立のための融資を無担保で行う。」

(二) 融資にあたって、倫理性と社会性の重視――「健康や環境の保全、福祉に携わる各種協同組合や事業への融資を低利で行う。融資の倫理性、社会性を問うことを重視し、環境を著しく害することにつながるような融資などは一切行わない。

(三) 利益の地域還元――「預金・貸出業務によって得られた利益については、それを地域コミュニティに還元する」（利益の一〇パーセントを地域へ寄付するなど）。

（四）地域住民の運営――「マレニー・クレジットユニオンの運営は、地域住民が行う。」

最初の点は、中小零細企業、とりわけ、十全な担保をもたない自営業など零細事業者にとって、おもしろい実現可能なアイデアをもっていても、それを事業化するだけの資金をなかなか確保できず、アイデアだけに終わることも多い。この種の問題は、古典的な中小企業金融の課題である。必然、わが国などでは個人保証による資金繰りが行われたりしてきたが、連帯保証を迫られ、保証人たる事業者ともども倒産するなどの悲劇も多かった。

本来は、担保などに依存せずに、事業案そのものの実現性が精査され、必要に応じてマネジメント上の助言――その多くはマーケティング上の問題に関してである――などによって、融資リスクが低減されるような中小企業金融のあり方が、もっと模索されなければならない。そうした無担保融資の場合には、借り手の事業計画や経営能力などがより重要になる。

マレニーの場合には、地域住民がマレニー・クレジットユニオンの運営に深く関わることで、地域住民もさまざまな立場から融資先事業への支援などにも、大きな関心をもつことになる。事実、マレニーには、地域経済・企業開発――「リード（LEED：Local Economic & Enterprise Development）」――という組織も生まれている。

佐藤によると、マレニー・クレジットユニオンの融資先は、民間企業だけではなく、健康、環境、福祉、文化に関連する協同組合にも融資を行っている。健康や環境ということでは自然食品、環境保護、住宅、文化に関しては地域の音楽文化の育成や、自然との共存生活教育の分野の協働組合も含まれている。住民であればこそ、そうした自分たちの健康や環境に大きな影響を及ぼす事業への関心を持続できるともいえる。

また、マレニーでの地域通貨の利用は、マレニー・クレジットユニオンの活動を補うかたちで、一九八〇年代後半にオーストラリアではじめての試みとした始まり、すでに四半世紀の歴史があることになる。マレニーの住民たちが「自分が他人に提供できるモノやサービス」などを自由にリストアップして、地元の「バニア（Bunnya）」という木の実にちなんで名づけた地域通貨（バニア）を使うことで、「交換」しあっているという。この一バニア＝一オーストラリアドルとなっているとされる。

こうした地域通貨については、いろいろなやり方が世界各地で行われているが、マレニーでは「紙幣という形式はとっていない。各個人が切り離し可能な、一冊の冊子」となっている。住民はこの「小切手」で支払い、受取人はそれを事務局に持ち込み、事務局が管理する口座で最終的に決済される。ただし、利用者の口座残高がマイナスとなっても許されるという。佐藤はこのような地域通貨が、マレニー地域で果たした役割を自身の現地調査も踏まえて、つぎのように評価する。

（一）地域の低所得者層への労働機会と所得の獲得機会の提供――とりわけ、不利な立場の女性への就業機会の提供に貢献。

（二）社会福祉の向上――オーストラリアでも、「福祉が切り捨てられる傾向」の下で病気や高齢者への生活の術の提供。

（三）「人としての尊厳の回復」――「地域通貨制度を介して、たとえ地理的な規模は小さくてもマレニーという地域社会のために労働したということは、自分がマレニーの社会のために貢献したということ、すなわちマレニー社会にとって自分が必要な人間なのだということを認識させてくれる。人が生きるうえで、また『人としての尊厳』をもつうえでは、社会的分業のなかで役割分担、社会的役割が与えられるということが何よりも必要である。」

こうした点について、佐藤は「地域通貨が紙幣形式をとっていないのは、……冊子という形式であれば本当に困っているときにいつでも振り出せるが、紙幣形式であるとどうしても制限を生んでしまうからである。……健康上の理由などで働けない人々が必要とするものを地域全体から支給し、彼らを地域全体で支える仕組みである」としたうえで、「人としての尊厳」を大切にする地域通貨の存在が、「自分が暮らす地域社会で自分の存在価値が認められることで自ら進んで地域づくりのために参加するという人々」を生み出すことで、本当の地域の活性化につながることを示唆する。

この意味では、何度も指摘したように、地域は外に開かれた心をもった地域の人たちが、自分たちで自分たちの社会を積極的にデザインすることが、まずは必要であり、美術評論家が大きな評価を与えてきた作品を展示するようにして、自分たちの地域の将来像を美術館で鑑賞するように、学識経験者やコンサルタントが描いた振興案を崇めてはいけないのである。地域はそのようにミュージアム化されてはならないのである。

オーストラリアのマレニーと同じように、自分たちの地域をどのように活性化させるかに腐心している人たちは、日本各地にも多くいるだろう。きわめて大きな集客効果をもつ大都市からの交通のアクセス上の有利な条件にめぐまれず、また、人口減少と高齢化、さらには地場産業などの空洞化の波にももまれている地域もあるだろう。

だが、地域社会にとって「自分が必要な人間なのだということを認識させてくれる」ことが、その地域の人びとにとって再活性化の重要な鍵になるのであって、コスト削減一本やりの町村合併による図体が大きくなっただけの新しい「町」や「市」は、そうした人びととの地元への愛着心をむしろ萎えさせてはいないだろうか。まずは、自分たちの美術館などミュージアムの存在を、どのように活性化させることができるのかあたりから始めるのも必要なのではないだろうか。

そこにはミュージアム化された「静」としての地域像ではなく、いまだ評価が未来志向の現代アートのように、ミュージアム化されない「動」としての地域像への追求が、自分たちの新たな地域像を生むのではないだろうか。そうした努力こそが、本当の意味での他地域との連携と協力によって、地域経済の活性化への確実な第一歩になるのではあるまいか。

補論　地域文化振興の指針

平成一三［二〇〇一］年一二月に、「心豊かな活力ある社会の形成にとって」文化芸術の役割が重要になってきているものの、わが国の現状においてそうした取り組みが十分でないため、芸術文化を振興するには「文化芸術を国民の身近なものとし、それを尊重し大切にするよう包括的に施策を推進するため」の法律である「文化芸術振興基本法」が施行された。

同法によって、地方自治体にあっても「その地域の特性に応じた文化芸術の振興のために必要な施策」を実施することが求められるようになった。以後、地方自治体においても文化振興条例と、そのための文化振興指針などが定められるようになった。

もっとも、これ以前にも、各自治体、道府県単位でいえば、ほとんどの地域で「文化振興指針」――自治体によっては、名称は「文化振興プラン」あるいは「文化振興ビジョン」など――が策定されている。たとえば、北海道の場合、「北海道文化振興指針――地域文化の創造と生活文化圏の構築をめざして――」が、平成六［一九九四］年八月に発表されている。同指針は、冒頭に「文化振興の目標」をつぎのように掲げている。

「私たちの郷土――北海道には、古くからの歴史的な文化や先住のアイヌの人たちによって培われてきた文化が存在しています。さらに、全国各地から移り住んできた人たちの文化や明治の開拓期におけるアメリカをはじめとする諸外国の影響を受けた文化を受け継ぎ、開放的で多様性のある文化が育まれてきました。

近年、人びとの生活意識や価値観の多様化などにより、物質的・経済的な豊かさだけではなく、日常の暮らしの中にゆとりや潤いといった『心の豊かさ』が一層求められるようになり、文化に対する関心や期待が高まってきています。これに伴って、道内の各地域でも個性あふれる文化活動が積極的に行われるようになってきています。文化は、人びとの生活の充実とこれからの地域社会の発展にますます大きな役割を果たすようになると考えられます。

北海道は、鮮やかな四季と雄大な自然に恵まれた地域です。この北海道を道民一人ひとりが心の豊かさを実感できる地域社会とするため、優れた自然環境、独自の歴史、多彩な生活様式などに根ざした個性的な地域文化を創造し発展させていくとともに、すべての人が文化を享受することのできる生活文化圏を築いていくことをめざします。」

つぎに、北海道文化振興指針の位置づけについては、「道民の文化に対する関心や期待の高まりに応えていくためには、道が行う様々な文化振興施策を総合的・効果的に推進し、文化行政を積極的に進めていく必要があります。北海道文化振興条例は、文化振興に対する道の姿勢や役割を明らかにするとともに、道の文化行政の基本となる事項を定めたものです。北海道文化振興指針は、この条例に基づき、道が行う文化振興施策の基本的な方向を明らかにするものであり、今後、この指針に沿って文化振興施策の推進に努めていきます」とされる。要するに、同指針は平成六［一九九四］年三月公布の年文化振興条例による文化行政上の方向性を定めたものとされた。そのための基本理念として掲げられたのは、つぎの五項目である。

（一）それぞれのまちを表情豊かにする——「それぞれの地域の特色に応じた多様な文化を掘り起こし、一つひとつのまちを表情豊かにする地域文化を育んでいきます。」

（二）地域を結び地域と世界とつなぐ――「地域間の文化交流や世界の様々な文化とのふれあい・交流を進めることにより、地域と地域を結び、地域と世界をつなぐ文化を育んでいきます。」

（三）自然と共生し伸びやかな文化を育む――「自然とともに生きてきた先人たちの知恵や創意に学びながら、自然を守り、自然と調和のとれた伸びやかな文化を育んでいきます。」

（四）北国らしい文化を発信する――「北海道の自然、歴史、生活様式などに根ざした北国らしい個性的な地域文化を創造し、内外に誇りをもって発信していきます。」

（五）先人の培った文化を受け継ぎ次代に伝える――「先人たちの努力によって培われてきた貴重な文化を受け継ぎ、大切に守り育て、次の世代に伝えていきます。」

この文化振興指針によれば、「北海道文化」とは、「全国各地から移り住んできた人たちの文化や明治の開拓期におけるアメリカをはじめとする諸外国の影響を受けた文化を受け継ぎ、開放的で多様性のある文化」としてとらえられている。そうした文化を振興する背景として強調されているのは、「物質的・経済的な豊かさだけではなく、日常の暮らしの中にゆとりや潤いといった『心の豊かさ』が一層求められるようになり、……個性的な地域文化を創造し発展させていく」時代となってきていることが指摘されている。なお、美術館や博物館などミュージアムについては、「文化環境の整備及び充実」で取り上げられている。

なお、各地方自治体とも先にふれた「「文化芸術振興基本法」との関係によって、その後、それまでの文化振興指針の見直しを迫られた。たとえば、山形県の場合、平成八［一九九六］年の文化振興プラン「ゆとり都山形」に代わって、平成一八［二〇〇六］年三月に「やまがた文化振興プラン」が発表されている。同プランは「人口減少社会」によって、今後、日本経済の成長率も低下していくなかで、新たな産業の創出には、文化への取り組みが必要であり、そのためには、県民の個性やアイデンティティが重要となってきたことを強調したうえで、山形県の自然や環境との調和の中で継承されてきた本県固有の文化振興の必要性をつぎのように訴えている。

「齋藤茂吉をはじめとする多くの文化人・芸術家を輩出してきた全国にも誇れる優れた文化芸術の土壌があります。本プランは、『文化で育む子どもの夢文化で創るやまがたの魅力』を基本目標に掲げ、『感性・創造性豊かな人づくり』『魅力溢れるやまがたづくり』『県民との協働等新たな仕組みづくり』を三つの柱として、本県文化を更に発展させていくための今後概ね一〇年間の文化振興の基本方向を定めたものです。ここに示されている施策は、県民の皆様と共に取り組んでいかなければ実現できないものばかりです。皆様の御理解と御協力をお願いいたします。」

さらに、同プランは、「文化には、人々に元気を与え、地域社会全体を活性化させ、魅力ある地域づくりを推進する力があり、文化芸術のみならず様々な分野の活性化にも貢献し得る、経済的側面でも大きな意義を有するものです。本県には、出羽三山文化や最上川文化をはじめ、地域の自然、歴史、風土と人々の関わりの中で形づくられてきた本県固有の文化があります。今後、県民が主体となった県づくりを進めていくためには、こうした『やまがた文化』を人材育成に向けた文化的土壌、一人ひとりの力を地域に結集させる精神的基盤として継承・発展させていくこと、特に、次代を担う子どもたちに分かりやすく伝え、豊かな人間性と創造性を養いながら、地域に誇りと愛着を持ち、将来の地域社会を支える人材として育んでいくことが、今、求められています」というように、自分たちの地域文化を自然、歴史、風土などとの関連で「やまがた文化」と名付けている。ただし、その具体的な内容は示されているわけではない。美術館や博物館については、他の都道府県と同様に相互連携による情報発信の必要性が指摘されている。

埼玉県も、山形県とほぼ同時にそれまでの「彩の国文化創造ビジョン」に代わって、「この一〇年で文化芸術を取り巻く環境が大きく変化したことを受け、最近の文化芸術を巡る社会状況や時代の潮流等を踏まえた」文化振興ビジョンを発表している。同ビジョンは文化芸術振興の意義をつぎのように述べている。

「文化芸術は、産業の分野においても文化芸術的付加価値を生み出すことで産業・経済の活性化に貢献することができる。最近では、地域経営において、文化芸術のこうした役割に新たな光が当てられ、地域の文化資源をいかしたまちおこしや、商店街の空き店舗や学校などの既存の空間・施設を文化芸術拠点に変え、地域の活性化に取り組むなどの先進的な事例がいくつもの都市・地域でみられるようになってきている。さらに、音楽、映画、アニメ等を中心とするコンテンツ産業が成長し、他の産業と融合して新たな経済価値や雇用を創出するなど文化芸術活動の産業創出効果が期待されている。地方財政が厳しい中、文化芸術振興施策は、施設整備などのハード中心から、既存の施設や地域の資源をいかに活用していくかに変わり、従来の狭い文化芸術の分野にとどまらず、産業、まちづくり、教育、福祉・医療など幅広い分野へとその可能性が広がっている。このような点に着目すると、私たちの生活の中で文化の果たす役割は、二一世紀を迎えて、ますます大きくなってきている。」

この埼玉県のビジョンでは、「これからの文化芸術の振興は、地域の文化資源をいかした個性的で質の高い文化芸術を創造し、国内はもとより世界に発信することで埼玉の個性とアイデンティティの確立を図るべきである。そのためには、個性的で質の高い文化芸術を創造する活動を積極的に支援する」としたうえで、きわめて率直に地域の文化芸術振興による地域経済活性化への期待がつぎのように述べられている。

「これからの文化芸術の振興は、文化芸術自体の振興はもとより、豊かさを実感できる地域づくりのため、地域コミュニティの醸成や地域経済の活性化、新たな産業の創出など地域振興につなげていくべきである。そのためには、地域の自然や歴史、街並みや伝統芸能などをはじめとする様々な資源を活用して、まちづくりにつながる文化芸術の振興を進めていく必要がある。」

そのためには、「地域の魅力や文化資源を再発見し、それを文化芸術振興の素材として積極的に活用していくこと」が必要とされ、地域文化資源の対象は、県内の「名所旧跡、祭や伝統芸能」といった従来型文化資源だけではなく、「一見文化芸術との関連が薄いが活用の仕方によっては創造的活動の素材となりうる建物や物産、工芸、産業技術など様々な地域資源」もまた地域文化資源であると主張されている。

また、そうした地域芸術文化の振興の担い手としては「アートＮＰＯ」が重要視され、そうした団体が行う文化芸術活動の「産業化」（＝地域ブランド化と、埼玉県という地域アイデンティティの確立）による新たな産業の創造や雇用増進に期待がかけられている。さらには「地域資源を活用して新たに生み出される地域の文化芸術活動を観光という視点から見直し、県の内外にその魅力を発信することで、集客力を高め、地域の活性化はもとより地域の文化芸術の振興にもつながるものと期待できる」というように、観光業と地域の文化芸術活動の相乗効果にも期待がかけられている。また、特定産業の振興ということでは「地域の産業であるフルート製作と連携した文化事業」にも言及している。

つぎに道府県レベルではなく、市レベルでの文化振興指針をみておこう。工業都市のイメージがきわめて強い、四日市市のケースをみておこう。昭和五〇年代に策定された「四日市市総合計画」で、文化創造都市の構想が打ち出されていた同市は、平成二〔一九九〇〕年に「魅力と活力に満ちた産業と文化のまち四日市」の実現を掲げた「四日市市文化行政基本方針」を定めている。その後、同市は平成一四〔二〇〇二〕年に「文化を生かした個性豊かな地域づくりを行うことを目的」とした「四日市市文化振興条例」を制定している。三年後に、さらに、それを具体化するための「住み続けたくなるまち・四日市」を内容とする「基本計画（文化振興ビジョン）」を発表した。

期待が寄せられた文化と産業との関係では、とりわけ、かつては四日市ぜんそくなど公害のイメージが強かった工業都市からの脱却が意識されているものの、こうしたビジョンに示された内容は、他の自治体とさほど大きな差異はなく、雛型的あるいは一般的に地域の「芸術・学術」の振興、市民の文化活動の支援、歴史・伝統文化と町づくり、文化材の保護などが謳われている。まち（町）づくりということでは、都市景観の整備や文化施設などハード面の整備、ソフト面で、そうした文化施設間の連携強化などが掲げられている。

このようにさまざまな地域で、共通して個性ある地域文化の創造やそれに関する情報発信、文化振興による産業活性化などを盛り込んだそのような「文化振興指針」や「文化振興ビジョン」は、一九九〇年代初めから策定されはじめ、一九九〇年代半ばからは文化財団などの組織、文化センター、文化ホールや芸術劇場、美術館などが建設されていくことになる。

あとがき

わたしは工学部で生化学――生物工学――を、経済学部で工業経済学や工業立地論などを勉強した。当時は、工学部と経済学部を卒業したわたしなどは変わり者扱いされた。だが、いまでは、そのようなキャリアの人たちも増えた。わたしが専攻していた工業（応用）化学などは一見、精密な科学性をもったような印象を与えているかもしれないが、実際には数々の「セレンディピティ」に彩られた世界をもっている。このセレンディピティとは何かを探し求めているときに、全く予想もしなかった合成物質などを偶然に発見することを示す。

化学技術には、コツコツと研究を積み重ねてきた累積結果としての発明という側面もあるが、セレンディピティで象徴される発見によって大きな進歩を遂げてきた側面もある。工学部で「工業化学」を勉強している間に、当時、公害などで社会的批判を一身に受けていた「化学工業」そのものに興味が移り、経済学部で工業経済論などを勉強するようになったのも、わたしにとってはある種のセレンディピティといえなくもない。

公害の時代は有機化学全盛の時代であり、生化学や無機化学などの研究室――ラボ――を選んだ学生はほんの一部で、有機化学の産物であるプラスチック製品の微生物分解などの研究もちらほらでていたようなころである。化学工業は公害型産業として地域社会にとってはむしろ厄介な存在として見られ、また、資本集約的な装置産業ゆえに大きな雇用創出効果をもたず、地域経済への貢献でもさほどの期待もなかったのである。

しかし、それから三〇～四〇年という時間が経過してみれば、かつての有機化学全盛の時代は過ぎ、いまは生化学などバイオテクノロジーや無機材料など無機化学などの興隆は、あらためて時代の変化を実感させる。また、化学工業、即、公害産業という印象もその後の公害防止技術の発展で、人びとから忌み嫌われた化学を事業対象としていた企業は、熱心にその防止に取り組まざるを得なくなったのである。それゆえに、化学事業はよりクリーンさを追求することで地域にも受け入れられてきたのではないだろうか。

このようにして地域産業などの変遷をみると、むしろハードランディングを余議なくされた分野ほど、人びとの変革意識において短期間にコンセンサスが得られやすく、新たなものを生み出そうというイノベーションへの取り組みがむしろ加速化していくのではあるまいか。この意味では、地域経済において、徐々に衰退したりする場合、真剣な危機意識をもって変革しようという取り組みにはそれなりに長い時間を要することで、往々にして変革すべき時期——転換期——を逸することになるケースも多いのではあるまいか。

いま、日本の財政破綻がようやく現実味をもって語られるようになったが、それ以上に地方自治体における財政問題は早期に顕在化していたのである。そうしたなかで、地場産業もまたきわめて早期に空洞化しはじめたことで、自分たちの地域の再活性化に、全国一律モデルなどの適用で済まされるはずもないことに気づいたところだけが、なんとか自分たちの地域資源をとらえなおすことで展望を切り開く努力が続いてきた。そうした地域では観光業の振興も盛んである。

そうしたところは、ＮＨＫの大河ドラマに便乗したり、あるいは、世界文化遺産への登録に淡い期待をかけたりする以前に、長期にわたる地域の人びとの地道で目立たない取り組みがあってこそ、初めて地域社会の経済的ポテンシャルが高められるのである。地元のそのような活動なくして、地域全体がミュージアム化されることにはいくつもの落とし穴がある。真の意味での発展とは、一時的な話題性や一過性の盛り上がりではなく、自立性と持続性に支えられた内発的努力への報酬のようなものであろう。本書の副題にはこのような想いを込めている。

むろん、本書で取り上げた地域資産としての美術館など、ミュージアムのもつ可能性にも着目することで、地域社会を活性化することがはたして可能なのか。あるいは、美術館活用への着目がさらには地域経済の活性化にどのような影響を及ぼすことができるのか。わたしはこのような視点があっても良いと思っている。

ところで、かつて、夏目漱石（一八六七～一九一六）は、明治四三［一九一〇］年一月五日の『東京朝日新聞』に『東洋美術図譜』という短文を寄稿している。いまどき、図譜ということばはあまり使われないが、要するに東洋美術図鑑のことである。漱石の友人で当時、京都大学で「本邦美術史」の講演を依頼された滝が「聴衆の説明の必要があって、建築、彫刻、絵画の三門にわたって、古来から保存された実物を写真にしたもの」を出版したのである。

漱石はこの本について「文学において悲観した余はこの図譜を得たために多小心細い気分を取り直した。図譜中にある建築彫刻絵画とともに、あるものは公平に評したら下らないだろうと思う。あるものは『源氏物語』や近松や西鶴以下かもしれない。しかしその優れたものになると決して文学程度のものとはいえない。われわれ日本の祖先がわれわれの背景として作ってくれたといって恥ずかしくないものが大分ある」と述べたうえで、日本の美術の今後について、つぎのようなことを示唆している。

「西洋の物数奇がしきりに日本の美術を云々する。しかしこれは千人のうちの一人で、あくまでも物数奇の説だと心得て聞かなければならない。大体の上からいうと、そういう物数奇もやはり西洋の方が日本より偉いと思っているのだろう。余も残念ながらそう考える。もし日本に文学なり美術なりが出来るとすればこれからである。が、過去において日本人が既にこれだけの仕事をして置いてくれたという自覚は、未来の発展に少なからぬ感化を与えるに違いない。だから余は喜んで『東洋美術図譜』を読者に紹介する。このうちから東洋にのみあって、西洋の美術には見出し得べからざる特長を観得する事が出来るならば、たといその特長が全体にわたらざる一種の風致にせよ、観得し得ただけそれだけその人の過去を偉大ならしむる訳である。従ってその人の将来をそれだけにインスパイアーする訳である。」

日本社会が西洋化を近代化としてひたすら脇目も振らずにひた走りに走って明治の時代が終わろうとするこの時期に、漱石は西洋から与えられた「美術」からすこし距離をおいて、ようやく日本の「美術」を振り返る余裕がでてきたことを感じ取っていたのである。本論でもふれたように、日本を含めアジア諸国には仏像などを美術品として鑑賞する習慣などはなく、まして美術館という考え方もなかったのである。

美術館などミュージアムとは、絶対王政時代の終焉を告げる国民国家の成立と帝国主義的国家拡張を背景にした近代化を象徴する装置であったのである。日本の当時の政治家たちが、そうした常設ミュージアムよりもまずは西洋的生産力の源泉に興味をもち博覧会の開設を優先させ、その一角におまけのようにして美術工芸品コーナーを置いたことは、先発国に「インスパイアー」された後発国なりの鋭い感性があったからにほかならない。もっとも、日本で美術館が生まれるのはもっとあとのことである。さらには、「西洋の美術には見出し得べからざる特長を観得する事」になるのは、敗戦後の復興が一段落してからのことであったといってよい。

そして、いまである。漱石が「美術」なるものをこのように論じてから一世紀を越えた。美術館の数からすれば、わたしたちのまわりには大小問わず、かなりの数の美術館がある。そうした美術館の存在が、漱石のいうように美術館を訪れ作品を鑑賞する「その人の将来をそれだけにインスパイアー」してくれる力を持っているのだろうか。とりわけ、現代の美術館は地域社会や地域経済をインスパイアーしてくれるのだろうか。このようなことなどを本書で考えてみた。

いや、美術や美術の力もさることながら、文化への思いなどは経済活動などへ影響など与えないとみる人もいるだろう。だが、芸術品といえども、それがその経済的価値から全く独立して存在していないことは、だれでも知っている。実際、極めて高い価格——より正確には法外な価格——で売買されたことが、新聞などで報じられた著名な作品などが美術館の特別展などで展示されれば、それを目玉に多くの来館者を引きつける。実際にはそうした作品にも人の好き嫌いがあって当然である。だが、人は眼前の作品の価格にも敏感なのである。

作品に対する人の好き嫌い、あるいは、その作品の何が好きであるという理屈にはいろいろとあるであろう。だが、美術品や美術館が好きということに小難しい理由などはさほどないのかもしれない。第二の天性として、その人の習慣がその人の趣味感を形成させていく側面を無視はできない。

わたしの場合でいえば、父は若いころ画家を目指したこともあり――小さな企業の経営者となったが――、いろいろな展覧会が大好きであった――父は小学生のころには、ずいぶんと先生にほめられたようで、どこまで本気にプロの画家を目指したかは疑問である――ため、物心つく以前から美術館や百貨店などでの特別展によく連れられていったようだ。「ようだ」というのは母あたりから聞かされ、むろんわたしの記憶にはない。

とはいえ、物心がついたころからも、父に美術館や映画館――もっぱら洋画――によく連れられていったことはよく覚えている。その「幼児教育」の結果なのか、いまでも絵画や映画が大好きである。出張などに出かけても、そこに美術館などがあれば必ず訪れるし、絵を描くことも大好きである。それは父からのある種の刷り込みであったろう。

他方、小学校や中学校などで美術や芸術、あるいは美術館などについて学んだ記憶はわたしのなかにまったくない。学んでいたのかもしれないが、わたしのなかでは退屈な記憶として残存している。それはそのような時間が、公式教育の場でわたしの興味にあうようにプログラムされていなかったからであろう。ただし、中学校の美術教師が画家でもあり、わたしも含め、絵が好きそうな生徒を自分のアトリエに招待してくれた記憶はいまも鮮明である。

本書で美術館という存在から地域経済社会を描こうとしたことには、そのような理由がわたしのなかにあったからだ。たしかに、その根本にはわたしの絵画好きがあったにせよ、あまりにも痛ましい福島第一原子力発電所事故後の地域社会を考えるうえで、わたしなりにいろいろな資料を当たり、関係者にも話をきいて、やがて「フクシマ」後の地域社会論を準備しているときに、ときどき精神的にしんどくなるのである。そのときに、各地の美術館をよく訪れ、ときに学芸員の方たちにも会って、これからの地域社会を論じたこともあった。

福島原発事故という大惨事は、わたしたちの社会がひたすら経済成長だけを目指す価値観のなかでやみくもに突き進んできたことへ、立ち止まって、これからの社会のあり方の根源を問いなさいという暗示ではなかったろうか。

では、原子力発電所と美術館。ある意味で対極にあるこの二つの存在に共通する点や共通の領域をどこに見いだすのかは別として、地域の経済主体とはまた別の存在をいま一度とらえ直し、それが地域社会に果たすべき役割などについて思いを巡らしても良いのではないか。こんなことを漠然と考えた。本書でもさまざまな視点から論じたことであるが、美術館を中心とする地域経済づくりなど、はたして可能なのだろうか。それが可能であれば、美術館のあるべき方向性とは一体全体何であろうか。具体的には、それはいったいどのようなものであろうか。そのような発想だけが膨らんでしまった結果が、本書といえないこともないのである。

また、本論ではおしゃべりのできる美術館などを論じた。これには多少ともわたしの個人的な体験があるからである。この本をまとめ上げるために、普段は職業柄、企業まわりが多いわたしであるが、時間を見つけ出してはいろいろな美術館を回ってみた。そうしたおりに、何回か出くわした光景があった。

年配者の一団が美術館にやってくると、作品を前に実にいろいろなおしゃべり談義が開始される。ある公立美術館では、たまりかねた係員が注意したのだが、つぎの展示室にいっても、おなじように大声でしゃべっている。戦没した画学生の作品などを展示している美術館では、二〇人ほどの年配者――おそらく七〇歳代後半から八〇歳代前半――の一団が入ってきて、作品を前に大声で一斉にしゃべり出し、他の来館者から注意を受けていたが、その後もおしゃべりは全く改まらなかった。

だが、さすがにコンクリートの打ちっぱなしの展示室に大音響でこだまするような彼らの会話を聞いているうちに、あきれるというよりも、むしろ気軽に、おしゃべりできる美術館があってもいいのではないかとも考えるようになった。人は作品をみておしゃべりしたくなるのは、むしろ当然であるのかもしれない。戦没者の作品を集めた美術館では、先ほどふれたおしゃべりに夢中であった来館者のほとんどは作者の生年をみて、あるいは没年をみて、作品そのものではなく、自分たちが生まれたころの思い出を語り、親たちや同級生などのことをもっぱらしゃべっているのである。

おそらく、おしゃべりができることを売りにする美術館が、そのうちに登場するのかどうかはわからない。だが、静かな美術館というのも、また歴史的な経緯を背負った末の存在であることはいうまでもない。本論でふれたので、ここでは繰り返さない。

わたし自身、昼間は学部生相手に、夜間は社会人院生――もっぱら現役ビジネスマン――相手にビジネスを論じていて、その関心の中心にあるのは産業や企業であり、美術館や博物館などミュージアムが話題に上ることはそんなにあることではない。それゆえに、夜間のビジネススクールのわたしのクラスでは、「美術館による地域経済の再活性化」というテーマで、社会人の受講生とともにその将来像や現実に可能な領域を考えてみたかった。受講生のなかには実際に地域を選び、土日にその地の美術館を訪れ、美術館を中心とする町づくりによる地域経済の魅力ある活性化案あるいは再活性化案を提出してくれた。なかにはすばらしいものもあった。わたしのクラスの受講生に感謝申し上げたい。

なお、本書では「蒐集」をもっぱら使っているが、法律や引用文に「収集」となっている場合にはそのようにしている。英語でいえば、どちらも「コレクト」である。『漢字源』によれば、蒐集の「蒐」とは「よせあつめる」ことであり、「『収』に書き換えることがある」とある。他方、「収集」の「収」とは「散在したものを一か所にまとめる」、「取り集めて役所のものにする」などとある。

本書でとりあげた美術館については、そのほとんどを実際に訪れ、学芸員の方々にもお会いして美術館の実情についてもお話を伺う機会もあった。美術館には素人同然のわたしには有益な情報移転の場となった。あらためて、ご多忙のなかで対応いただいた関係者の方々にお礼を申し上げたい。

また、調査研究活動や本書の出版については、勤務校の中京大学に援助を頂いた。出版までの細々とした編集作業については、同文舘出版の新堀博子氏にお世話になった。こころから感謝申し上げたい。

二〇一四年九月

寺岡　寛

参考文献

【あ】

相原茂・鮫島龍行編『統計日本経済――経済発展を通してみた日本統計史二八――』筑摩書房、一九七一年
青野豊作『夕張市長まちおこし奮戦記――超過疎化からの脱出作戦――』ＰＨＰ研究所、一九八七年
阿部恒久『「裏日本」はいかにつくられたか』日本経済評論社、一九九七年
粟谷佳司『音楽空間の社会学――文化における「ユーザー」とは何か――』青弓社、二〇〇八年
アンダーソン、ベネディクト（白石さや・白石隆訳）『増補・想像の共同体――ナショナリズムの起源と流行――』ＮＴＴ出版、一九九七年
伊藤正昭『新地域産業論――産業の地域化を求めて――』学文社、二〇一一年
伊藤寿朗『市民のなかの博物館』吉川弘文館、一九九三年
岩手県立美術館他編『「生誕一〇〇年松本竣介展」図録』ＮＨＫプラネット東北、二〇一二年
薄井文子『ふくしま小さな美術館の旅』歴史春秋出版、二〇〇二年
大江戸東京博物館『総合案内』（財）東京江戸歴史財団、一九九三年
岡田真美子編『地域再生とネットワーク――ツールとしての地域通貨と協働の空間づくり――』昭和堂、二〇〇八年
奥野信宏・栗田卓也『都市に生きる新しい公共』岩波書店、二〇一二年

【か】

加藤敏春『エコマネー――ビッグバンから人間に優しい社会へ――』日本経済評論社、一九九八年

香月婦美子（画・香月泰男）『夫の右手―画家・香月泰男に寄り添って―』求龍堂、一九九九年
金山喜昭『公立博物館をＮＰＯに任せたら――市民・自治体・地域の連携――』同成社、二〇一二年
金武創・阪本崇『文化経済論』ミネルヴァ書房、二〇〇五年
金丸弘美『田舎力――ヒト・夢・カネが集まる５つの法則――』ＮＨＫ出版、二〇〇九年
河合隼雄『日本人とアイデンティティ――心理療法家の眼――』創元社、一九八四年
川口幸也編『展示の政治学』水声社、二〇〇九年
河西英通『続・東北―異郷と原境とあいだ―』中央公論新社、二〇〇七年
河邑厚徳・グループ現代編『エンデの遺言―根源からお金を問うこと―』講談社、二〇一一年
北坂和浩編『日本の美術館ベスト二四〇完全案内』ぴあ株式会社、二〇一二年
木下直之編『芸術の生まれる場』東信堂、二〇〇九年
倉田喜弘『日本レコード文化史』岩波書店、二〇〇六年
クリムスキー、シェルドン（宮田由紀夫訳）『産学連携と科学の堕落』海鳴社、二〇〇六年
後藤正治『奇蹟の画家』講談社、二〇一二年
小谷敏・土井隆義・芳賀学・浅野智彦編『若者の現在・文化』日本図書センター、二〇一二年
小林真理・片山泰輔監修・編『アーツ・マネジメント概論（三訂版）』水曜社、二〇〇九年

【さ】

桜井哲夫『「近代」の意味――制度としての学校・工場――』日本放送出版協会、一九八四年
佐々木雅幸『創造都市への挑戦――産業と文化の息づく街へ――』岩波書店、二〇一二年
佐藤俊幸『コミュニティ金融と地域通貨――我が国の地域の状況とオーストラリアにおける地域再生の事例――』新評論、二〇〇五年

佐藤、バーバラ編『日常生活の誕生――戦間期日本の文化変容――』柏書房、二〇〇七年
塩川喜信『高度産業社会の臨界点――新しい社会システムを遠望する――』社会評論社、一九九六年
下平尾勲『地場産業――地域からみた戦後日本経済分析――』新評論、一九九六年
白川昌生『美術、市場、地域通貨をめぐって』水声社、二〇〇一年
白澤恵一『博物館経営論』青山社、二〇一一年
白鳥正夫『展覧会が一〇倍楽しくなるアート鑑賞の玉手箱』梧桐書院、二〇一三年
（財）商工総合研究所『地域力を支える中小企業』（財）商工総合研究所、二〇〇九年
鈴木大拙（上田閑照編）『新編・東洋的な見方』岩波書店、一九九七年
関曠野『フクシマ以後――エネルギー・通貨・主権――』青土社、二〇一一年
祖田修『地方産業の思想と運動――前田正名を中心にして――』ミネルヴァ書房、一九八〇年

【た】

高階秀爾『二〇世紀美術』筑摩書房、一九九三年
武知京三『近代日本と地域産業――東大阪の産業集積と主要企業群像――』税務経理協会、一九九八年
立花隆『シベリア鎮魂歌――香月泰男の世界――』文藝春秋社、二〇〇四年
田中喜男『地方官僚と儒者の経済思想』日本経済評論社、二〇〇一年
玉村雅敏編著『地域を変えるミュージアム――未来を育む場のデザイン――』英治出版、二〇一三年
ダンカン、キャロル（川口幸也訳）『美術館という幻想――儀礼と権力――』水声社、二〇一一年
（財）地域創造『これからの公立美術館のあり方についての調査・研究報告書』（財）地域創造、二〇〇九年
東京都美術館編・浅生ハルミン絵『東京都美術館ものがたり――ニッポン・アート史ダイジェスト――』鹿島出版会、二〇一二年
富永健一『近代化の理論――近代化における西洋と東洋――』講談社、一九九六年

【な】

中川幾郎・松本茂章編『指定管理者は今どうなっているのか』水曜社、二〇〇七年
中川真・編集部編『これからのアートマネジメント――〝ソーシャル・シェア〟への道――』フィルムアート社、二〇一一年
中村隆英『明治大正期の経済』東京大学出版会、一九八五年
中村良夫『都市をつくる風景――「場所」と「身体」をつなぐもの――』藤原書店、二〇一〇年
なかやまあきこ『日本縦断・個性派美術館への旅』小学館、二〇〇八年
並木誠士・中川理『美術館の可能性』学芸出版社、二〇〇六年
成田龍一『「故郷」という物語――都市空間の歴史学――』吉川弘文館、一九九八年
西沢立衛『美術館をめぐる対話』集英社、二〇一〇年
根木昭『日本の文化政策――「文化政策学」の構築に向けて――』勁草書房、二〇〇一年
野見山暁治・窪島誠一郎『無言館はなぜつくられたのか』かもがわ出版、二〇一〇年

【は】

朴昭炫『「戦場」としての美術館――日本の近代美術館設立運動／論争史――』ブリュッケ、二〇一二年
橋爪紳也『あったかもしれない日本――幻の都市建築史――』紀伊國屋書店、二〇〇五年
同『モダニズムのニッポン』角川学芸出版、二〇〇六年
長谷川祐子『キュレーション――知と感性を揺さぶる力――』集英社、二〇一三年
馬場錬成『大村智――二億人を病魔から守った化学者――』中央公論新社、二〇一二年
濱下武志・辛島昇編『地域史とは何か』山川出版社、一九九七年
原武史『団地の空間政治学』NHK出版、二〇一二年

美術手帖編集部編『現代アート事典――モダンからコンテンポラリーまで――』美術出版社、二〇〇九年
久繁哲之助『地域再生の罠――なぜ市民と地方は豊かになれないのか?――』筑摩書房、二〇一〇年
平田オリザ『芸術立国論』集英社、二〇〇一年
広井良典『持続可能な福祉社会――「もうひとつの日本」の構想――』筑摩書房、二〇〇六年
同『コミュニティを問いなおす――つながり・都市・日本社会の未来――』筑摩書房、二〇〇九年
廣田裕之『シルビオ・ゲゼル入門――減価する貨幣とは何か――』アルテ、二〇〇九年
同『改訂新版・地域通貨入門――持続可能な社会を目指して――』アルテ、二〇一一年
福井勝義（補稿・佐伯胖）『認識と文化――色と模様の民族誌――』東京大学出版会、一九九一年
福原義春編『一〇〇人で語る美術館の未来』慶應義塾大学出版会、二〇一一年
藤田令伊『現代アート、超入門』集英社、二〇〇九年
フロリダ、リチャード（井口典夫訳）『クリエイティブ資本論――新たな経済階級の台頭――』ダイヤモンド社、二〇〇八年
ホーケン、ポール・ロビンス、エイモリ・ロビンス、ハンター（佐和隆光監訳・小幡すぎ子訳）『自然資本の経済――「成長の限界」を突破する新産業革命――』日本経済新聞社、二〇〇一年
北海道新聞取材班『追跡・「夕張」問題――財政破綻と再起への苦闘――』講談社、二〇〇九年

【ま】

ましこ・ひでのり『日本人という自画像――イデオロギーとしての『日本』再考――』三元社、二〇〇二年
松永桂子『創造的地域社会――中国山地に学ぶ超高齢社会の自立――』新評論、二〇一二年
松宮秀治『芸術崇拝の思想――政教分離とヨーロッパの新しい神――』白水社、二〇〇八年
同『ミュージアムの思想』二〇〇九年
三浦展『「家族」と「幸福」の戦後史――郊外と夢の現実――』講談社、一九九九年

同『第四の消費――つながりを生み出す社会へ――』朝日新聞社、二〇一二年
同『東京は郊外から消えていく――首都圏高齢化・未婚化・空き家地図――』光文社、二〇一二年
溝上智恵子『ミュージアムの政治学――カナダの多文化主義と国民文化――』東海大学出版会、二〇〇四年
蓑豊『超〈集客力〉革命――人気美術館が知っているお客の呼び方――』角川書店、二〇一二年
宮田由紀夫『アメリカにおける大学の地域貢献――産学連携の事例研究――』中央経済社、二〇〇九年
宮本常一『塩の道』講談社、一九八五年
同『ふるさとの生活』講談社、一九八六年
村上隆『芸術起業論』幻冬舎、二〇〇六年
同『創造力なき日本――アートの現場で蘇る「覚悟」と「継続」――』角川書店、二〇一二年

【や】

矢野恒太記念会編『データでみる県勢・二〇一二年度版』矢野恒太記念会、二〇一一年
矢作弘・明石芳彦編著『アメリカのコミュニティ開発――都市再生ファイナンスの新局面――』ミネルヴァ書房、二〇一二年
安村敏信『美術館商売――美術なんて……と思う前に――』勉誠出版、二〇〇四年
山口裕美『観光アート』光文社、二〇一〇年
山崎亮『まちの幸福論――コミュニティデザインから考える――』ＮＨＫ出版、二〇一二年
読売新聞北海道支社夕張支局編著『限界自治　夕張検証――女性記者が追った六〇〇日――』梧桐書院、二〇〇八年

【ら】

リエター、ベルナルド（小林一紀・福元初男訳、加藤敏春解説）『新しいコミュニティ通貨の誕生――マネー崩壊――』日本経済評論社、二〇〇〇年

【わ】

若林幹夫『郊外の社会学――現代を生きる形――』筑摩書房、二〇〇七年
若山滋『風土から文学への空間――建築作品と文化論――』新建築社、二〇〇三年
輪島裕介『創られた「日本の心」神話――「演歌」をめぐる戦後大衆音楽史――』光文社、二〇一〇年
渡辺裕『歌う国民――唱歌、校歌、うたごえ――』中央公論新社、二〇一〇年
同『考える耳【再論】音楽は社会を映す』春秋社、二〇一〇年

《ま　行》

《や　行》

《ら　行》

《わ　行》

人名索引

《あ　行》

《か　行》

《さ　行》

《た　行》

《な　行》

《は　行》

《は　行》

《ま　行》

《や　行》

《ら　行》

《さ　行》

《た　行》

《な　行》

事項索引

〔著者紹介〕
寺岡　寛（てらおか・ひろし）
1951年　神戸市生まれ
中京大学教授、経済学博士
主　著　『アメリカの中小企業政策』信山社、1991年
『アメリカ中小企業論』信山社、1994年、増補版、1997年
『中小企業論』（共著）八千代出版、1996年
『日本の中小企業政策』有斐閣、1997年
『日本型中小企業――試練と再定義の時代――』信山社、1998年
『日本経済の歩みとかたち――成熟と変革への構図――』信山社、1999年
『中小企業政策の日本的構図――日本の戦前・戦中・戦後――』有斐閣、2000年
『中小企業と政策構想――日本の政策論理をめぐって――』信山社、2001年
『日本の政策構想――制度選択の政治経済論――』信山社、2002年
『中小企業の社会学――もうひとつの日本社会論――』信山社、2002年
『スモールビジネスの経営学――もうひとつのマネジメント論――』信山社、2003年
『中小企業政策論――政策・対象・制度――』信山社、2003年
『企業と政策――理論と実践のパラダイム転換――』（共著）ミネルヴァ書房、2003年
『アメリカ経済論』（共著）ミネルヴァ書房、2004年
『通史・日本経済学――経済民俗学の試み――』信山社、2005年
『中小企業の政策学――豊かな中小企業像を求めて――』信山社、2005年
『比較経済社会学――フィンランドモデルと日本モデル――』信山社、2006年
『起業教育論――起業教育プログラムの実践――』信山社、2007年
『スモールビジネスの技術学――Engineering & Economics――』信山社、2007年
『逆説の経営学――成功・失敗・革新――』税務経理協会、2007年
『資本と時間――資本論を読みなおす――』信山社、2007年
『経営学の逆説――経営論とイデオロギー――』税務経理協会、2008年
『近代日本の自画像――作家たちの社会認識――』信山社、2009年
『学歴の経済社会学――それでも、若者は出世をめざすべきか――』信山社、2009年
『指導者論――リーダーの条件――』税務経理協会、2010年
『アレンタウン物語――地域と産業の興亡史――』税務経理協会、2010年
『市場経済の多様化と経営学――変わりゆく企業社会の行方――』（共著、ミネルヴァ書房）、2010年
『アジアと日本――検証・近代化の分岐点――』信山社、2010年
『イノベーションの経済社会学――ソーシャル・イノベーション論――』税務経理協会、2010年
『巨大組織の寿命――ローマ帝国の衰亡から学ぶ――』信山社、2011年
『タワーの時代――大阪神戸地域経済史――』信山社、2011年
『経営学講義――世界に通じるマネジメント――』税務経理協会、2012年
『瀬戸内造船業の攻防史』信山社、2012年
『田中角栄の政策思想――中小企業と構造改善政策――』信山社、2013年

《検印省略》
平成26年9月10日　初版発行　略称：文化経済

地域文化経済論——ミュージアム化される地域

著　者　寺　岡　寛
発行者　中　島　治　久

発行所　同　文　舘　出　版　株　式　会　社
東京都千代田区神田神保町1-41　〒101-0051
営業（03）3294-1801　編集（03）3294-1803
振替 00100-8-42935　http://www.dobunkan.co.jp

印刷・製本：萩原印刷

ISBN978-4-495-38421-0